MARIELUISE VON INGENHEIM

Sissy
Und ewig bleibt die Liebe

BREITSCHOPF
WIEN - STUTTGART

Cip-Titelaufnahme der Deutschen Bibliothek

Ingenheim, Marieluise von:
Sissy – Und ewig bleibt die Liebe/Marieluise von Ingenheim.
Wien; Breitschopf 1988
ISBN 3-7004-0219-8

Titelillustration: Atelier Moser-Brandsch

© by Breitschopf KG, Wien 1988

ISBN 3-7004-0219-8

Erster Teil

1. Eifersucht

Alles schien verworrener denn je. Sissy hatte es zuwege gebracht, einen Keil in die von ihr selbst begründete Freundschaft zwischen Franzl und Kathi zu treiben. Sie verließ Wien mit dem Gefühl, ihnen beiden Unrecht zu tun, war aber doch nicht imstande, ihre Empfindungen zu unterdrücken. Das in der Stadt kursierende Gerücht, der Kaiser betrüge sie mit ihrer eigenen Freundin, der Hofschauspielerin, hatte sie zutiefst verletzt und verbittert. Mehr denn je haßte sie jetzt den Hof als eine Brutstätte von Intrigen und böswilligem Klatsch. Ja, sie haßte selbst Wien, die Stadt, in der man sich auf dem Naschmarkt diese Tratschgeschichten weitererzählte und die Kaiserin verlachte.

Zumindest glaubte sie in ihrem wunden Herzen, daß man dies tat. Damit tat sie jedoch den Wienern unrecht. Die hielten zu ihr; aber die Schratt und der Kaiser kamen bei ihnen schlecht weg.

Die Affäre hatte jedenfalls — und hierin hatte Frau von Mikes in ihren Warnungen gegenüber Sissy völlig recht gehabt — höchst unliebsame Auswirkungen in bezug auf die öffentliche Meinung über das Kaiserhaus. Denn aufgebauscht und entstellt, wie der Tratsch schließlich bis ins letzte Wiener Vorstadtbeisl gelangte, erregte er die Gemüter, obwohl die Wiener allesamt selbst keine Engel waren. Aber der Kaiser hatte nun einmal, wie er selbst immer wieder betonte, ein Vorbild zu sein, nach dem sich auch die übrigen Mitglieder seiner zahlreichen Familie zu halten hatten. Eine Forderung, die allerdings manchmal nicht erfüllt wurde.

Gegen diese Forderung verstieß in seinen Augen auch die Liebe des Thronfolgers Franz Ferdinand zu der Komtesse Sophie Chotek. Eine Liebe, die Franz Ferdinand freilich durch ein bindendes Verlöbnis untermauert wissen wollte. Er war nicht willens, zur Kenntnis zu nehmen, daß nach der geltenden Rechtslage dem künftigen Kaiser von Österreich und König von Ungarn eine Eheschließung mit einem Mädchen, das keinem der regierenden Häuser entstammte, untersagt war. Er wollte weder auf sein Recht auf die Krone verzichten noch auf die geliebte Sophie.

Sissy war die einzige, die zu ihm hielt und ihm zu helfen versuchte. Doch ihre Möglichkeiten waren beschränkt. Gegen das Hausgesetz, dessen Einhaltung Fürst Montenuovo streng überwachte, kam sie nicht an. Dabei war Montenuovo selbst Abkömmling einer „Messaliance": Erzherzogin Marie Louise, die geschiedene Gattin Napoleons, hatte in zweiter Ehe einen simplen Grafen Neuberg geheiratet, der vom Kaiser deswegen gefürstet wurde und sich fortan „Montenuovo" nennen durfte — was nichts anderes als eine Übersetzung seines Namens ins Italienische war.

Vielleicht war es gerade dieser Makel seiner Abkunft, den der Fürst nicht verkraften konnte und der ihn in Sachen Heirat des Erzherzogs so unnachgiebig machte. Mit dem Kaiser befreundet schon von Kindheit an, befürchtete er mit dem Ende der Herrschaft von Franz Joseph die Einbuße seiner Macht. In dieser Hinsicht hatte er übrigens völlig recht — Franz Ferdinand haßte ihn. Und Sissy empfand ein heimliches, unausgesprochenes Grauen vor diesem Mann, der ihr als die graue Eminenz am Wiener Hof erschien, dessen unheimlicher Schatten ihrer Meinung nach selbst über die Tragödie von Mayerling fiel.

Das Rätsel um den ungeklärten Tod ihres einzigen Sohnes Rudolf, das seltsame Verschwinden dessen Freundes Johann Orth auf offener See vor der Küste Südamerikas sowie geheimnisvolle Warnungen, die Franz Ferdinand zugingen, er werde niemals auf den Thron gelangen, sondern noch vor seiner Krönung sterben, dies alles trieb Sissy zur Flucht aus Wien; sie fühlte sich im Ausland freier und sicherer und mißachtete die dem Kaiser auf offiziellen und inoffiziellen Wegen zugehenden Berichte über die Sicherheitsverhältnisse in der Schweiz, die für gekrönte Häupter ein gefährlicher Boden wurde, seit die Anarchisten sie zum Ausgangspunkt für ihre Terroraktionen in den benachbarten Monarchien gewählt hatten.

„Eines Tages wird sie für ihren Dickschädel noch büßen", prophezeite Franzl dem Fürsten.

„Wenn ich mir eine Bemerkung erlauben darf — die Frau Mutter hatte recht. Eure Majestät hätten besser ihre Schwester heiraten sollen. Sissy ist für Eure Majestät bloß eine permanente Kalamität. In den letzten Jahren kamen von ihr nichts anderes als Rechnungen, Rechnungen, Rechnungen . . . Und Scherereien! Und das Volk bekommt sie fast überhaupt nicht mehr zu Gesicht. Höchstens noch auf einem Bahnhof, wenn sie gerade wieder einmal wegfährt."

„Ich liebe meine Frau", knurrte Franzl verweisend und setzte eine Unterschrift unter einen Akt, den ihm der Fürst in seinem Arbeitszimmer vorgelegt hatte.

„Ich weiß. Aber Eure Majestät sind nicht der einzige. Da gibt es doch den Andrassy. Oder diesen englischen Pferdeknecht Middleton — ganz England mokierte sich darüber!"

„Er war kein Pferdeknecht. Sie übertreiben. Es war nichts zwischen ihnen."

„Sagt sie", entgegnete Montenuovo, und der Zweifel in seiner Stimme war unüberhörbar.

Franzl blickte beharrlich durch das Fenster; unten marschierte eben das Wachregiment der Deutschmeister zur Ablöse auf, und Tschinellenklang und Marschmusik unterbrachen die gefährliche Stille im Arbeitszimmer des Kaisers in der Hofburg.

Montenuovo bemerkte die sich vertiefenden Zornesfalten auf der gerunzelten Stirn, und er sah das unheilverheißende Zittern von Franz Josephs ergrautem Backenbart. Er hielt es klugerweise für angezeigt, jetzt besser doch zu verschwinden. Denn es gab Grenzen — auch für ihn.

Er nahm daher die unterschriebenen Blätter, tat sie in seine Mappe, verbeugte sich leicht und ging. Die Tapetentür klappte hinter ihm ins Schloß. Er war, wie so oft, „durch die Kammer" gekommen, und der Adjutant wußte nichts von seiner kurzen Anwesenheit. Dieser beruhigte vielmehr die draußen wartenden Audienzwerber: Seine Majestät habe wohl für einen Augenblick unterbrechen müssen und werde gleich wieder zur Verfügung stehen.

Tatsächlich hatte Montenuovos Besuch nicht lang gedauert — aber lang genug, um Franz Josephs ohnedies auf dem Tiefpunkt stehende Laune noch weiter zu verderben. Der nächste, der beim Kaiser vorgelassen wurde, blickte dann auch erschrocken in ein gar nicht gnädiges Gesicht und wußte nicht, was er verbrochen haben sollte.

„Sie sind der Herr Alois Dorfmoser aus Hinterbuchs?"

„Jawohl, Majestät, gnädigst zu dienen . . ."

„Aber Sie wollen mir ja gar nicht dienen, lieber Herr. Wie ich aus Ihrem Gesuch ersehe, beantragen Sie die Freistellung Ihres Sohnes vom Dienst beim Militär?"

„Majestät, ich bin nimmer der Jüngste, und meine Frau ist krank — wer soll den Hof bewirtschaften? Ich hab' nur den einen Sohn; die zwei anderen sind verunglückt, bei den Pionieren . . . sind eing'rückt und nimmer wiederkommen. Wenn jetzt der Letzte auch noch —"

Franzl nickte ernst und sog nachdrücklich an seiner Zigarre. Fremde Probleme halfen ihm mitunter, mit seinen eigenen leichter fertig zu werden oder sie zumindest zu ertragen.

„Guter Mann", versuchte er seinem Besucher klarzumachen, „ich mach' die Gesetze nicht. Ich muß mich selber an sie halten. So wie jeder andere auch! Noch mehr sogar . . . Aber ich seh' immer wieder, die lieben Leut' halten mich für allmächtig."

„Ja, zu wem soll man denn sonst gehen, wenn nicht zum Kaiser?" meinte der Dorfmoser ratlos.

„Natürlich soll man zum Kaiser kommen", lächelte Franzl. „Es ist schon recht, daß Sie zu mir 'kommen sind. Ich werde Ihren Fall überprüfen lassen. Wir werden schauen, daß Sie Ihren Buben zumindest für die Ernte daheim haben."

„Tausend Dank, Majestät!"

„Na, warten Sie's erst einmal ab", gab Franzl das Entlassungszeichen.

Den ganzen Nachmittag über empfing er. Es hatten sich an die zweihundert Leute angemeldet, die den Kaiser sprechen wollten, um ihm ihre Anliegen vorzutragen; das war normal, mitunter waren es noch mehr.

Sein Mittagessen stellte ihm der gute, alte Ketterl auf den Schreibtisch: zwei Buttersemmeln und einen Teller mit Rindssuppe, die Franzl im Stehen löffelte.

Auf seinem Stehpult, auf dem er die Akten der Audienzwerber erledigte, häufte sich die Arbeit. Über jeden Audienzwerber und sein Anliegen ließ er sich peinlich genau Bericht erstatten und machte nach dessen Vorsprache schriftliche Notizen, wie die Sache zu erledigen sei. Manche Akten begleiteten ihn auch noch am Abend hinaus nach Schönbrunn. Oft lag er schon in seinem Eisenbett und arbeitete noch daran. Und war doch am nächsten Morgen, geweckt vom Kammerdiener Ketterl, um halb vier Uhr früh schon wieder auf den Beinen.

War es da ein Wunder, daß er Sissy gegenüber Bitternis empfand? Nicht ohne Grund hatte ihn der Fürst an die Ausgaben erinnert, die ihre Reisen verursachten, und ihn dabei an ihre aufwendigen Jagdbesuche in England erinnert, die noch dazu peinliche Verstimmungen seitens der um ihre eigene Popularität besorgten Königin Victoria zur Folge hatten.

Denn Sissy war in den Midlands wie selbst in Irland buchstäblich vergöttert worden. Und gerade ihr Erfolg in Irland schmerzte den englischen Hof, von dem sich längst niemand mehr auf die aufmüpfige grüne Insel wagte.

Doch das hatte Sissy wenig gekümmert. In den Midlands hatte sie einen Herrensitz gemietet — für die Kleinigkeit von sechshundert Pfund pro Monat. Ihr „bescheidenes Gepäck" war mit einem eigenen, dem Hofzug folgenden Lastzug dort hingebracht worden. Es wog — alles in allem — vierzig Tonnen. Sie hatte in England die teuersten Pferde kaufen lassen und brachte noch zusätzlich welche aus Gödöllö mit. Doch da der Bahnhof in den Midlands bloß ein Geleise hatte, mußte für den Hof- und den Güterzug der Kaiserin noch eine zusätzliche Gleisanlage samt Weichen verlegt werden. Und schließlich erschien Herrn Linger, dem Sekretär der Kaiserin, der kleine Provinzbahnhof nicht repräsentativ genug; deshalb ließ er gleich noch auf Kosten der kaiserlichen Privatschatulle eine Empfangshalle dazubauen.

Als Sissy ankam, fand sie alles riesig nett und die zweihundertfünfzig geladenen Gäste charmant und nobel. Dementsprechend mußte die tägliche Bewirtung ihrer Gäste einer Kaiserin würdig sein. Würdig waren auch die Pokale, die sie spendete, und ebenso die Honorare der Ärzte, die diverse Knochenbrüche nach mißlungenen Sprüngen zu behandeln hatten. Und die Preise für die Pferde, welche sie anschaffen ließ, stiegen gleich um hundert Prozent, als bekannt wurde, wer die „Gräfin von Hohenembs", die Käuferin, in Wirklichkeit war . . .

Als Sissy seinerzeit in England zwei Monate im Jahr ihrem Jagdvergnügen gefrönt hatte, hatte Franzl nachher in der Regel Rechnungen in der Höhe von stattlichen hundertfünfzigtausend Gulden und mehr bekommen.

Doch dies alles hatte ihm nicht so viel ausgemacht wie der Argwohn, der an seinem Herzen noch immer nagte und seinerzeit durch Gerüchte, ja sogar durch Zeitungsartikel in der Boulevardpresse Englands genährt worden war. Und in denen immer wieder von einem Mann die Rede war, den Fürst Montenuovo einen „Pferdeknecht" genannt hatte.

Er kannte diesen Mann und hatte ihn um die Gesellschaft seiner Frau beneidet, die er selbst so oft und so lange entbehren mußte. Und weil er Sissys Wirkung auf Männer aus eigener Erfahrung zur Genüge kannte, erschien ihm unglaubhaft, daß der Brite „cool" geblieben war, wie ihm Sissy in ihren Briefen glauben hatte machen wollen. Es sei nichts als eine Sportskameradschaft, hatte sie ihm geschrieben und zudem berichtet, was sich bei jeder Fuchsjagd, bei jedem Steeplechase zugetragen hatte. Durfte er ihr glauben?

Sie und dieser Mann schienen ein Herz und eine Seele. Er war stets an ihrer Seite, arrangierte alles, begleitete sie auf jeder Jagd, machte sie mit der einheimischen Gesellschaft bekannt und stand selbst als Englands angeblich bester Reiter oft genug im Mittelpunkt. Er war um neun Jahre jünger als Sissy. Aber nach allgemeinem Urteil sah sie selbst um zehn Jahre jünger aus, als sie wirklich war. Die beiden waren ein Paar, das sich sehen lassen konnte — und das taten sie auch.

Oh, Sissy . . .!

Der Fürst hätte Franzl lieber nicht an jene Zeiten erinnern sollen.

Zwar waren sie längst dahin, doch der Brand der Eifersucht schwelte noch in seinem Herzen . . .

Sissy . . . geliebter Engel, so hatte er sie in jedem seiner Briefe genannt, die damals nach England gegangen waren. Er hatte ihr täglich geschrieben, sie jedoch nur sporadisch geantwortet. Denn sie war ja so mit ihrer Gesellschaft und der Jagd beschäftigt gewesen.

Nach Jahren noch fühlte er die Bitternis dieser Tatsache. Hatte seine Mutter recht gehabt, wie Montenuovo meinte?

Der Mann in England hieß William George Middleton.

2. Alte Briefe

An diesem späten Winterabend des Jahres 1897 wollte es in den Zimmern des Kaisers, die an der Westfront des Schlosses Schönbrunn lagen, nicht warm werden. Der verschneite Kammergarten mit seinen kunstvollen Lauben lag in dichtem Nebel. Die Uhr auf dem Kaminsims tickte die zehnte Stunde.

Franz Joseph war müde, aber nicht müder als sonst. Er hatte das Gefühl, so weit wie möglich seine Pflicht getan zu haben; es allen recht zu machen, war freilich unmöglich, und daß die Arbeit niemals abriß, dafür wurde schon gesorgt. In seinem ganzen Leben hatte er keinen Tag gekannt, an dem er über Langeweile zu klagen gehabt hätte.

14

Ketterl fragte, ob Seine Majestät noch irgendwelche Befehle hätte.

„Man soll noch ein bißl nachlegen, Ketterl. Es ist kalt. Und dann gehen S' schlafen. Wecken morgen früh wie immer."

„Sehr wohl, Majestät. Wünsche gut zu ruhen, Majestät, gute Nacht!"

Franzl nickte der treuen, alten Seele wohlwollend zu, und Ketterl verneigte sich und verließ den Raum. Ein Diener, der zu besonderen Anlässen die Orden an seiner Brust trug, die ihm — zu Recht — verliehen worden waren. Oder doch nicht zu Recht? — Kathi zweifelte daran.

„Er schaut viel zu wenig auf Sie, Majestät", rügte sie stets. „Aber er ist halt ein Mannsbild! Da gehört eine Frau ins Haus; sonst könnt's nicht passieren, daß Majestät noch immer den alten Uniformrock tragen, an dem schon die Ellbogen ganz abg'scheuert sind . . ."

„Aber der Ketterl weiß, daß ich mich grad in dem Rock so kommod fühl'", pflegte Franzl dann seinen Kammerdiener gegen solche weibliche Vorwürfe zu verteidigen.

Franzl trank seine heiße Milch aus und knabberte noch an einem Kipferl, lustlos und in Gedanken weit weg. Ketterl hatte beim Verlassen des Raumes das Gaslicht abgedreht, aber Franzls Lämpchen auf dem Nachttisch brannte noch und verbreitete einen unruhigen Lichtschimmer.

Er fühlte, er könne nicht einschlafen. Er warf die Tuchent zurück, fuhr zornig in seine Pantoffeln und schlurfte über Teppich und Parkettboden zu einem Wandschrank, dessen Schlüssel er im Schloß drehte. Knarrend öffnete sich die Tür; aber das Licht des Lämpchens war so schwach, daß Franzl fast nichts erkennen konnte.

Mit einem Laut des Unwillens kehrte er nochmals zurück

und holte das Nachtlicht herbei. In dem Schrank pflegte er persönliche Sachen aufzubewahren. Notwendiges und — wie manchen Leuten erscheinen mochte — auch sehr viel, von dem nur Gott und er selbst wußten, warum es aufgehoben wurde.

Und da waren auch Sissys Briefe aus Cheshire; sie stammten aus dem Jahre 1881 — jenem Jahr, in dem Alexander II., Rußlands reformfreudiger Zar, bei einem Bombenattentat ums Leben kam. Damals ging auch Rudi seine unglückliche Ehe mit der belgischen Königstochter Stephanie ein. Eine Ehe übrigens, an deren Zustandekommen Sissy nicht unbeteiligt war. Doch Rudis Verlobung ein Jahr zuvor kam selbst für sie überraschend. Sie jagte gerade in Irland irische Füchse an der Seite jenes Mister Middleton. Und diese Jagden in Irland kamen beinahe noch teurer als die horrenden Ausgaben für Cheshire.

Aber damals, als sie in Cheshire war, hatte er endlich ein Machtwort gesprochen . . . und es gab ein vorzeitiges Halali!

„Das hätte ich schon früher tun sollen", murmelte er und nahm beim Schein des Lichtes das verschnürte Päckchen alter Briefe aus dem Fach. Sie lagen in einem Karton, der sauber zugebunden und beschriftet war; Franzl konnte selbst in diesen Dingen seine Beamtenseele nicht verleugnen. Was immer er auch aufbewahrte und wo immer es auch war — es herrschte Ordnung.

Befriedigt, daß er nicht hatte suchen müssen, kehrte er mit den Briefen in sein Bett zurück. Hier war es wärmer.

Die Uhr auf dem Sims des Kamins schlug mit leisem, melodischem Bimmeln die zehnte Stunde dieser Nacht. Flüchtig dachte er an die Adventnächte seiner frühen Kindheit, an seine Mutter Sophie und seinen Vater Erzherzog Karl, an die vorweihnachtliche Stimmung im Schloß, in dem sich die Kinder schon auf das Weihnachtsfest freuten. Wohin war das alles . . .! Seine Eltern ruhten in der Kapuzinergruft, in der sie auch seinen Leib eines Tages beisetzen würden, in einem Sarg mehr zu all den prunkvollen Särgen, die vergangenes Leben und vergangene Zeiten umschlossen. Und jeder, der dort ruhte, war zugleich auch ein Stück Geschichte Österreichs . . .

Was aber würden die Geschichtsschreiber eines Tages über Sissy zu sagen haben . . .? — „Sie ist bloß eine permanente Kalamität", hatte Montenuovo gesagt. Ganz unrecht hatte er nicht. Den Pflichten einer Kaiserin entzog sie sich fast ständig. Und es war ihr egal, wen sie damit vor den Kopf stieß und verletzte. In ihrem politischen Desinteresse provozierte sie auch bei ihren Auslandsreisen durch ihr Verhalten Schwierigkeiten am laufenden Band, und das Außenamt hatte alle Hände voll zu tun, um die Gemüter zu beruhigen.

Er überlegte, wo wohl der Hofzug jetzt ungefähr sein mochte, der sie in den Süden, an die Riviera, brachte. Er dachte intensiv an Sissy mit einem wehen Gefühl im Herzen, einer Mischung aus Sehnsucht und Trotz, Mitleid und ärgerlicher Verstimmung. Denn sie tat ihm ja auch leid, diese unruhevolle Seele, die nirgends Ruhe fand, als würde sie von unsichtbaren Furien gehetzt. Das war so seit jenem grauenvollen Jännermorgen, an welchem Graf Hoyos aus Mayerling kam . . .

Es fröstelte Franzl. Er kroch tiefer unter die Tuchent, rückte seine Kopfpolster zurecht und das Licht möglichst nahe heran. Dann setzte er seinen Zwicker auf die Nase, denn seine Augen waren längst nicht mehr die besten. Die vielen Stunden eines jeden Tages, an denen er irgendwelches

Geschreibsel lesen mußte, waren daran schuld. Seufzend löste er das Band, das um die Briefe der Kaiserin geschlungen war. Noch immer entströmte den Blättern ein leiser Duft nach Veilchen, ihrem Parfum. Und wieder erweckte dieser Duft seine Sehnsucht nach ihr.

Sissy . . .

Einst war sie mit leisem, vergnügtem Jauchzen in seine offenen Arme geeilt. Einst hatte er sie voll heißer Liebe an seine Brust gedrückt, bis sie sich lachend darüber beklagt hatte, daß die goldglänzenden Knöpfe seiner Uniform sie schmerzten. Und manches verschwiegene Plätzchen im Park von Laxenburg war Zeuge ihrer Seligkeit.

Doch das war lang schon und für immer dahin. Kaiserin zu sein hatte sich Sissy ganz anders vorgestellt. Sie war durchaus willens, ihrem geliebten Franzl in allem und jedem zur Seite zu stehen. Doch da war seine Mutter, Erzherzogin Sophie, ihre Schwiegermama . . .

Als Kaiser Ferdinand I. am 2. Dezember 1848 in Olmütz, wohin sich der Hof wegen der revolutionären Unruhen aus Wien geflüchtet hatte, abdankte, wäre der Erbfolge nach Erzherzog Franz Karl der nächste österreichische Kaiser geworden, der Vater Franz Josephs und Gatte der bayrischen Prinzessin Sophie von Wittelsbach, Franz Josephs Mutter. Doch in kluger Voraussicht bewog Sophie ihren Gatten zum Verzicht und brachte sich damit selbst um die von ihr ersehnte Würde des Throns. Sie wußte, daß die blutige Revolution in beiden Reichshälften — in Österreich wie in Ungarn — nur von einem politisch „unbeschriebenen Blatt" besänftigt werden konnte, von einem jungen Mann wie ihrem Sohn, an den auch die fortschrittlich gesinnten Freigeister ihre Hoffnungen knüpfen konnten.

Doch die Jugend und Unerfahrenheit ihres Sohne würden es ihr ermöglichen, daß sie selbst, im Hintergrund bleibend, die wahre Frau auf dem Thron sein würde. So war es nicht sein, sondern ihr Wunsch und Wille, daß am 6. Oktober 1849 die Köpfe des Aufstands in Ungarn hingerichtet wurden — darunter Baron Kiss, ein Onkel des späteren Mannes von Kathi.

Franzls Mutter Sophie war die Schwester von Ludovica, Herzogin in Bayern — Sissys Mama. Franzl und Sissy waren einander zum erstenmal in Innsbruck begegnet, im Juni jenes schlimmen Jahres 1848. Sophie hatte damals schon seine Zukunft als Kaiser im Auge und bereits in Innsbruck die zu ihrem Sohn passende Kaiserin gewählt: ihre Nichte Helene; denn damals waren auch die Schwestern Sophie und Ludovica in Innsbruck zusammengetroffen. Sophie hatte ihren Sohn zur Seite, den künftigen Kaiser. Und Ludovica hatte ihre Töchter mitgebracht.

Nach Montenuovos Meinung war die Wahl richtig, die Sophie für ihren Sohn über dessen Kopf hinweg schon insgeheim traf. Sissys Schwester Helene ließ schon damals ein damenhaftes, dem Repräsentieren zugeneigtes, dabei aber zugleich fügsames Wesen erkennen. Zu dem war zu bemerken, daß Nene, wie Helene zärtlich genannt zu werden pflegte, eines Tages eine Schönheit sein werde. Und Helene würde auch keinen Gedanken daran verschwenden, daß ihr lediglich die Rolle eines Aushängeschildchens zugedacht war; vielmehr würde sie diese Rolle vorbildlich spielen.

Damals in Innsbruck war auch schon Sissy mitgekommen: ein rundliches, unansehnliches, vergnügtes Mädchen, das nichts im Kopf zu haben schien als Ponies, Papageien und Kaninchen. Zumindest solange, bis das Auge von Franzls Bruder auf sie fiel. Der entdeckte in ihren bernsteinfarbenen Augen etwas, was Franzl damals noch übersah.

Karl Ludwig hatte den „Wildfang" Sissy für sich erwählt und sie offenbar auch ihn; sie tauschten Ringe und Geschenke und schrieben einander in der Folge zärtliche Briefe.

Als Franzl sich fünf Jahre später in Ischl in Sissy verliebte, trug ihm das Karl Ludwig lange nach. In seinen drei Ehen war keine der Frauen imstande, Sissys Bild aus seinem Herzen zu verdrängen, nicht einmal die so rührend liebliche arme Maria Annunziata, die Mutter Franz Ferdinands, die an Schwindsucht starb.

Und Sissy wußte das wohl. Sie hielt ihn auf Distanz und flirtete doch ein wenig mit ihm. Es schmeichelte ihr einfach, von beiden Brüdern geliebt zu werden . . .

Und es schmerzte Franzl und empörte seine Mutter Sophie. Es mag sein, daß sich Sissy nichts dabei dachte — sie war eben „ein unreifes, vom Vater verzogenes Kind", wie seine Mutter meinte. In der Tat hatte sie von ihrem Vater, dem Herzog Max in Bayern, viele seiner Eigenschaften geerbt: seinen Freigeist, seine Ungezwungenheit im Benehmen, seinen Wandertrieb und seine Liebe zur Natur, die schließlich in eine Pferdenarrheit ausartete — und Sissy folgte auch hierin seinem Beispiel nach.

Es war Franzls Mutter nicht gelungen, den „Wildfang" zu zähmen. Übersensibel, wie sie war, kapselte sich Sissy vielmehr ab. Sie reagierte, innerlich verletzt, auf ihre Weise und begann, den Hof zu meiden. Alle späteren Versuche Franzls, sie wieder an seine Nähe zu binden, schlugen fehl — auch nach dem Tod seiner Mutter.

Und während eine seltsame, tiefinnerliche Neigung diese beiden Menschen noch immer aneinander band, war Sissy ihm dennoch entglitten. Es war ihm, als wolle er ein Irrlicht greifen, dessen Leuchten ihn immer wieder verlockte. Aber

20

sie war heute so fern wie damals im Reich der Königin Victoria, aus dem ihn diese Briefe erreicht hatten. Sie waren als Trost gedacht für ihre Abwesenheit. Als Versicherung ihrer Treue. Er begann zu lesen, aber — las er nicht damals zwischen den Zeilen anderes heraus, anderes, das seinen schmerzenden Argwohn erregte?

Ich tue ihr Unrecht, sagte er sich immer wieder. Er selbst war ein feiner, nobler Charakter. Sein ritterliches Empfinden war ererbt und lag ihm im Blut. Er wollte niemals gelten lassen, was böse Zungen behaupteten. Und doch — es schmerzte, der Stachel blieb. Ja, es schmerzte, nach so vielen Jahren, noch heute.

Was war damals wirklich in England passiert? Wahrscheinlich würde es nie jemand mit Sicherheit erfahren. Nur eines stand fest: daß der Mann an ihrer Seite dort und damals nicht Franz Joseph hieß. Vielmehr war es Captain William George Middleton. Ein Mann ohne Adel. Ein „Pferdeknecht", wie der Fürst ihn jetzt noch nannte.

Aber dieser Middleton war ein Gentleman vom Scheitel bis zur Sohle, hieß es. Und er war der beste Reiter Englands.

Durch und durch Frau hingegen war Franzls „geliebter Engel" Elisabeth, Sissy, das Irrlicht, geliebt und ungreifbar — etwa nur für ihn?

Franzl nahm ein anderes Paket Briefe zur Hand und löste dessen Seidenband. Er blätterte in den noch immer nach ihrem Parfum duftenden beschriebenen Blättern. Eine vergangene Zeit, ihre Freude und ihr Leid, schien wieder lebendig zu werden.

„Mein lieber Franzl,
hier, im Reich der Queen, ist es wunderschön, und ich wünsche lebhaft, Du könntest bei mir sein, wenn auch nur für zwei, drei Wochen . . ."

Franzl las; seine vom vielen Aktenstudium müden Augen begannen zu schmerzen, doch er merkte es nicht.

Vielleicht wäre es wirklich besser gewesen, wenn er damals auch mit dabei gewesen wäre . . .

3. Diana

März 1876. Der Frühling kündigte sich an. Die Luft war noch rauh, aber der Himmel hell und wolkenfrei, und es zeigten sich bereits grüne Spitzen auf Baum und Strauch. England ist schöner, als man auf dem Kontinent glaubt.

„Linger, ich bin sehr zufrieden!" rief Sissy beim Anblick von Easton Neston entzückt und erging sich in Worten des Lobes für ihren Sekretär, der den schönen, alten Herrensitz für sie und ihre Jagdgesellschaft gemietet hatte.

Linger war ein Praktiker. Er hatte früher als Koch gearbeitet, doch hatte er es verstanden, Karriere zu machen. Als Sekretär der Kaiserin versah er sein Amt in einer Weise, die ihm von vielen Seiten Anerkennung einbrachte. Und das wollte viel heißen, denn es war wirklich kein leichtes Amt!

„Es freut mich, daß ich den Geschmack von Majestät getroffen habe", sagte er respektvoll. „Und hoffentlich sind Majestät auch mit meinen anderen Arrangements ebenfalls einverstanden."

„Aber Linger, da bin ich ganz sicher", lachte Sissy.

Sie war schön und fühlte sich jung und wohl. Wien mit all seinen Problemen war fern. Hier, in England, atmete sie Freiheit!

Linger hatte das schöne Landschloß, dessen Besitzer den Winter in London verbrachten, bis Ende März gemietet; Zeit genug für eine „schöne Jagd", wie Sissy sie liebte.

Queen Victoria war von Sissys Anwesenheit wenig erbaut. Die schöne Kaiserin aus Österreich lockte die Neugierigen, wo immer sie sich auch zeigte, in Scharen an, und man jubelte ihr zu. Die Queen sah sich von Sissy in der Gunst der Menge ausgestochen, und das behagte ihr nicht. Im übrigen war die alte Dame so dick, daß wohl jedes Pferd unter ihr zusammengebrochen wäre.

Sissy war zur Fuchsjagd nach England gekommen. Als Victoria noch jung war, jagte sie selbst gern und kannte daher aus Erfahrung die Tücken solcher wilder Ritte hinter einer Hundemeute. Nicht auszudenken, wenn sich die Kaiserin von Österreich in England das Genick gebrochen hätte . . . Selbst unter dem Inkognito einer Gräfin Hohenembs!

„Lord Spencer", befahl sie daher, „ist mir für die Empress verantwortlich!"

Der Lord war selbst ein guter Jäger und bewohnte ein herrliches Schloß in der Nähe von Easton Neston. Er lud Sissy ein, und sie kam mit ihrem Gefolge und bewunderte die herrliche Gemäldegalerie des Lords, dessen Schloß mit seinen Kunstschätzen sie faszinierte.

Doch er hatte sie nicht kommen lassen, um zu renommieren. Beim Dinner eröffnete er ihr: „Majestät, Ihre Majestät, die Königin von England, hat mich beauftragt, für das Gelingen Eurer Jagd zu sorgen . . ."

„Hoffentlich", lachte Sissy, „bringen Sie jetzt nicht die Füchse, die ich jagen möchte, aus dem Tiergarten an!"

„Keine Sorge", schmunzelte der vollbärtige Lord, „wir haben hier Füchse genug, schnelle Füchse, schlaue Füchse . . . und die besten Meuten. Aber Majestät kennen unser Gelände nicht. Es ist viel schwieriger als das Jagdgebiet von Gödöllö. Selbst erfahrene Reiter haben da oft Mühe, im Sattel zu bleiben."

„Lord, ich sitze seit meiner Kindheit im Sattel!"

„Aber nicht in England, Majestät. Majestät benötigen einen Vorreiter."

„Ich fürchte bloß, daß dieser Herr bald hinter und nicht vor mir reiten wird", meinte Sissy übermütig.

Auch der Lord lachte über den Scherz; beim Dessert eröffnete er ihr, daß er für den kommenden Tag einen „Bye-day" vorschlage. Das sei kein Jagdtag, sondern einer fürs „Einreiten", damit Pferde und Reiter sich aneinander gewöhnen könnten.

Sissy hatte Pferde aus Gödöllö mitgebracht. Man stellte ihr aber auch einige einheimische Tiere, von denen bereits alle Pokale errungen hatten, zur Verfügung. Die Gräfin Larisch, Sissys Nichte, sowie die Brüder Baltazzi, die gleichfalls mit nach England gekommen waren, sollten auch daran teilnehmen und ihre Pferde auf dem Gelände ausprobieren.

„Bei dieser Gelegenheit", meinte der Lord sich verabschiedend, „werden Majestät den Mann kennenlernen, den ich als Vorreiter vorschlagen möchte — Ihre Zustimmung vorausgesetzt."

„Und wer ist dieser Herr?" fragte Sissy gespannt, „ein Prinz, ein Lord?"

„Nichts von alledem. Er ist ein einfacher Captain und heißt Middleton. Aber er ist der beste Reiter Englands! Sein Pferd ‚Bay' ist einfach unschlagbar, und deshalb nennen wir ihn selber Bay. Bay Middleton! Ich hoffe nur, daß er überhaupt einwilligt."

„Wie?" staunte Sissy.

Lord Spencer schmunzelte: „Dieser Mann läßt sich nichts befehlen, nicht einmal von der Königin. Er weiß, daß er der Beste ist, und läßt sich bitten . . . und geht einfach, wenn es ihm nicht paßt. Majestät können das an ihm erleben — aber eines sicherlich nicht, nämlich, daß *Sie* vor ihm reiten . . ."

„Das werden wir ja sehen", blitzte Sissy ihn an.

„Fordern Sie ihn lieber nicht heraus, Majestät . . . Er macht keinen Unterschied zwischen arm und reich, hoch oder niedrig. Er ist zwar wohlhabend, aber kein Edelmann — auch nicht in bezug auf sein Benehmen. Ein Rauhbein ist er! Und die Frauen laufen ihm nach — oh, pardon, das hätte ich lieber nicht sagen sollen!"

Der Lord war entsetzt über die Äußerung, die ihm unbedachterweise entfahren war.

„Majestät können ihn selbstverständlich ablehnen, für den Fall, daß er sich danebenbenimmt", beeilte er sich zu versichern, machte das Malheur aber nur noch schlimmer.

„Wie meinen Sie das?" fragte Sissy spitz. „Ich werde ihm gewiß nicht nachlaufen. Nicht einmal nachreiten werde ich ihm!"

Aber bei der Heimfahrt war sie recht gespannt auf den Mann, den sie am nächsten Morgen kennenlernen sollte.

Sie war schon früh auf den Beinen und brauchte für ihre Toilette eine volle Stunde. Die Reitergesellschaft wartete bereits. Auch Bay Middleton, der empört immer wieder auf seine Uhr guckte.

„Noch zehn Minuten", erklärte er wütend, „und die hochgeborene Empress kann mich vergessen! Ich bin schließlich nicht hier, um mir die Beine in den Leib zu stehen!"

Die Gräfin Festetics, die Sissy auf dieser Reise als Hofdame begleitete, saß bereits in ihrer Kutsche, in welcher sie dem Ausritt folgen wollte. Sie hatte die Bemerkung gehört. Neben ihr saß, anmutig und jung, Sissys Nichte Marie Larisch im Damensitz auf dem Rücken eines Braunen aus Gödöllö.

„Unerhört", empörte sich die Gräfin, „was dieser Mensch sich herausnimmt. Einfach empörend von Lord Spencer, daß er glaubt, einen solch ungehobelten Patron der Kaiserin empfehlen zu können!"

„Nun", meinte Marie Larisch, „wenn meine Tante auch dieser Ansicht ist, wird dieser Mister Middleton bei uns nicht alt werden."

Bay Middleton war ein hochgewachsener, drahtiger Geselle, dessen von Wind und Wetter gebräuntes Gesicht ein unternehmungslustiger Bart auf der Oberlippe zierte. Er war dreißig, und wie geschmeidig er war, zeigte sich in all seinen Bewegungen. Er trug den üblichen Sportsdreß jener Zeit, Hosen mit Gamaschen, eine Reiterjacke und ein beschirmtes Seidenkäppi. Es war nicht die farbenfrohe Reitergala, und es war ja auch nur ein Bye-day; offensichtlich legte er auch gar keinen Wert darauf, auf die „Empress" einen besonderen Eindruck zu machen.

Übellaunig machte er geringschätzige Bemerkungen über die kaiserlichen Pferde aus Gödöllö.

„Wenn sie kommt — falls sie überhaupt noch die Gnade hat —, setzen wir sie besser gleich auf eines der Pferde aus Lord Spencers Stall, die ich mitgebracht habe."

Endlich erschien Sissy, und bei ihrem Anblick verstummte alles. Bay gab es förmlich einen Ruck. Er starrte sie an; sie genoß es, und ein spitzbübisches Lächeln umspielte ihre Lippen.

Sie trug ein eng geschnittenes braunes Reitkleid und ein Hütchen, unter dem ihre braunen Locken hervorquollen. Ihr Haar war noch immer hüftlang, wie in ihrer Jugend, und sie war sehr stolz darauf. Zierlich kam sie näher, in der Rechten die Gerte leicht bewegend, in der Linken den unvermeidlichen Fächer.

Linger, der ihr folgte, beeilte sich, vorzustellen: „Das ist Mr. Middleton, Majestät, den Lord Spencer als Vorreiter vorschlägt . . .“

„Vorausgesetzt, daß er nichts dagegen hat“, lächelte Sissy. „Hat er oder hat er nun nicht?“

Middleton bewegte seine buschigen Augenbrauen auf und nieder. Er hatte sich gefaßt und nahm den Kampf auf — „The battle of sexes“, wie seine Landsleute zu sagen pflegten.

„Das wird sich zeigen, Madam“, knurrte er. „Sitzen Sie auf. Und noch eins: die Verantwortung für Ihren Hals trage ich nur, solange Sie tun, was ich sage!“

„Allright, Sir“, nickte Sissy unter spitzbübischem Lächeln.

„Unerhört“, zischte die Festetics. „Das sollte bloß Seine Majestät, der Kaiser, hören!“

Marie Larisch beobachtete die beiden aus zusammengekniffenen Augen und sagte gar nichts. Ihr imponierte dieser Bay Middleton. Er hatte das „gewisse Etwas“ rauhbeiniger Männer, das Frauen einfach gefällt, und die Geschmeidigkeit eines Panthers, als er sich jetzt in den Sattel seines Vollblüters schwang.

Der ganzen österreichischen Gesellschaft, die während der nächsten vierzig Minuten teils selbst reitend, teils als bloße Zuschauer die Übungen im Sattel verfolgte, war nur eines nicht recht klar: die Stellung dieses merkwürdigen Mannes, der so selbstsicher auftrat und doch nichts weiter als ein einfacher Captain Middleton war. Wenn auch, wie versichert wurde, Inhaber eines fetten Bankkontos, das er allem Anschein nach durch Rennwetten und Wettsiege erworben hatte und weiter erwarb.

Wie sollte man sich zu ihm stellen? Er war ja nicht „standesgemäß". Wie mit ihm reden? Wo ihn an der Tafel placieren? Gehörte er nicht besser in den Speiseraum der Domestiken?

Mister Middleton *war* standesgemäß — zumindest im Sattel. Er stach mit Leichtigkeit alle anderen Reiter aus, Sissy freilich ausgenommen. Sie erstaunte ihn. Sie war die einzige Gleichwertige — zwei Souveräne in der Reiterwelt. Und demgemäß war auch Sissys Verhalten ihm gegenüber. Wie schon ihrem Vater, bedeuteten ihr Titel und Würden nichts. Für sie zählten nur Charakter und Können.

Und war Bay Middleton — vielleicht aus einem nur zu natürlichen Opportunismus heraus — gewillt, jedem gegenüber erkennen zu lassen, daß auch ihm Titel und Würden grundsätzlich egal seien, dann trafen sich Sissys und seine Einstellung zumindest in einem Punkt: nur ein guter Reiter verdiente Respekt.

Gegen Ende dieser Reiterübungen legten sie beide los, und Sissy sprang über Hürden und Hecken, die sie nicht kannte, auf einem Pferd, das sie noch nie geritten hatte und das sie dennoch sicher zu beherrschen verstand. Eines war ihr klar: Middleton wollte sie testen, ihre Grenzen erkennen, ihren Mut erproben. Und das forderte ihren Ehrgeiz heraus, und es kam zeitweilig umgekehrt: Sie testete ihn!

Ja, sie waren gleichwertige Partner. Middleton hatte ihr nur eines voraus: Er kannte das Gelände wie seinen Hosensack. Und dieses Gelände, diese Hindernisse waren anders beschaffen als in Gödöllö, da hatte Lord Spencer völlig recht. Bei einer echten Jagd hinter der Meute, die sich über Kilometer erstreckte, war ein verläßlicher Vorreiter notwendig, und Middleton war der beste Mann. Danke, Lord Spencer, sagte sie insgeheim und hatte vor, dies auch in aller Form zu tun.

Die Kutsche der Gräfin kam bei dieser Jagd nicht mit. Über Stock und Stein verschwanden Bay und Sissy im hohen Gebüsch. Andere Reiter stürzten; die österreichischen Pferde, obwohl hoch im Blut, waren dem Gelände nicht gewachsen und ihre Reiter überfordert. Einzig und allein Marie Larisch preschte noch hinter den beiden Reitern eine Zeitlang her, bis ihr vom Hute wehender Schleier an einem Ast hängen blieb.

„Hilf Himmel", stöhnte die Festetics und schlug die Hände entsetzt vors Gesicht, „Ihre Majestät wird sich noch alle Knochen brechen!"

„Is' was, Madam?" wandte sich der englische Kutscher ungerührt nach ihr um.

„Das fragen Sie noch, Sie Unmensch!" fauchte die Festetics. „Aber natürlich, es ist ja nicht Ihre Königin!!"

„Wollen wir nun hier bleiben oder kehren wir um?" kam es gleichmütig zurück.

Die Gräfin wußte es selbst nicht.

„Machen Sie, was Sie wollen. It's horrible!" knurrte sie, während die fürchterlichsten Vorstellungen durch ihre Gedanken jagten.

„Na, dann umkehren", meinte der Kutscher vorsichtshalber und setzte das Gespann gleichmütig in Trab.

Als man zum Herrenhaus kam, traute die Gräfin ihren Augen kaum. Da kamen, aus der genau entgegengesetzten Richtung, Seite an Seite wie ein Liebespaar, Sissy und Bay Middleton, zufrieden lachend und ihre schweißbedeckten Pferde zärtlich tätschelnd, gemächlich angetrabt.

„You are Diana, Madam", hörte sie Middleton anerkennend sagen. Und es klang nicht wie Lob, eher wie eine sachliche Feststellung. „Sie sind Diana — die Göttin der Jagd!"

4. Die Midlands-Königin

Schon für den nächsten Morgen war die erste Fuchsjagd angesetzt. Und es sollte in der Folge fast täglich eine geben. Zwei der berühmtesten englischen Meuten waren bereitgestellt worden, die Huntsmänner ausgesuchte Leute, und der kleinen Jagdgesellschaft Sissys — dazu zählten auch Fürst Kinsky und die beiden Brüder ihrer Nichte Marie sowie der Fürst Rudolf Liechtenstein — stand ein erlesenes Jagdvergnügen bevor. Baron Nopsca, Sissys Hofmeister, und ihr Sekretär Linger hatten alles bestens vorbereitet und mit allen zuständigen Stellen Kontakt. Bloß mit dem Inkognito der Gräfin von Hohenembs wollte es nicht so recht klappen. Nach dem Bye-day sprach sich in der ganzen Gegend herum, daß eine bildhübsche Ausländerin mit dem berühmten Bay Middleton die Gegend unsicher machen werde. Bald genug aber kam es heraus, wer die angebliche Gräfin Hohenembs in Wirklichkeit war, und nun rückten die Neugierigen in Scharen an. Linger hatte alle Mühe, mit den Journalisten fertig zu werden, die alle ein Interview haben wollten.

Sissy nahm auf ihren Reisen immer einen zusammenlegbaren Hausaltar mit, den Kardinal Rauscher persönlich geweiht hatte. Diese kleine Andachtsstätte hatte sie in einem stillen Raum von Easton Neston aufstellen lassen. Weitaus öfter als sie selbst aber holte sich die arme Gräfin Festetics davor Trost und Stärkung, denn ihr war angst und bange vor jedem neuen Reittag, den Sissy im Sattel zu verbringen gedachte.

„Festetics, ich bitte Sie, Sie müssen ja nicht reiten", versuchte Sissy sie zu beruhigen. „Und mir passiert doch nichts, das müßten Sie eigentlich wissen."

„Nur nichts verschreien, Majestät", flehte die Festetics entsetzt, „bei diesen wilden englischen Rössern und diesem fürchterlichen Mister Middleton kann man das nicht wissen! Oh, womit habe ich das verdient — Majestät, schonen Sie Ihre Knochen und meine Nerven!"

„Festetics", rief Sissy strafend. Die Gräfin seufzte ergeben — und behielt recht. Denn während eines Sprungs über eine Hecke, knapp hinter der jaulenden, den Fuchs verfolgenden Meute, brach Sissys Sattelknopf. Das Pferd strauchelte, und sie landete unsanft auf Mutter Erde. Middleton war kurz vor ihr elegant über das Hindernis geflogen. Aber er hatte nicht nur die Meute im Auge, sondern auch seine Schutzbefohlene.

„Madam", rief er, denn das Wort „Majestät" wollte ihm augenscheinlich nicht über die Lippen.

Er zügelte seinen Braunen und sprang ab. In wenigen Augenblicken war er neben Sissy und half ihr auf die Beine.

„Haben Sie sich weh getan?" fragte er besorgt und stellte zugleich befriedigt fest, daß sie sich nichts gebrochen hatte, denn sie stand schon lachend neben ihm.

„Alles in Ordnung, Bay", beruhigte sie ihn. Es war das erstemal, daß sie ihn bei seinem Spitznamen nannte, und der Klang, mit dem dies aus ihrem Munde kam, blieb ihm noch lange im Ohr.

Im Augenblick war für sie beide die Jagd zu Ende. Er ließ sie auf sein Pferd aufsitzen, und den Vollblüter Sissys am Zügel führend, schritt er neben ihr hin, auf Easton Neston House zu.

Die Sonne schien mild, fast zu mild für diese Jahreszeit. Der Lärm der Meute verebbte in der Ferne.

„Schade", beteuerte Sissy. „Ich hätte den Fuchs gar zu gerne gestellt."

„Ja, natürlich", nickte er verständnisvoll. „Aber ich glaube, es geht Ihnen eher ums Reiten, als darum, ein Tier zu töten."

„So ist es", nickte sie, „ich habe mir sagen lassen, daß es in Irland herrliche Hirsche gibt! Ich würde sie jagen und freilassen, sobald sie gestellt sind."

„Das können Sie haben", meinte er. „Das wird sich arrangieren lassen!"

„Ach", lächelte sie, „Sie haben jetzt also nichts mehr gegen mich?"

„Nein", meinte er ernst, „wie könnte ich gegen Diana, die Göttin der Jagd, etwas haben?"

„Trotz des Sturzes von vorhin?"

„Sie können nichts für den Sattelknopf, Madam. Ich werde mir in Hinkunft selbst Ihre Sättel ansehen. Und die Pferde auch."

„Dann bin ich ja wohl in guten Händen — wie Lord Spencer gesagt hat." Sissy lächelte. „Sind Sie eigentlich verheiratet, Bay?"

„Nein", schüttelte er den Kopf.

„Oder etwa verlobt?"

„Nein. Bisher haben mir nur Pferde etwas bedeutet, Madam", beendete er in schroffem Tonfall dieses Verhör, das ihm offensichtlich nicht angenehm war.

„Aber Pferde sind doch nicht alles", meinte sie.

„Mir genügen sie", wich er aus, und Sissy ließ es dabei bewenden.

Sie empfand, daß er sich mit einer schützenden Mauer umgab, aber die Blicke, die er immer wieder auf sie warf, bemerkte sie auch. Und sie war Frau genug, um seine Bewunderung für sie zu spüren.

Sie galt ihrem anmutigen Gang, ihrer natürlichen Anmut,

der nichts Gekünsteltes anhaftete. Und dem Umstand, daß gesellschaftliche Schranken für sie offenbar ebensowenig existierten, wie er sie seiner persönlichen Würde wegen wahrhaben wollte.

Sie wiederum fand es herrlich angenehm, daß er so gar nichts von dem subalternen Getue an den Tag legte, das sie an den Höflingen in Wien so haßte. Seine Fähigkeiten als Reiter waren auch der Schlüssel, der ihm die Tore jener Häuser öffnete, die sonst die „splendid isolation" so sehr liebten.

Auf ihrem Rückweg trafen sie den Wagen der Gräfin. Neben ihr saß ein Mann — ein Arzt, wie sich herausstellte. Bei so einem Jagdvergnügen waren stets mehrere zur Stelle, denn sie wurden oft genug gebraucht. Der hier hatte den ihm zugewiesenen Platz im Revier verlassen und sich zu der Gräfin setzen müssen.

„Doktor", rügte Sissy, „hier werden Sie nicht gebraucht! Hoffentlich nicht anderswo."

Der Doktor entfernte sich schlechten Gewissens und schwang sich auf sein in der Nähe grasendes Pferd.

„Sie hätten den Doktor nicht hierher führen sollen, Gräfin", tadelte Sissy. „Wie, wenn nun innerhalb seines Bereichs ein Unglück passiert ist!"

„Ich sorge mich nur um Majestät", wehrte die Gräfin ab. „Im übrigen gibt es eine Neuigkeit. Hochdero Frau Schwester, die Königin von Neapel, wird morgen eintreffen! Sie ist heute bei Lord Spencer zu Gast."

„Du lieber Himmel", rief Sissy überrascht, „da muß man ja — "

„Linger und der Baron haben schon alles in die Wege geleitet", beruhigte die Festetics.

Die Königin von Neapel war Sissys Schwester Marie Sophie, die den König Franz II. geheiratet hatte und nun mit diesem im Exil lebte. Sissy war um vier Jahre älter als sie, aber sah wesentlich jünger aus. Trotz aller schwesterlichen Zuneigung — die sich hauptsächlich in ihrem Briefwechsel kundtat — entstand immer wieder eine gewisse Rivalität zwischen den beiden, weil sich die entthronte Königin vom Schicksal benachteiligt fühlte. Und zu allem Unglück fehlte es den Exilianten allmählich auch an Geld.

Das war auch der Grund ihres Besuches bei Lord Spencer, der einen Kontakt zu dem Bankier Baron de Rothschild herstellen sollte, in der Hoffnung, daß für ihre eigene Schatulle dabei etwas herausspringen würde. Denn Marie Sophie und Franz lebten über ihre momentanen Verhältnisse. Was, wie der König ringsum wissen ließ, gewiß nicht seine Schuld war. Er persönlich sei, so ließ er verlauten, auch mit gebratenen Kartoffeln zufrieden, die ihm viel lieber wären als Mayonnaise und Kaviar.

Bei der Nachricht vom Kommen der Königin hatte Middleton seine buschigen Brauen zusammengekniffen. Ein leichtes Beben seines Schnurrbartes ließ erkennen, daß auch für ihn diese Nachricht interessant war. Sissy entging das nicht.

„Kennen Sie meine Schwester?" fragte sie.

„Ja, Madam", antwortete Middleton undurchsichtig.

„Dann freuen Sie sich also, sie wiederzusehen?"

Middleton blieb die Antwort schuldig. Aber nach Erfreutsein sah er wahrhaftig nicht aus.

Ganz Easton Neston schien in Aufruhr, als Sissy das Haus wieder betrat. In aller Eile mußten Zimmer für die Königin bereitgestellt werden. Es hieß, sie käme allein, ohne ihren Gatten; und das war Sissy nur angenehm, denn das Zusammensein mit diesem „ungehobelten sizilianischen Patron", als den ihn die Gräfin titulierte, war nun wirklich nicht genüßlich.

Middleton verabschiedete sich, wie es Sissy schien, ein wenig hastig.

In Sissys Zimmer erwarteten sie ihre Friseuse, Frau Feifal, und ihre Kammerzofe. Sissy ließ sich aus dem Jagdkostüm schälen und nahm danach ein Bad. Sie fühlte sich irritiert. Die Nachricht von der plötzlichen Ankunft ihrer Schwester und die darauffolgende Reaktion Bay Middletons waren schuld daran. Von Bay Middleton war in Marie Sophies Briefen noch nie die Rede gewesen. Aber sie lebte seit längerem in England und nahm auch immer wieder an Jagden teil.

Nun, ich werde es ja morgen wissen, sagte sich Sissy. Nach dem Bad setzte sie sich hin und schrieb an Franzl.

> „Es ist herrlich hier! Könntest Du Dich nur für ein paar Tage frei machen und das selbst erleben. Leider taugen unsere Pferde wenig. Ich muß für hier neue anschaffen, und sollte ich nächstes Jahr wieder hierherkommen —"

Warum wollte sie im nächsten Jahr wieder nach England? Hier hielt Franzl mit dem Lesen inne und legte den Brief zur Seite. War es dieser Bay Middleton, der sie dorthin zog . . .? Sie hatte ihm niemals Aufschluß gegeben, ihm nie verraten, was er wissen wollte. Und wenn er direkte Fragen an sie persönlich stellte, was ihm schwer genug und nur mit Hilfe von Umschreibungen über die Zunge ging — dann hatte sie nur vorwurfsvoll geschwiegen und gelächelt. Fast immer hatte er sich für das, was er als Taktlosigkeit empfand, dann entschuldigt. Auch hierzu pflegte sie kein Wort zu äußern, so, als habe er nie auch nur ein Wort gesagt und sie infolgedessen auch nichts gehört. Die Erinnerung daran ließ ihm keine Ruhe, und er nahm den Brief wieder in die Hand, um weiterzulesen . . .

5. Die Schwestern

Marie Sophie war eine hübsche und temperamentvolle Frau und ihre Ähnlichkeit mit Sissy unverkennbar. Wie Sissy liebte sie Pferde, doch Repräsentationspflichten machten ihr nichts aus. Mit ihrem Scharfsinn und ihrem Durchsetzungsvermögen erinnerte sie auch ein wenig an ihre Tante Erzherzogin Sophie, die ja der gleichen Wittelsbachschen Linie entstammte. Befürchtungen, wie sie Sissy hegte, es könne sich ein anderes Erbteil der Wittelsbacher, nämlich die Gefahr geistiger Erkrankung, bemerkbar machen, hegte sie nicht.

Seit sie und ihr Gatte, der König, im Exil lebten, wurde in zunehmendem Maße die Frage ihres Unterhaltes aktuell. Sie suchte daher Kontakt zu Leuten, von denen sie Hilfe erwartete — und dazu gehörte Baron Rothschild. An ihn und sein Bankhaus wandten sich viele, doch meist nicht direkt. Mittelsleute übernahmen diese Aufgabe. Andererseits suchten die Rothschilds schon aus Gründen ihrer geschäftlichen Repräsentanz den Anschluß „nach oben", der — so international verzweigt das alte Bankhaus auch war — innerhalb der europäischen Monarchien verweigert wurde, weil es sich um ein jüdisches Unternehmen handelte.

Dem Herzog Max in Bayern war das stets völlig egal gewesen, und Marie Sophie sah auch keine Probleme, in ihrer Lage die ihr angebotene Chance als Vermittlerin von Geldgeschäften für sich gewinnbringend zu nutzen; ja, sie hoffte sogar, bei diesem Besuch Sissy dazu zu bewegen, dem Schweizer Zweig der Familie Rothschild bei einer ihrer Reisen einen Besuch abzustatten. Gelang ihr, daß Sissy die Einladung akzeptierte, konnte sie ihrer eigenen Zukunft mit mehr Hoffnung entgegensehen.

Doch die Fahrt nach Easton Neston kam ihr auch aus einem anderen Grund diesmal länger als üblich vor. Sie hatte von Lord Spencer erfahren, daß Sissys Vorreiter bei den Jagden Bay Middleton war. Während der Fahrt kreisten ihre Gedanken unaufhörlich um ihn. Ja, Bay Middleton beschäftigte sie mehr als ihre Geldgeschäfte und das Zusammentreffen mit Sissy.

Im Gegensatz zu ihrem Gatten war Bay Middleton freilich ein aufregender Mann. Von seiner Wirkung auf Frauen war sie nicht ausgenommen. Seit ihrem letzten Zusammentreffen hatte sie sich sogar Hoffnungen gemacht, ihn zu einer so günstigen Gelegenheit allein wiederzusehen, daß jeder Tratsch vermieden wurde.

Und nun schien ihr diese Möglichkeit gegeben. — Oder doch nicht? Wie, wenn Sissy, die im Vergleich zu ihr doch eher reserviert und Männern gegenüber zurückhaltend war, dies durch ihre Anwesenheit verhinderte? Wie, wenn Bay Middleton selbst dieses Eis zum Schmelzen brachte?!

„Das wäre fatal", murmelte Marie vor sich hin.

„Wie meinen?" fragte ihre Anstandsdame Gräfin Martell.

„Ach, ich dachte —"

„Aber das Geschäft ist doch so gut wie sicher, Majestät", sagte die Gräfin, die die eigentliche Initiatorin von Marie Sophies Unternehmungen war.

„Meinen Sie?"

„Aber gewiß doch, Majestät! Lord Spencer wird den Kredit bei Rothschild aufnehmen. Und die Provision — "

„Ach, daran dachte ich gar nicht", wehrte die ehemalige Königin versonnen ab.

„Nicht?" Die Gräfin schüttelte den Kopf. „Ja, dann — kann ich vielleicht sonst irgendwie behilflich sein?"

„Ich fürchte, nein", entgegnete Marie Sophie. „Ich glaube, diese Sache muß ich allein erledigen." Die Gräfin war ratlos. Ihr wurde erst klar, worum es sich handelte, als man in Easton Neston eintraf, wo gleich das erste Wort, das sie hörte, ein ungeduldiger Ruf nach Bay Middleton war. Er kam von Marie Larisch. Die Empress wolle ihn sprechen . . .

„Middleton ist hier!" entfuhr es der Gräfin.

„Aber die ganze Grafschaft spricht doch darüber", meinte die Exkönigin kopfschüttelnd. „Die Jagden meiner Schwester sind eine Sensation; nun ja, die Leute hier haben offenbar nichts anderes zu tun, als ihre Neugier zu befriedigen. Midddleton ist der Beste — und Sissy ist die Beste!"

Sie sagte das nicht ohne Sarkasmus. Ihr Gefühl verriet ihr, daß es möglicherweise nicht bloß beim Reiten bleiben würde . . .

Sissy hatte vorgehabt, mit Bay Middleton den Ankauf von Pferden zu besprechen. Doch die Ankunft ihrer Schwester Marie Sophie, deren genauer Zeitpunkt nicht zu fixieren gewesen war, änderte alles. Hocherfreut begrüßte Sissy ihre Schwester auf der Treppe; sie umarmten einander, und nachdem sich die Gräfin um Marie Sophies Garderobe gekümmert hatte, wünschten beide nichts sehnlicher, als unter vier Augen zu sein. Sissy führte ihre Schwester nach oben.

„Baron Nopsca hat deine Zimmer schon vorbereiten lassen; du kannst sie ja nachher sehen, nicht wahr?" meinte sie. „Die Gräfin wird sich inzwischen schon häuslich einrichten. — Möchtest du Tee?"

Die einstige Königin von Neapel nickte. Bewundernd betrachtete sie die für Sissy instand gesetzten intimen Räume ihrer kaiserlichen Schwester.

„Schön hast du's hier", gestand sie nicht ohne Neid.

„Es kostet Franzl eine Stange Geld", nickte Sissy. „Und das alles nur für ein paar kurze Wochen!"

„Nun, der Besitzer wird sich freuen."

„Aber vielleicht komme ich nächstes Jahr wieder, Marie — und dann zahlt es sich aus."

„Gefällt es dir hier so gut? Und wie kommst du mit Middleton zurecht?" sprach sie aus, was ihr auf der Zunge brannte.

„Ganz ausgezeichnet", gestand Sissy arglos. „Lord Spencer hat mit seiner Wahl ins Schwarze getroffen. Ich bin dem Lord wirklich dankbar."

„Ja, ich kenne Middleton und weiß ihn zu schätzen", nickte Marie Sophie ein wenig spitz.

„Ich weiß, daß ihr euch kennt. Bay sagte es mir."

„Bay? Du nennst ihn beim Vornamen?" Marie Sophie zog die Brauen hoch.

„Warum denn nicht?" lachte Sissy. „Das ist doch viel einfacher und netter und auch viel praktischer, als wenn ich ihn stets nur ‚Mister Middleton' nennen würde."

„Ich habe ihn nie anders genannt", entgegnete die Exkönigin spitz.

„Ihr seid wahrscheinlich auch nicht so viel mitsammen geritten. Wir tun dies hier jeden Tag, und von Tag zu Tag muß ich Bay mehr bewundern. Es ist nicht übertrieben, was man von ihm erzählt."

„Oh, das ist es auf keinen Fall!"

Die Königin sagte das mit einem so merkwürdigen Tonfall, daß Sissy aufhorchte.

„Wie meinst du das?" fragte sie gedehnt.

„Nun, in bezug auf seine Frauengeschichten — und auf die seines Bruders in London. In dieser Beziehung ist Mr. Middletons Ruf wohl beinahe ebenso bedeutend wie jener als Reiter."

„Das interessiert mich nicht", wehrte Sissy ab.

Aber unwillkürlich empfand sie bei diesen Worten, daß dies nicht ganz die Wahrheit war. Und augenscheinlich wußte ihre Schwester hierüber einiges, die entschlossen war, Sissy jeden nur möglichen Appetit auf Bay Middleton zu verderben.

„Ich sage nicht zu viel — es ist die Wahrheit. Ich habe gestern erst mit Lord Spencer darüber geplaudert und ihm gewisse Vorhaltungen gemacht . . ."

„Vorhaltungen? Weswegen denn?"

„Weil er einen Mann von so zweifelhaftem Ruf quasi zum Begleiter der Kaiserin von Österreich gemacht hat!"

„Nun — dafür ist ja zumindest mein Ruf in Ordnung, wie ich hoffe. Es besteht also keine Gefahr", entgegnete Sissy trocken.

„Vor kurzem hatte er eine ziemlich skandalöse Affäre mit einer verheirateten Adeligen", klatschte Marie Sophie.

„Woran wohl diese Dame selbst nicht ganz schuldlos sein dürfte", meinte Sissy.

„Mag sein; doch es kam um ein Haar zu einem Duell."

„Nur um ein Haar? Daß es nicht stattfand, dürfte mit ein Grund sein, weshalb sich alle Welt so aufregt", lachte Sissy und machte eine wegwerfende Handbewegung: „Ach, Marie Sophie, diese Leute sind doch überall gleich. Wenn sie nur Stoff zum Tratschen haben!"

„Nun, und was man sich erst über seinen Bruder in London erzählt, Sissy —"

„Ach, meine Liebe, das interessiert mich noch weniger. Mit dem reite ich ja nicht!"

„Nun, hoffentlich hast du nichts zu bereuen, Schwester! Ich an deiner Stelle würde mich lieber nach einem anderen Vorreiter umsehen."

„Fällt mir nicht ein, Schwester! Er ist der Beste und mithin für mich gerade richtig. Und im übrigen — ich sehe nicht ein, wieso er meinem Ruf schaden könnte. Wir sind nie allein, immer sind fremde Augen auf uns gerichtet: Jagdgesellschaft, Diener, neugierige Fremde, sogar Journalisten —"

„Da hast du's ja, Sissy! Die machen doch aus jeder Mücke einen Elefanten, weil sie Schlagzeilen brauchen. Du und Middleton, ihr seid genau das, was sie suchen! Für diese schamlosen Schreiber seid ihr nur das Mittel zum Zweck, Zeilenhonorar zu verdienen. Und was nicht passiert, das erfinden sie, wenn's in ihren Kram paßt. Sie müssen ja schließlich ihre Storys verkaufen."

„Ich kenne die Presse; du brauchst mir nichts über sie zu erzählen. Und mein Franzl erst! Du kannst dir nicht denken, wie oft er mit Rudi darüber zankt, daß er sich so mit diesen Schreiberlingen einläßt. Ja, daß er sogar selbst schreibt — wenn auch unter einem Pseudonym!"

„Ein Habsburger als Journalist! Noch dazu der Thronfolger! Mein Neffe schreibt unter falschem Namen! Und was schreibt er?"

„Politische Artikel natürlich. Er zieht über die Zustände in unserem Heer und in unserer Gesellschaft her. Ist er erst verheiratet, wird er, hoffe ich, auf andere Gedanken kommen. — Wie geht es denn deinem Mann?" wechselte Sissy das Thema.

„Der trinkt bei Tag und schnarcht bei Nacht und dankt offenbar Gott, daß er faulenzen darf und nicht mehr regieren muß. Diese Männer! Wären doch alle so wie dein Franzl. Wie geht es ihm übrigens?"

„Danke, gut. Er schreibt mir täglich."

Marie Sophie lachte: „Ich glaube, der meine hat in seinem ganzen Leben noch keine zehn Briefe geschrieben. Und wenn, waren sie voller Fehler. Sein Französisch ist eine Katastrophe. Und Englisch hat er auch noch nicht gelernt. Mon dieu! Und mit sowas muß ich leben . . ." ergänzte sie vergrämt.

„Arme Schwester", sagte Sissy mitleidsvoll und legte, wie es ihre Art einem vertrauten Menschen gegenüber war, ihre Hand sanft auf den rechten Oberarm ihres Gegenübers.

Doch die Schwester zuckte zurück. Alte Wunden brachen auf, sie war voll Bitternis ihren Verwandten gegenüber. Denn ihre Königswürde hatte nur zwei kurze Jahre gedauert. Zwei Jahre, die erfüllt waren von Enttäuschung, Schmach, Kampf und Niederlage. Und in ihrer größten Not hatten sie alle allein gelassen — auch ihre bayrischen Verwandten, und ebenso Österreich.

Es war aufrichtiges Bedauern, was Sissy für ihre Schwester empfand. Die hatte wirklich nicht das große Los gezogen. Marie Sophie zog aus ihrem Täschchen ein Batisttaschentuch und tupfte an ihre Augenwinkel.

„Laß nur", erklärte sie. „Es ist schon gut."

Geschehenes war ja nicht mehr zu ändern; aber ihren Spaß mit Bay Middleton wollte sie sich wirklich nicht auch noch verderben lassen.

Sissy war taktvoll genug, sie nicht zu hindern, als sich ihre Schwester jetzt erhob.

„Bis später", sagte Sissy. „Du bleibst doch ein paar Tage auf Easton Neston, oder?"

42

„Falls ich dir nicht zur Last falle —"

„Wo denkst du hin! Bleib, so lange es dir Spaß macht. Meinetwegen bis zum Ende meines Jagdaufenthalts."

„Nun, so lange gewiß nicht. Das könnte ich mir gar nicht leisten, und so lange will ich auch deine Gastfreundschaft nicht strapazieren. Im Ernst, ich muß bald weiter. Ich habe für Lord Spencer in London einiges zu erledigen."

Damit nickte sie Sissy ein wenig besänftigt zu und rauschte ab. Dieses Wiedersehen war nicht so harmonisch verlaufen, wie es sonst unter den Possenhofener Geschwistern üblich war. Sissy schob es auf das Drama von Neapel und die von Franzl verweigerte militärische Hilfe gegen die Aufständischen unter Garibaldi, welche schließlich den Sieg davontrugen und das Königspaar zur Flucht zwangen; danach blieb der armen Marie Sophie nichts als ein ungeliebter Mann . . .

6. Bay zwischen zwei Frauen

Marie Sophie war zwanzig Jahre alt, als sie sich mit der Waffe in der Hand nach der Aufgabe Neapels in der Festung Gaeta gegen den Ansturm der Garibaldi-Anhänger verteidigen mußte, während ihr Mann längst entschlossen war, alles aufzugeben.

Nach dem verlorenen Feldzug von 1859, der Niederlage bei Magenta und Solferino, die den Verlust der österreichischen Provinz Lombardei zur Folge hatte, wagte es Franz Joseph nicht, so kurz darauf nochmals im Süden einzugreifen. Die von Frankreich unterstützte Einigung Italiens schien nicht aufzuhalten zu sein. In der patriotischen Bewegung war Garibaldi die treibende Kraft. Ganz Sizilien war schon in seiner Hand; und nun setzte er seinen Kampf auf dem Festland fort.

Neben der Sorge um das Schicksal ihrer Schwester, für die sie nichts tun konnte, hatten Sissy und Franzl damals aber auch noch andere Probleme. Ihr Bruder Ludwig trat aus dem Familienverband aus und heiratete in München die Schauspielerin Henriette Mendel, die Mutter von Sissys Nichte Marie Larisch. Franzl war gezwungen, mit Napoleon III. einen Friedensvertrag zu schließen, und zu all dem erreichten damals auch noch die Streitigkeiten zwischen Sissy und ihrer Schwiegermutter, bei denen es hauptsächlich um Sissys Rechte und die Erziehung der Kinder ging, einen Höhepunkt. Damals floh Sissy zum erstenmal vom Wiener Hof. Ja, es war eine Flucht aufgrund einer vorgeschützten Krankheit. Sie ging, um von all dem ihre Ruhe zu haben, nach Madeira.

Marie Sophies Mann aber gab den Kampf gegen Garibaldi auf, floh mit seiner Gattin nach Rom, um — nach einem letzten, vergeblichen Versuch, wieder an die Macht zu gelangen — endgültig ins Exil zu gehen.

Als Sissy nach all den um Marie Sophie ausgestandenen Sorgen und Ängsten ihre Schwester wiedersah, geschah es unter nunmehr friedlichen Umständen in Possenhofen, wohin ihr Gatte, der „Re", nicht mitgekommen war und wo ihn auch niemand vermißte.

Die ehrgeizige Marie Sophie konnte den Verlust ihres Königreichs nicht verwinden, und für die Zukunft sah sie nur das Fortan-Leben-Müssen an der Seite eines ungeliebten Mannes, den sie noch dazu verachtete. Beides trug sie ihrer Familie nach, die diese Ehe gestiftet und sie dann, wie sie meinte, im Stich gelassen hatte. Natürlich hatte sie auch — und ebenso vergeblich wie in Wien — an Bayern appelliert.

Und daß ihr „ihre" Bayern nicht halfen, konnte sie noch weniger verzeihen. Sie stellte sich selbst einen Freibrief aus, sich schadlos zu halten. Und Sissy konnte sie deswegen nicht einmal verurteilen. Marie, die ihren Nacken hoch trug, wäre eine gute Königin geworden, hätte das Schicksal ihr dazu Gelegenheit gegeben. Wahrscheinlich wäre sie der wahre König gewesen, und ihr Mann hätte — ohne sich sehr viel daraus zu machen — kaum selbst das Sagen gehabt.

Damals in Possenhofen hatte Marie Sophie Sissy anzuspornen versucht, sich gegen ihre Schwiegermutter durchzusetzen und ihren Platz am Wiener Hof zu behaupten. Sie selbst wäre zweifellos dazu imstande gewesen. Hier in Easton Neston aber verlor sie kein Wort mehr über dieses Problem. Offenbar nahm sie an, daß auch Sissy sich auf andere Weise und anderenorts entschädigen wolle für das, was ihr am Wiener Hof entging. Dafür hegte sie durchaus Verständnis, sofern ihr nicht die ohnedies vom Schicksal begünstigte Schwester in ihren eigenen Plänen in die Quere kam.

Am nächsten Morgen, um acht, versammelte sich alles in der Halle zum gemeinsamen Frühstück. Die ganze illustre Jagdgesellschaft — auch Damen und Herren von den umliegenden Landsitzen — delektierte sich an der langen, festlich geschmückten Tafel an Roastbeef, Indian, Krebsen und Fisch. Es gab Orangen-Jam, Süßigkeiten, Tee, Champagner und — was die Herren oftmals vorzogen — Brandy und Sherry. Auf feinem Leinen prangten all diese Köstlichkeiten zwischen reichem Blumenschmuck und blankpoliertem Silber, in dem sich die kristallenen Trinkgläser spiegelten.

Aus kostbaren Rahmen blickten die einstigen Bewohner dieses Hauses, vergangene Geschlechter, in Öl gemalt auf die frohgestimmte Gesellschaft herab, die auf Sissy wartete. Draußen, vor dem Schloß, kläffte bereits die jagdlustige Meute, welche die Jäger kaum noch im Zaum halten konnten, und die Pferde wurden schon zum „Meet" vorgeführt. In der Halle aber herrschte noch frohes Schmausen und Lachen, das jäh verstummte, als Sissy auf der Treppe erschien. Jeder Zoll eine wahre Diana, schritt sie die teppichbelegten Stufen lächelnd herab, während die ganze Gesellschaft sie mit einem „Hurra" begrüßte.

Mit nur einer Stufe Abstand erschien hinter ihr Bay Middleton in seinem Reitdreß. Und eben zeigte sich auch die Königin von Neapel auf dem obersten Treppenabsatz; sie schien es eilig zu haben. Auch wirkte sie ein wenig gereizt; und das hatte seinen Grund, denn sie hatte mit Bay ein Gespräch führen wollen. Dieser aber hatte sich mit seinen Pflichten entschuldigt. Er hat mich abblitzen lassen, glattweg abblitzen, ging es ihr zornig durch den Kopf. Aber das wird er mir büßen. Und Sissy bleibt ja nicht ewig hier . . .

Bays Blicke aber hingen bewundernd an Sissys schlanker Gestalt. Aber da gab es wohl kaum einen Mann in der ganzen Gesellschaft, der von Sissys Schönheit nicht beeindruckt gewesen wäre. Sissy nippte nur vom Champagner und stieß mit einigen Herren an. Sie hatte schon auf ihrem Zimmer eine Kleinigkeit zu sich genommen, und es drängte sie zur Jagd. Sie schritt gleich durch die Halle nach draußen, wo sofort die Jagdhörner erschallten und die Pferde schon ungeduldig mit den Hufen scharrten.

Das Meet — das Zusammentreffen —, das im wesentlichen eigentlich nur noch aus dem Aufsitzen bestand, bot ein prächtiges Bild: die Damen im engen Reitkostüm, die Herren im roten Rock, alle auf fabelhaften, glänzend gestriegelten Pferden, welche schnaubend vor Jagdfieber tänzelten,

46

während der Master den Zug zu formieren suchte und sich an die Spitze setzte, bevor es ins Revier abging.

Das Unerhörte geschah: Bay hielt Sissy den Steigbügel, als sie sich in den Sattel schwang. Niemandem entging diese Geste; den selbstherrlichen Reiter hatte noch niemand etwas Derartiges tun sehen. Sissy war offenbar die einzige, die das gar nicht als Besonderheit empfand, sondern bloß mit einem freundlichen Lächeln quittierte. Aber Marie Sophie trieb es die Röte des Zorns in die Stirn. Er ist ihr bereits verfallen, er begehrt sie, sagte sie sich. Aber ich werde nicht zulassen, daß sie eine Dummheit begeht, versuchte sie sich selbst gegenüber eine Rechtfertigung. Wer ist er denn schon, dieser Bay Middleton! — Und sie? Die Kaiserin von Österreich und Königin der Ungarn!

Sie trieb ihr Tier an die Seite Elisabeths. An deren Linken ritt Bay. Sie versuchte, sich zwischen beide zu drängen, aber der Engländer verringerte den Abstand zwischen seinem Pferd und dem von Sissy, so daß dieser Versuch mißlang. Sissy wies ihrer Schwester durch eine Kopfbewegung den Platz an ihrer rechten Seite an; doch den hielt bereits Marie Larisch, so daß die Königin schließlich verdrossen und zornfunkelnden Blicks hintendrein traben mußte.

Die Jagdhörner erschallten, und die Meute kläffte weit voran und stöberte bereits den Fuchs auf, der nun um sein Leben lief und über Stock und Stein flitzte. Doch die Hunde waren ihm sofort auf den Fersen.

„Auf geht's!" rief Bay jubelnd.

In diesem Augenblick schien er alles vergessen zu haben — und Sissy ging es offenbar ebenso. Sie ließ ihrem Tier die Zügel schießen. Bay fegte dahin, und sie folgte ihm knapp. Dumpf tönte das Getrappel der Hufe auf dem weichen Boden. Aufgeregte, anfeuernde Rufe wurden hinter ihnen laut.

Die Reiter preschten los, immer schneller und schneller. Der Abstand zur Meute verringerte sich hörbar — denn immer näher klang ihr Kläffen im Wald.

Das Gelände war schwierig. Es gab Gräben und Bäche, aber auch hohe Hecken, die genommen werden mußten. Middleton fand immer den geeignetsten Weg und mußte oft in Sekundenschnelle Entscheidungen treffen, wo man besser einem Hindernis ausweichen oder wo man es nehmen sollte und wo der Weg überhaupt noch gangbar war.

Das unerhörte Tempo, das Middleton vorlegte — und Sissy blieb keine Pferdelänge hinter ihm — machte, daß sie die Meute schon bald erreichten, während andere Reiter zurückblieben. Marie Sophie setzte jedoch ihren Ehrgeiz darein, nicht zurückzubleiben, und spornte ihr schmerzlich wieherndes Pferd an, das nicht so leistungsfähig war wie die Tiere Sissys und Bay Middletons.

Als Bay und Sissy einen Erdwall nahmen, sprangen sie mitten in die Meute des fluchenden Masters hinein. Der Mann fürchtete für seine Hunde, und in seinem Zorn war es ihm völlig egal, wer die Reiter waren, die da angeflogen kamen.

„Verdammt! Meine Hunde! Zur Seite, Bay! Gib acht, wo dein Roß hintritt — und auch Sie, Madam!"

Jeder dieser Hunde war ein Vermögen wert. So eine Meute bestand aus sorgsam ausgesuchten Stammbaumtieren, die speziell für die Jagd dressiert waren, und das Amt eines Masters war ein Ehrenjob, der nur hochgestellten und besonders befähigten Männern zuteil wurde. Aber weder Bay noch Sissy hatten einen der Hunde verletzt; ihre Tiere waren viel zu achtsam und sensibel. Das Mißgeschick hatte lediglich Marie Sophie getroffen, die jetzt einige Minuten später in die Meute hineinbrach, wobei ihr Tier in die Knie ging und sie in hohem Bogen aus dem Damensattel warf.

Die Meute umkläffte indessen aufgeregt ein Fuchsloch, in das sich Meister Reineke verkrochen hatte. Zwei der Hunde heulten schmerzlich auf, und Marie Sophie zog es vor, als sie merkte, was sie angerichtet hatte, die Bewußtlose zu spielen, obgleich sie keineswegs so unglücklich gestürzt war.

Sie hoffte, daß sich Bay Middleton als Gentleman erweisen und um sie kümmern würde. Doch es war Marie Larisch, welche dies tat. Der Master interessierte sich mehr für seine verletzten Hunde, von denen einer sich offenbar ein Bein gebrochen hatte, und Bay sorgte sich um Sissy, die aus dem Sattel geglitten war und tiefatmend bei ihrem Tier stand.

„Es ist alles in Ordnung", erklärte sie. „Bay, sehen Sie doch nach meiner Schwester!"

„Ihr fehlt doch nichts", grinste er, nachdem er einen kurzen Blick auf die Königin geworfen hatte. „Die guckt doch schon wieder zu uns herüber! Ihre Nichte kümmert sich um sie, Madam."

Die Königin wurde vollends hellwach, als der Master sie anschnauzte: „Das wird Sie eine Stange Geld kosten, Madam! Die Hunde gehören Lord Leicester. Ich fürchte, ich muß einen erschießen. Der wäre sonst für den Rest seines Lebens unbrauchbar."

„Erschießen!" rief Sissy erschrocken. „Ach, tun Sie das nicht! Ich werde dem Lord den Hund abkaufen und ihn gesundpflegen lassen. Er muß ja nicht gerade jagen."

„Aber das ist sein Leben, Madam. Dafür ist er geboren und erzogen. Das ist ein Meutehund und kein Schoßtierchen!"

„Ich will nicht, daß er stirbt", rief Sissy aus, die für alle Tiere schon von Kindheit an ein Herz hatte.

Die Meute umkläffte indessen noch immer den Bau. Der Fuchs wollte und wollte nicht heraus. Dachshunde waren vonnöten. Nun nahmen auch noch andere Reiter den Wall. Man begann, das Fuchsloch zu umstellen.

„Du hast dir doch nichts getan?" forschte Sissy und reichte ihrer Schwester die Hand, deren Kostüm nun über und über mit Schmutz und Staub bedeckt war.

„Ein feiner Kavalier, dieser Mister Middleton", verzog Marie Sophie den Mund. „Läßt glatt eine Dame liegen!"

„Sie liegen ein wenig zu oft, Madam, und zu gern, wie mir scheint", spöttelte Bay, der jedes Wort gehört hatte.

Wütend wandte sie sich um und kehrte ihm brüsk den Rücken.

„Nanu", lachte Sissy, „was hat denn das nun wieder zu bedeuten?"

„Madam weiß es, und das genügt", meinte Bay und erwies sich damit doch als Gentleman.

Der nächste Reiter brachte die Nachricht von einem schweren Sturz; einen der Jagdteilnehmer hatte man auf der Bahre fortschaffen und verarzten müssen.

„Ist es nicht besser, wenn wir die Jagd abbrechen?" wandte sich Sissy an Bay. „Meine Schwester hinkt, und Lord Chesterton ist schwer verletzt."

„Aber wir haben den Fuchs", rief der Master, „die Dachshunde sind in wenigen Minuten zur Stelle! Die graben ihn aus dem Bau, so wahr ich hier Master bin!"

„Ach, lassen wir den Fuchs am Leben", schlug Sissy vor. „Mir genügt es, einen wundervollen Ritt gehabt zu haben!" Und ihre Augen leuchteten dabei vor Freude.

Middleton ließ die Jagd abblasen. Das Signal pflanzte sich fort durch das Gehölz, in dem noch immer Reiter unterwegs waren.

„Nimm's nicht tragisch", versuchte Sissy ihre Schwester zu trösten. „Und mach dir wegen des verletzten Hundes keine Sorgen! Ich bezahle ihn und lasse ihn nach Gödöllö bringen."

Für heute war die Jagd zu Ende — nur Marie Sophie hatte das Wild, auf das sie es abgesehen hatte, nicht gestellt.

7. Captain und Gentleman

Die Königin zog sich auf ihr Zimmer zurück, wo die Gräfin ihre üble Laune zu spüren bekam. Der Sturz war doch nicht so harmlos verlaufen, wie man ursprünglich angenommen hatte. Ihr linkes Bein schwoll an, und sie vermochte bald nur noch mit Mühe aufzutreten.

„Majestät bedürfen der Ruhe", befand der Arzt. „Majestät dürfen in diesem Zustand nicht reiten und auch nicht herumlaufen. Das Beste ist, das Bein mit nassen, kalten Umschlägen zu behandeln, es hochzulagern und ihm Ruhe zu gönnen. Ein paar Tage müssen Sie jetzt Geduld üben, dann wird es wieder gut."

Marie Sophie sah ein, daß der Mann recht hatte.

„Auch das noch", zischte sie wütend, nachdem sie ihn entlassen hatte. „Gräfin, Bay Middleton soll zu mir kommen."

Die Gräfin sandte nach dem Captain, der damit beschäftigt war, gemeinsam mit dem Master die Jagd für den nächsten Tag vorzubereiten. Sissy hatte sich den beiden angeschlossen und trabte mit ihnen durch das Gelände, das sie genau in Augenschein nahm.

„Es ist wundervoll hier", gestand sie ihre Begeisterung. „Viel interessanter zu reiten als in Ungarn!"

„Das ist noch gar nichts, Madam", meinte Bay. „Da müßten Sie erst Irland kennenlernen."

„Ja, ist es denn dort noch schöner?"

„Kein Vergleich, Majestät", bestätigte der Master. „Bloß, die grüne Insel ist eine unruhige Gegend. Protestanten und Katholiken liegen einander seit Generationen in den Haaren. Und zudem kämpft Irland auch noch um seine Selbständigkeit."

„Ja, aber damit habe ich doch nichts zu tun", meinte Sissy, in der ein Plan reifte. „Wie wäre es, wenn wir nächstes Jahr in Irland jagen würden, Bay?"

„Das ließe sich sicherlich machen, Madam", meinte Middleton. „Ich kenne Irland und die dortigen Landedelleute. Ein schöner Jagdsitz ließe sich zweifellos finden. Und Madam sind ja schließlich nicht die Queen Victoria."

„Eben", nickte Sissy. „Ich komme nur, um zu jagen, und habe mit den politischen Verhältnissen Irlands nichts zu schaffen. Wenn es dort wirklich so schön und so interessant ist, dann will ich dorthin und möchte es kennenlernen. Ich schreibe noch heute meinem Mann. Nur schade, daß wir dann Easton Neston um so teures Geld haben renovieren lassen. Mein Mann ist sehr sparsam, müssen Sie wissen; er wird mir Vorhaltungen machen!"

„Nun", meinte Bay Middleton, „vielleicht findet sich in Irland ein Haus, in das nichts investiert werden muß!"

„Oh, das wäre fein! Sie machen das, Bay, nicht wahr, für mich?"

Sie sagte das mit einem so weichen, beinahe zärtlichen Tonfall, daß dem Briten ganz warm ums Herz wurde, was ihn gleichzeitig ärgerte. Ich bin ein Narr, sagte er sich. Diese Lady ist nichts für mich. Aber wenn sie unverheiratet und kein gekröntes Frauenzimmer wäre, dann —

Er riskierte einen Seitenblick und sah die Pracht ihres kastanienbraunen Haares, das unter dem Hütchen hervorquoll. Die Anmut ihrer Haltung zu Pferd entzückte ihn. Sie ist Klasse, ganz große Klasse, gestand er sich ein. Aber, Bay, behalte einen klaren Kopf — da ist nichts zu machen! Da schon eher bei ihrer Schwester; und die ist auch nicht übel . . .

„Ich kann mich darauf verlassen, nicht wahr?" versicherte sich Sissy der guten Absichten ihres Vorreiters.

„Darauf mein Wort", sagte Bay fest und meinte es ehrlich.

In diesem Augenblick holte sie der Bote vom Schloß ein, den die Gräfin Martell nach Bay Middleton ausgesandt hatte.

„Mr. Middleton, Mr. Middleton!"

Die drei Reiter hielten ihre Pferde an.

„Was ist?" fragte Middleton. „Ich bin beschäftigt!"

„Ihre Majestät, die Königin, schickt nach Ihnen. Der Arzt war gerade bei ihr. Sie darf nicht aufstehen und möchte Sie sprechen."

„Ich kann jetzt nicht", erklärte Middleton. „Sie muß sich gedulden, bis ich zurückkomme."

„Der Arzt war bei ihr, und sie muß liegen?" horchte Sissy auf. „Dann ist es vielleicht ernster, als wir dachten! Kehren wir um, Bay, ich komme mit Ihnen! Um zu wissen, was mit Marie Sophie los ist. Ich hätte sonst jetzt keine ruhige Minute."

„Ich habe ihren Sturz gesehen", meinte Bay beruhigend, „keine Sorge. Ihrer Schwester ist nichts passiert, höchstens eine Verstauchung. Ich schätze, Madam, Sie würden deswegen kein Aufheben machen."

„Aber Sie können sich irren, Bay", wandte Sissy ein und

überholte bereits auf dem Rückritt den Boten, der sich Zeit ließ, nachdem er seinen Auftrag ausgeführt hatte.

Der Master ärgerte sich.

„Schön", rief er, „dann bleibe ich allein im Revier und mache hier weiter. Wir sehen uns nachher, Middleton!"

„In Ordnung", rief dieser zurück und folgte Sissy.

In flottem Trab ritten sie Seite an Seite auf Easton Neston zu.

„Was ist mit Ihnen und meiner Schwester?" forschte Sissy.

„Das ist eine ältere Geschichte", meinte Bay zurückhaltend. „Wir kennen einander seit längerem, wie das hier nun einmal so ist. Die Königin ist bald hier, bald dort zu Gast, und auch ich komme viel herum, wie Sie wissen. Da ist es fast unmöglich, nicht zusammenzutreffen."

„Ja, natürlich", nickte Sissy, „und bei einer solchen Gelegenheit haben Sie sie kennengelernt."

„Oh, wir begegneten einander wiederholt — ich traf auch mit ihrem Mann, dem König, zusammen. Und das erklärte mir vieles."

Ohne daß er mehr sagte, verstand ihn Sissy jetzt vollkommen.

„Oh", entfuhr es ihr. „Und — ist es Ihnen unangenehm, Bay?"

„Ich mag Pferde und mag Frauen, Madam — aber alles zu seiner Zeit. Im Augenblick konzentriere ich mich auf die Pferde Eurer Majestät."

Es war das erstemal, daß er nicht einfach „Madam" sagte. Er wollte damit seinen besonderen Respekt ausdrücken und zugleich wohl auch, daß hier, auf Easton Neston, keine andere Frau für ihn existiere als Sissy — seine Diana.

„Ich danke Ihnen", sagte Sissy einfach.

Sie erreichten Easton Neston. Die Königin, die mit Bay hatte allein sprechen wollen, war enttäuscht. Denn Sissy, um ihre Zweifel bezüglich des Zustandes ihrer Schwester zu beruhigen, kam mit.

„Da sehen Sie, Middleton, was Sie angerichtet haben", empfing Marie Sophie ihn dementsprechend ungehalten. „Solche Wälle! Da kann man sich ja das Genick brechen."

„Das ist aber ungerecht", verteidigte Sissy ihren Vorreiter. „Wie kann er wissen, wo sich der Fuchs verkriecht? Du hättest ja nicht springen müssen."

„Aber ihr wart ja schon hinüber!"

„Und zwar mit heilem Genick, wie du siehst. Wie geht es dir, was sagt der Arzt?"

„Er hat mir Bettruhe verordnet", erklärte die Königin zornig. „Mein Bein ist geschwollen und tut höllisch weh! Am liebsten würde ich augenblicklich abreisen, wenn ich dazu imstande wäre. Statt dessen muß ich hier liegen, und niemand kümmert sich um mich! Und ich müßte auch noch dringend nach London!"

„Läßt sich diese Angelegenheit nicht durch Mittelspersonen erledigen?" erkundigte sich Sissy sachlich.

„Ich kann die Gräfin senden", antwortete Marie Sophie. „Doch wen habe ich dann hier für mich zur Verfügung? Auch du, Sissy, bist ja nicht da. Wenn man nach dir fragt, bist du im Wald mit Mister Middleton!"

Der lachte über den Vorwurf.

„Was gibt es da zu lachen?" fuhr ihn die Königin zornig an.

„Ich bin nun einmal der Vorreiter Ihrer Schwester, Madam", entgegnete er. „Nicht ich habe mich dazu gemacht, sondern Lord Spencer. Falls Madam auch einen Vorreiter brauchen — ich bin leider nicht frei . . . und ich schätze, für ziemlich lange nicht!"

Sissy blickte mit verhaltenem Schmunzeln von einem zum anderen. Dieses doppelsinnige Wortgefecht amüsierte sie zweifellos. Und immer mehr erkannte sie, daß sie der eigentliche, unausgesprochene Mittelpunkt der Auseinandersetzung war.

„Kränk dich nicht, Marie Sophie, du wirst Ersatz finden", meinte sie.

Worauf sich die Königin mit einem empörten Ausruf im Bett umwandte und den beiden den Rücken kehrte.

„Sie ist eifersüchtig", stellte Sissy kopfschüttelnd fest, als sie das Zimmer verlassen hatte. „Und das ganz ohne Grund!"

„Ich wage dies zu bedauern", erklärte Bay verhalten. „Aber ich weiß wohl, daß man nicht alles haben kann."

„Das ist sehr vernünftig, Bay", meinte Sissy ernst. „Wir sind Sportskameraden, und ich möchte, daß wir das bleiben."

„Ich habe es nie anders aufgefaßt, Madam", erklärte er gentlemanlike.

„Danke, Bay", sagte sie einfach, und ihr Lächeln allein machte ihn glücklicher, als er es in den Jahren vorher bei all seinen Abenteuern gewesen war. Unwillkürlich verbeugte er sich und küßte ihr die Hand. Sie überließ sie ihm und wußte, was diese Geste zu bedeuten hatte. Bay war ein Mann, der seinen Adel im Herzen trug.

Die Königin sandte tatsächlich noch am selben Nachmittag die Gräfin Martell mit einem Bericht über die Geldangelegenheit Lord Spencers zum Bankhaus Rothschild nach London. Sie versuchte nicht mehr, Bay Middleton zu sprechen. Ihr Bein schmerzte sie und schwoll noch mehr an, und das beschäftigte sie vollkommen.

Als Sissy sie wieder aufsuchte, löste sich die Spannung zwischen ihnen; Marie Sophie hatte sich mit den Gegeben-

heiten abgefunden. Ich bin nun eben des Schicksals Stief-
kind, sagte sie sich, gesonnen, auch hieraus das Beste zu
machen.

„Was hältst du von einem Pokal?" fragte Sissy sie. „Ich
möchte einen Reiterpokal stiften — den Cup Hohenembs.
Ja, so soll er heißen!"

„Das ist eine prächtige Idee", lächelte Marie Sophie.
„Umso mehr, als wohl kein Zweifel darüber besteht, wer
ihn gewinnen wird: Bay Middleton natürlich! Er wird im
siebenten Himmel sein, wenn er den Pokal aus deinen Händen vor allen Leuten empfängt."

Sie sprach damit aus, was Sissy sich insgeheim wünschte.
Ja, sie war sicher, daß Bay der Gewinner sein würde. Auf
welch andere Weise könnte sie ihm sonst völlig unverfäng-
lich ein Geschenk machen? Etwas, was ihn an sie erinnern
würde, an die Zeit ihres Zusammenseins und an die gemeinsamen Abenteuer auf den Pferderücken?

In diesem Spiel um Gunst, Ehre und Sieg lag vieles aus der
Tradition längst vergangener Zeiten. In diesem Lande, in dem
Tradition noch viel mehr bedeutete als in Österreich, in dem
Land, in dem einst Richard Löwenherz, heimgekehrt aus der
Gefangenschaft in Dürnstein, den Sieg über seinen verräteri-
schen Bruder errang, atmeten manche Mauern noch den Geist
des Mittelalters und der kühnen Ritterschaft.

„Sissy", warnte Marie Sophie ihre Schwester, „du spielst
ein gefährliches Spiel. Bay Middleton ist kein gewöhnlicher
Mann, du weißt es. Gib acht, daß er nicht nur den Pokal,
sondern auch noch die Gräfin Hohenembs gewinnt."

„Da besteht keine Gefahr, Schwester", beruhigte Sissy
sie. „Die Gräfin kennt sehr wohl ihre Grenzen!"

„Ein Vorreiter ist für gewöhnlich dazu da, daß er voran-
reitet und man ihm folgt."

„*So* weit werde ich ihm aber nicht folgen, liebe Schwester, wie du zu befürchten scheinst!"

Marie Sophie seufzte und drehte die Augen zur Zimmerdecke, von wo ein gemalter Amor zwischen reichem Stuckzierrat verheißungsvoll herniederblickte.

„Dummkopf", sagte sie. „Ich meine den da oben . . . Er zielt auf mich. Aber wer weiß, vielleicht trifft er dich . . ."

„Nun, wie auch immer", meinte Sissy kopfschüttelnd, „das nützt gar nichts, träfe er nicht auch Bay Middleton."

„Sehr richtig", seufzte Marie Sophie, „und der ist schlauerweise längst gegangen!"

***

Von diesen Ereignissen erfuhr Franzl nur wenig. Seine Briefe nach England, die wie immer täglich kamen, klangen wie gewissenhafte Rechenschaftsberichte über den Ablauf seiner Tage. Und fast immer war ein Satz dabei, in dem er sich darüber beschwerte, Sissy wäre schreibfaul geworden, er warte sehnsüchtig auf Nachricht von ihr, doch es käme nur selten eine.

Sissy antwortete ihm, die Jagd nähme sie voll und ganz in Anspruch. Sie sei von früh bis abends im Sattel, denn sie wolle die Gelegenheit zu solch herrlichen Ritten, wie sie nur eben in England möglich wären, voll und ganz genießen. Sie käme daher wenig dazu, sich an ihren Schreibtisch zu setzen.

> „. . . wenn etwas von Wichtigkeit sich ereignen sollte, ließe ich es dich natürlich wissen. Brumme also nicht, mein lieber Löwe!"

Was blieb dem liebenden Gatten anderes übrig, als sich das „Brummen" zu verkneifen?

8. Der Cup Hohenembs

Es war ein Jahr nach diesen Ereignissen und in Irland. Der Cup war inzwischen von einem Künstler angefertigt worden, der sein Handwerk verstand. Und dementsprechend sah auch die Rechnung aus, die Franzl in Wien vorgelegt bekam.

Lord und Lady Spencer hatten im Sommer das Kaiserpaar in Ischl besucht und dabei die Einladung nach Irland ausgesprochen. Lord Spencer, der eine Zeitlang das Amt des Vizekönigs von Irland innegehabt hatte, gewann das Vertrauen Franz Josephs, so daß dieser seine Zustimmung zu Sissys Reise gab. Bald darauf erschienen die Meldungen hierüber in der irischen Presse. Die Iren zeigten sich begeistert davon, daß die „Allerkatholischste Majestät" die Insel besuchen würde, aber die Queen war entsetzt.

Und das hatte seine guten Gründe. Die Situation auf der schönen, aber unruhigen Insel sprach gegen einen solchen Besuch — mochte er nun offiziell oder inkognito erfolgen. Es gärte in Irland, nicht nur wegen des Gegensatzes zwischen Katholiken und Protestanten und des Strebens nach Unabhängigkeit. Es waren vielfach auch die sozialen Zustände daran schuld, die auf der „Grünen Insel" in viel krasserem Gegensatz zwischen Arm und Reich zutage traten, als dies in England selbst der Fall war.

Das war die Folge des Verhaltens der Gentry. Pächter, die infolge von Mißernten ihren Pachtzins nicht zahlen konnten, wurden mitleidlos auf die Straße gesetzt. Der Zorn der Betroffenen auf alles — ob nun mitschuldig oder nicht —, was zum Kreis der Besitzenden gehörte, nahm gefährliche Formen an. Sicherlich traf die Schuld auch Lord Spencer, der, wie so viele seinesgleichen, vor der Gefahr einfach beide Augen verschloß. Er würde sich sonst in seinem sorglosen Dahinleben empfindlich gestört fühlen.

Sissy verhielt sich bedauerlicherweise nicht anders. Sie interessierte sich für nichts anderes als die Fuchsjagd und das Reiten, und sie freute sich auf ein Wiedersehen mit Bay Middleton. Daß im Sommer dieses Jahres, als sie mit Franzl und Lord Spencer in Ischl war, über zwölfhundert Familien in Irland aus ihren Behausungen vertrieben wurden — Familien, vielfach reich mit Kindern gesegnet —, hatte sie vielleicht auch gar nicht erfahren.

Aber im Buckingham-Palast wußte man es. Die Queen sorgte sich mit Recht. Sie mußte damit rechnen, daß etliche tausend Menschen, die kein Obdach über dem Kopf hatten und revoltierten, die aufs Jagdvergnügen versessene Kaiserin nicht gerade begeistert empfangen würden. Ganz abgesehen davon, daß es den Ruf der englischen Regierung nicht gerade bessern würde, wenn die Ursachen solcher Unruhen im Zusammenhang mit dem Besuch der Kaiserin in der Weltpresse breitgetreten und aufgebauscht würden.

Franzl war kaum wieder in Wien hinter seinem Schreibtisch, als der englische Botschafter auch bereits die Bedenken der Queen Victoria zu unterbreiten kam. Sissy sah ihre Pläne für Irland gefährdet.

„Ich will versuchen, jedes Aufsehen zu vermeiden, unter strengstem Inkognito und nur mit ganz kleinem Gefolge reisen", versprach sie, und Franzl, der seiner schönen Frau kaum etwas abschlagen konnte, gab schließlich seine Einwilligung zu der Irlandfahrt, womit er sich gleichzeitig eine ernste Verstimmung seitens der englischen Königin einhandelte.

Doch die Befürchtungen der Königin sollten sich — was Sissys Sicherheit anlangte — nicht bewahrheiten. Vielmehr geschah etwas, was die Queen persönlich kränkte und was sie für das Haus Windsor blamabel fand, so sehr, daß sich die Kluft zwischen Wien und London besorgniserregend vertiefte.

Die schöne Gräfin Hohenembs erregte nämlich in Irland geradezu triumphale Begeisterung. Es gab natürlich niemand, der nicht wußte, wer sie wirklich war. Die Zeitungen taten sich in dieser Hinsicht gar keinen Zwang an. Und obwohl die Obrigkeit ausdrücklich Zusammenrottungen, Beflaggung und dergleichen verboten hatte, machten die Iren, was sie wollten.

Als Sissy im Februar 1879 mit einem gemieteten Dampfer, der „Shamrock", nach Irland kam, herrschte das unfreundlichste Wetter. In Dublin erwartete sie der Sonderzug, der sie nach Summerhill bringen sollte, das sie als Jagdsitz erwählt hatte.

Das herrliche Schloß gehörte Lord Langford, der es aber nur selten bewohnte. In Kilcock, der Bahnstation für Summerhill, fand sich Sissy von einer unübersehbaren Menschenmenge begrüßt, der Bahnhof war mit den Farben Habsburgs und Österreichs beflaggt, der Bürgermeister hielt eine von begeisterten Rufen unterbrochene Rede, und die Kutsche, die Sissy zu dem Schloß bringen sollte, erreichte sie über Teppiche, die von ihrem Waggon weg bis zu dem Fahrzeug über den Schneematsch gebreitet lagen.

Entlang der Straße nach Summerhill standen jubelnde und winkende Menschen. Triumphbögen überspannten die Zufahrt. Alles schien in einen wahren Begeisterungstaumel verfallen zu sein. Und „IRLAND GRÜSST DIE SCHÖNE KAISERIN!" konnte man auf Transparenten lesen.

Noch nie war der Queen oder einem ihrer Angehörigen in Irland dergleichen passiert! Und dabei hatten sie und Prinz Albert, ihr Mann, sich — man muß ihnen Gerechtigkeit widerfahren lassen — auch um Irland redlich bemüht. Wie mußte es sie daher schmerzen, solche Berichte in den Zeitungen zu finden, die man ihr vorlegte. Der Verdacht, Lord Spencer habe sich damit für den Verlust seines vizeköniglichen Amtes rächen wollen, lag nahe, mochte er nun zutreffen oder nicht.

Ein solches Amt war in England — wie übrigens auch die hohen Regierungsämter in der österreichisch-ungarischen Monarchie — eine Angelegenheit der Reputation und nicht etwa ein Geschäft. Lord Spencer hatte es sich einfach nicht länger leisten können. Er hatte im letzten Jahr seiner Tätigkeit kaum die Hälfte von dem, was er an Aufwand hatte, von der Krone vergütet bekommen. In Österreich war das nicht viel anders; man wünschte keine Berufspolitiker, denen die Gunst ihrer Wähler einträgliche Posten sichern sollte. Und die 20.000 Pfund, die er abschreiben mußte, als Lord Spencer seinen vizeköniglichen Stuhl an Lord Marlborough übergab, hatte er noch nicht überwunden.

War er in den Jahren seiner Tätigkeit — wie alle Repräsentanten der Krone — nicht gerade Irlands Liebling gewesen, so sah er sich in Begleitung Sissys nun gleichfalls empfangen und geehrt. Ja, die irische Presse nannte es ausdrücklich seinen Verdienst, die „Allerkatholischste Majestät" nach Irland gebracht zu haben. Und auch dies mußte Queen Victoria treffen. Ebenso wie Spencers Nachfolger, den nicht sehr beliebten Lord Marlborough, der sich nun in der Gunst der Iren von seinem Vorgänger ausgestochen sah.

Daß Sissy solcherart möglicherweise zum Spielball einer Intrige wurde, kam ihr gar nicht zu Bewußtsein. Ebensowenig fand sie etwas dabei, einer irischen Abtei, wo man sie während eines Jagdritts Anfang März mit größter Begeisterung empfing, ein Meßgewand zu stiften, auf welchem ausgerechnet der Heilige Georg als Besieger des Drachen gestickt war. Dieses kostbare — heute noch erhaltene — Meßgewand, das an seinem Saum auch die Initialen Sissys aufwies, wurde zum Politikum. Die Iren erblickten darin eine Aufmunterung in ihren Bestrebungen, sich von England loszusagen und schließlich — wie der Heilige Georg — über den Drachen zu siegen. Durch ihren Namenszug, meinten sie, habe die Kaiserin die freiheitsliebenden Iren des österreichischen Beistands, zumindest der Sympathien der Doppelmonarchie versichert. Diese mehr als unglückliche Geste sorgte — so gut und arglos sie sicherlich gemeint war — an den Höfen von London und Wien für Aufregung. Auch wenn Sissy es niemals wahrhaben wollte, ihr Tun und Lassen wurde als das der Kaiserin von Österreich gewertet; und diese war ins Spiel der politischen Kräfte integriert und von Bedeutung. Nur zu gern aber ließ sie dies außer acht.

Wer hatte ihr dieses Motiv bloß eingeredet? — Niemand, erklärte sie naiv, es habe ihr einfach gefallen; St. Georg sei in ihren Augen eben ein tapferer Reitersmann . . . Und der Schutzpatron aller Herrenreiter!

Graf Karolyi, der österreichische Botschafter in London, und der Botschafter der Queen in Wien hatten wieder zu tun, und als Sissy davon hörte, schrieb sie selbst an die Queen, um sie zu beruhigen:

„Ich möchte Eure Majestät von der Absicht in Kenntnis setzen, das strikteste Inkognito zu wah-

63

ren, während ich versuche, mich mit den irischen Jagdbräuchen vertraut zu machen. Der Kaiser hat mir aufgetragen, seine ergebenen Grüße zu übermitteln, und unser Sohn Rudolf küßt die Hände . . ."

So schrieb „die Gräfin von Hohenembs an Ihre Majestät, die Königin". Doch die Jagdgäste auf Summerhill sangen ein Lied, das schnell seine Runde durch Irland machte:

> „Die Königin der Jagd —
> das ist die Kaiserin!"

Und es war der „Gräfin" nicht mehr möglich, ihr bezüglich des Inkognitos gegebenes Versprechen zu halten. Auch der „Cup Hohenembs" vermochte nicht darüber hinwegzutäuschen. Er war ein wundervolles Gebilde aus Silber, gekrönt von einem herrlichen Pferd — Domino, das Jagdroß Sissys, war sein Vorbild.

Es war ein großer Tag, der Tag dieses Hindernisrennens. Die besten Reiter waren am Start, die Bahn war mit bunten Fahnen ausgesteckt, und zahlreiche Neugierige aus nah und fern bestaunten die Hindernisse, welche zu nehmen waren.

Edle Vollblüter schnaubten nervös mit den Nüstern und tänzelten, von ihren Reitern kaum noch gezügelt, mit den Hufen, bis endlich das Zeichen zum Start gegeben wurde.

Sissy und die Königin, ihre Schwester, beobachteten das Rennen von einer Tribüne aus, die sie mit zahlreichen Ehrengästen teilten. Bay kam nicht gut vom Start weg; sein Pferd war nervös, er hatte einige Mühe aufzuholen.

Der junge Lord Rochester auf seinem Falben war erklärter Favorit zahlreicher junger Damen aus den umliegenden

Herrschaftssitzen; aber viele Zuschauer hatten auch auf Middleton gewettet, und nicht zuletzt der hohen Einsätze wegen hielt manch einer den Atem an, während die Pferde an ihm vorbeibrausten und ihre Hufe über den Boden donnerten.

Schon beim ersten Hindernis gab es gefährliche Stürze. Middleton lag noch immer im Mittelfeld. Nun war ein Graben zu nehmen. In elegantem Bogen flog er förmlich über ihn hinweg und holte auf.

Er schafft es, er schafft es, fieberte Sissy, denn natürlich war Bay ihr Favorit, und es wäre nicht auszudenken gewesen, wenn jemand anderer als er den Cup gewonnen hätte!

Die Zuschauer feuerten die Reiter durch Zurufe an. Noch immer lag der junge Rochester in Führung. Da streifte sein Pferd eine Latte mit den Hufen und verweigerte kurz darauf vor einer Barriere den Sprung. Es bäumte sich wiehernd auf, und der junge Lord flog aus dem Sattel. Es hätte böse für ihn ausgehen können, da Middleton jetzt heranfegte. Gerade noch rechtzeitig schnellte sich der Lord zur Seite; dann nahm Bay das Hindernis. Und der Gewinner des Cups war Bay Middleton.

Die anderen kamen lange nach ihm, soweit sie die Hindernisse überhaupt geschafft hatten. So exquisit die Gesellschaft auch war, sie machte doch ihrer Erregung, der Enttäuschung und dem Jubel Luft. Und dann ritt Bay zur Tribüne, um aus Sissys Hand den Pokal in Empfang zu nehmen . . . Fanfaren verkündeten seinen Sieg. Und stolz entbot er Sissy den Reitergruß. An diesem Tage strahlten ihre Blicke einander an, und manch einem bei dieser Siegesfeier ging es durch den Kopf, daß dieser Middleton und die reizvolle Frau im blausamtenen Reitkleid einander mehr bedeuten könnten.

In der Folge sah man fast nie Sissy ohne Bay oder Bay ohne Sissy. Sie schienen unzertrennlich, nicht nur auf dem Pferderücken; doch sie waren stets in Gesellschaft einer, meist jedoch mehrerer Personen. Die Gräfin Festetics war es, die Sissy auf den beginnenden Tratsch aufmerksam machte.

„Majestät sollten sich dem Captain gegenüber etwas mehr reservieren; es könnte sonst sein, daß der Tratsch dem Kaiser in Wien zu Ohren kommt. Man hält — ich sage es offen heraus — Mister Middleton nicht bloß für den Vorreiter von Majestät, sondern auch . . .“

Sissy war empört.

„Diese Niedertracht“, zischte sie. „Man will mir einfach jede Freude verderben. Erst die Geschichte mit meinem Geschenk an die Abtei, und nun auch noch dies — ja läßt man mich denn überhaupt nicht in Frieden?“

„Nun, Majestät finden den Captain doch wohl unzweifelhaft sympathisch.“

„Das tun doch viele, oder? Was ist dabei?“

„Majestät müssen doch seine Blicke bemerkt haben — er verschlingt Sie ja förmlich! Das fällt auf.“

„Soll er sich vielleicht die Augen verbinden, wenn er mich anschaut? Einen Vorreiter mit verbundenen Augen kann ich nicht brauchen.“

„Majestät müssen bedenken, daß es eine Menge Korrespondenz gibt zwischen Summerhill und Wien.“

„Ich schreibe meinem Mann, sooft ich kann.“

„Aber andere Leute schreiben öfter — nicht an den Kaiser natürlich. Aber er erfährt mitunter, was in diesen Briefen steht.“

Sissy senkte den Kopf. Hatte sie sich zu sehr gehen lassen? Im Zusammensein mit Middleton war sie frohgestimmt und gelöst, aber aufgrund der Aufregungen und Freuden der Jagd, oder —?

Sie sah die prüfenden Blicke ihrer vertrauten Hofdame auf sich gerichtet und begegnete ihnen mit beinahe kindlichem Trotz.

„Ich bin mir keiner Schuld bewußt, Gräfin", erklärte sie mit zornigem Nachdruck. „Mögen sie über mich reden! Es heißt doch wohl: ‚Wie der Mensch ist, denkt er von anderen', nicht wahr? — Das dürfte stimmen!"

„Wie Majestät meinen", zeigte sich die Gräfin reserviert. „Doch sollte man, denke ich, die öffentliche Meinung und vor allem die Presse nicht mit zu viel Gesprächsstoff versorgen. Der Hohenembs-Cup hat genug Aufsehen erregt."

„Der Captain hat ihn ehrlich verdient. Er war der Beste."

Der Gräfin lag schon eine Erwiderung auf der Zunge, als ein Bote kam, der Sissy wie jeden Tag die Zeitungen brachte.

Der Herr Hofkontrollamtsadjutant und Reisekassier Linger, den Sissy schlicht und einfach als ihren Sekretär bezeichnete, hatte eines der Blätter extra angekreuzt, weil seiner Meinung nach eine wichtige Meldung darin stand.

KATASTROPHALE ÜBERSCHWEMMUNG
IN UNGARN

las Sissy entsetzt. Dem Bericht zufolge war es infolge des Tauwetters und der aus dem Ufer getretenen Wasserläufe im Bereich von Szegedin zu einer schrecklichen Überschwemmung gekommen. Ihr geliebtes Ungarn war in Not! Menschen, Vieh, ganze Ortschaften waren in akuter Gefahr.

In diesem Augenblick waren Irland und die Jagden, waren der Hohenembs-Cup und Captain Middleton ebenso vergessen wie das Zerwürfnis mit der Queen.

Sie las die übrigen Blätter erst gar nicht, sondern hielt der Gräfin den Artikel hin.

„Festetics, verständigen Sie Baron Nopsca und Linger. Wir reisen ab! Ich muß jetzt zu meinem Mann, und wir beide müssen nach Ungarn. Dort werden wir gebraucht ... Meine Ungarn lasse ich nicht im Stich. Vielleicht ist das jetzt ohnedies das Beste, nach all dem, was Sie mir vorhin gesagt haben. Ja, es wird wohl so sein."

Die Gräfin warf einen Blick auf die Zeitungsmeldung und erbleichte.

„Das ist ja entsetzlich, Majestät", entfuhr es ihr. „Ganze Dörfer sind abgeschnitten, unzählige Menschenleben in Gefahr! Und dort wollen Sie hin?"

„Sie müssen ja nicht mitkommen", meinte Sissy entschlossen. „Mein Mann und ich aber wissen wohl, wo jetzt unser Platz ist!"

9. Der Abschied

Bay war wie vor den Kopf geschlagen, als ihm von der unvorhergesehenen Abreise Sissys berichtet wurde. Er ließ sich sofort bei ihr melden und traf sie bereits in Gesellschaft ihrer Zofen beim Packen.

„Oh, Bay", empfing ihn Sissy mit ehrlichem Bedauern, „das zerstört ja nun viele unserer gemeinsamen Pläne — das Steeplechase zum Beispiel, das am kommenden Montag angesetzt war. Und dann auch noch die Hirschjagd . . . Es ist wirklich schade, aber unter den gegenwärtigen Umständen kann ich nicht anders. In Ungarn sind Menschen in Not. Da muß mein Vergnügen hier in Irland zurückstehen."

„Ich verstehe", nickte Bay betreten.

Er hatte soeben eine neue Seite an ihr kennengelernt. Bei allem Respekt vor ihrer Reitkunst und Intelligenz, ja selbst in Anbetracht ihrer oft zum Ausdruck gebrachten Frömmigkeit, hatte er sie doch im Grunde für eher oberflächlich gehalten, für jemanden, dem das Schicksal anderer nicht allzuviel bedeutete und dem das eigene Ich und seine Vergnügungen im Vordergrund standen. Nun aber mußte er erkennen, daß er sich hierin geirrt hatte. Diese Frau hatte Herz. Und sie fühlte sich den Ungarn gegenüber als Landesmutter, deren Pflicht es war, den Ihren in der Stunde der Not beizustehen. Dafür bewunderte er sie noch mehr, seine Augen wurden feucht, und sein Schnurrbart zitterte, als er sich krampfhaft bemühte, seine tiefe Rührung unter allen Umständen zu verbergen.

„Ich werde hier alles regeln, seien Sie beruhigt", erklärte er.

„Linger und Baron Nopsca regeln die finanziellen Angelegenheiten; die Geschenke an die Dienerschaft von Summerhill, die weitere Verpflegung meiner Pferde. Vielleicht werde ich einige nach Gödöllö kommen lassen und Sie mit dazu, Bay", meinte sie verheißungsvoll.

„Ich — nach Ungarn?"

„Warum nicht?"

Es wallte heiß in seinem Inneren auf.

„Ich soll nach Ungarn kommen?" vergewisserte er sich.

„Um meine Pferde zu trainieren", erklärte Sissy und fügte mit weicher Stimme hinzu: „Und damit es nicht zu lange währt — bis zur nächsten Jagdsaison in Irland!"

„Sie wollen wiederkommen?"

„Aber sicher — sobald sich die Aufregung hier gelegt hat."

„Was denn für Aufregung?" fragte Bay hellhörig.

Sissy lächelte: „Es geht Ihnen ebenso wie mir, Bay . . . Wir haben, scheint es, unsere Umgebung vergessen. Haben nichts als die Jagd und unsere Pferde im Kopf. Und das nimmt man uns beiden offenbar übel."

„Sapristi", entfuhr es Bay.

„Mehr noch, daß wir beide so häufig miteinander gesehen werden, können sich gewisse Köpfe nicht anders deuten, als — nun, Sie können es sich selbst denken, Bay."

Middleton ballte die Fäuste: „Wer nur ein schlechtes Wort über Sie sagt, Madam, dem breche ich die Knochen . . ."

„Das würde wenig helfen, eher die Sache nur verschlimmern", schüttelte Sissy den Kopf. „Und, ehrlich gesagt, ich habe jetzt andere Sorgen als die schlechten Gedanken einiger Dummköpfe. Aber Sie sind ein attraktiver Mann, Bay. Und ich kann mir vorstellen, daß es etliche Damen gibt, denen es wenig behagt, Sie an meiner Seite zu sehen."

„Aber, ich —"

„Lassen Sie nur, Bay. Ich kann die Damen verstehen! Auch meine Schwester denkt wohl nicht anders. Übrigens — die Sache mit meinem Pokal hat ihr offenbar keine Ruhe gelassen. Nun stiftet sie auch einen, wie sie mir schrieb. Wollen Sie sich nicht auch um den Cup der Königin von Neapel bewerben?"

„Niemals!"

„Unsinn! Sie müssen es sogar tun! Nicht wegen Marie Sophie, sondern — unseretwegen. Das wird vielleicht den Tratsch besänftigen."

„Wenn Sie meinen, Madam", knurrte Bay Middleton gedehnt.

„Sie hofft wohl, Sie mit dem Cup wieder für sich zu gewinnen."

70

„Sie wird — falls ich siege — enttäuscht sein, fürchte ich", verzog Bay seine Lippen. „Ich bin einer von den Männern, die lieber erobern wollen. Doch es gibt Fälle, in denen es mir Verstand und Ehre gebieten, nicht einmal den Versuch zu wagen", fügte er bedeutsam hinzu.

Sissy empfand nur zu deutlich, daß das auf sie gemünzt war. Ja, nun spürte sie auch seinen begehrenden Blick. Er brannte wie Feuer auf ihrer Haut, und sie errötete wie ein junges Mädchen.

Er sah es. Wie schön sie doch ist, wie hinreißend schön, dachte er und wagte unwillkürlich einen Schritt in ihre Nähe. Doch sie wich zurück.

„Ja", sagte sie gepreßt, „dann wird es wohl Zeit, daß wir voneinander Abschied nehmen! Ich möchte nicht, daß Sie mich bis zum Schiff begleiten. Bleiben Sie hier auf Summerhill. Wenn ich aus dem Fenster meiner Kutsche zurückblicken werde, möchte ich wissen, daß Sie hier sind und alles in guten Händen ist."

Da küßte er ihr mit einer Gebärde die Hand, die mehr sagte, als seine Lippen hätten aussprechen können. Und: Wie schade, daß es nicht sein darf, schnitt es ihm in die Seele . . .

Es kostete ihn Überwindung; doch der Captain befahl sich selbst eine Kehrtwendung und begab sich schnurstracks zu Linger. Sissy hatte durch ihn teure Vollblutpferde angekauft, die ein Vermögen an Wert repräsentierten. Für sie vor allem fühlte sich Bay jetzt verantwortlich. Einige Tiere wollte Sissy nach Gödöllö kommen lassen. Nun galt es, festzustellen, welche hierfür in Frage kamen — und was mit den anderen, die in Irland bleiben sollten, zu geschehen hatte, war auch nicht klar. Nur eines wußte Bay Middleton mit einiger Sicherheit: daß sie beabsichtigte, auch im nächsten Jahr wieder in Irland zu jagen.

Es hatte ihr hier ausnehmend gut gefallen. In Gödöllö gab es keine „Irish Banks" und ähnliche Hindernisse. Irland war das ideale Gelände für eine waghalsige und vortreffliche Reiterin wie sie. Aber würde Summerhill wieder zur Verfügung stehen? Die Aufgaben, die Sissy Bay vertrauensvoll übertragen hatte, waren vielschichtig und verantwortungsvoll. Und auch wenn es den Anschein hatte, als spiele Geld hierbei keine Rolle, so würde die Katastrophe in Ungarn jetzt die Privatschatulle des Kaisers wie auch jene der Kaiserin in Anspruch nehmen. Denn Franz Joseph pflegte grundsätzlich in solchen Fällen den Ärmsten der Betroffenen aus eigenen Mitteln zu helfen.

Zu Mittag versammelte sich noch einmal alles an der gemeinsamen festlich geschmückten Tafel in Summerhill. Die Gesellschaft konnte es noch gar nicht glauben, daß Sissy, wie verlautet worden war, so plötzlich abreisen wollte.

„Meine lieben Freunde", sagte sie gerührt, „ich danke euch allen! Doch das Schicksal will es, daß die Gräfin von Hohenembs einer Pflicht gerecht werden muß, der sie sich nicht entziehen kann und will. Aber eines kann ich euch versprechen: Dies soll nicht meine letzte Jagd im schönen Irland gewesen sein. Ich habe mich hier wohlgefühlt; und ich habe Irland und seine Menschen liebgewonnen."

Der große Saal des alten Herrenhauses, von dessen Decke unzählige Lichter des schweren Kristallusters schimmerten, hallte vom Beifall der festlich gekleideten Gäste, mit dem Sissys kleine Abschiedsrede quittiert wurde.

Es war nicht der höchste im Rang, der an dieser Tafel stand, doch keiner machte Bay Middleton das Recht der Erwiderung streitig.

„Wir sind es, die zu danken haben — wir allein", sagte er einfach.

„Es lebe die Königin der Jagd!"
Und noch einmal erklang das Lied:

> „Die Königin der Jagd ist die Kaiserin!
> Seht, wie sie fliegt
> mit nie fehlender Hand,
> mit unerschütterlichem Mut.
> Drängt vor, voran!
> Reiten muß, wer folgen will
> Diana, der Königin . . ."

Und danach stieß man ein letztes Mal mitsammen an.

Selbst die Gräfin Festetics konnte ihre Rührung nicht verbergen, obwohl sie im Grunde über den Gang der Dinge lebhafte Erleichterung empfand und die Überschwemmung bei Szegedin als einen deutlichen Schicksalswink ansah.

Daß Sissy im nächsten Jahr wieder nach Irland kommen wollte, hatte sie zwar vernommen — aber bis dahin konnte ja noch viel passieren. Jetzt, fürs erste jedenfalls, gab es in bezug auf Sissy und Bay keinen Gesprächsstoff mehr.

Bay Middleton stand zwischen den Säulen des Herrenhauses, als die Wagenkolonne sich in Bewegung setzte. Seine Blicke hafteten auf dem Gefährt, in welchem er Sissy wußte. Die ganze Jagdgesellschaft stand vor dem Haus, und eine große Menge Neugieriger hatte sich eingefunden — darunter viele Bauern mit Frau und Kindern. Sie alle wollten die fremde Empress noch einmal sehen und ihr Lebewohl sagen.

Sissy wandte sich noch einmal um, um zurückzublicken. Sie ließ vieles in Summerhill zurück, was ihr in den letzten, so rasch vergangenen Wochen liebgeworden war. Der Gedanke ging ihr durch den Kopf, Lord Langford ein Kaufangebot zu machen. Es wäre schön, Summerhill zu besitzen und hierher zurückkehren zu können, sooft es ihr beliebte. Zu ihren Pferden und Bay. Das ist Unsinn, sagte sie sich jedoch, Sissy, schlag dir das aus dem Kopf!

Und während ihre Blicke noch auf dem Captain hafteten, bis ihn die nachfolgende Kutschenkolonne verdeckte, richtete sie ihre Gedanken voraus, auf das Wiedersehen mit ihrem Franzl. Und auf ein Wiedersehen mit Bay Middleton, das freilich noch in ungewisser Ferne lag.

***

In Sissys Briefen stand nur einiges von diesen Ereignissen. Aber sie waren Anhaltspunkte für Franzls Erinnerungsvermögen. Denn er kannte die Ereignisse von Summerhill auch aus anderen Quellen, die einander ergänzende Berichte geliefert hatten.

Das lief nicht auf Bespitzelung Sissys hinaus; aber da waren die Berichte des Zahlmeisters, des Jagdaufsehers, des Kammerherrn und anderer verantwortlicher Leute aus Sissys Troß.

Und wenn Franzl aus Sissys Briefen Erinnerungen an vergangene Zeiten beschwor, las er zwischen ihren Zeilen gar manches von dem, was er damals auch aus anderen Quellen erfahren hatte.

Nachdenklich legte er dann mitunter ihre Briefe beiseite und hatte Stoff zum Denken; und wenn ihm sein Kammerdiener Ketterl gute Nacht gewünscht hatte, lag er in seinem einfachen Bett oft noch wach, in Gedanken mit dem beschäftigt, was er kurz zuvor noch gelesen hatte.

10. Briefe und Erinnerungen

In jenen grauen, naßkalten Novembertagen des Jahres 1897, in welchen der Park von Schönbrunn nebelverhangen vor seinen Fenstern lag, wanderten die Gedanken und Erinnerungen Franz Josephs immer wieder zurück, und an mehreren Abenden holte er die Kartons mit Sissys Briefen hervor.

Sie sagten manches aus von dem, was damals geschehen war, aber nicht alles. Wie die Gräfin Festetics in Summerhill ganz richtig zu Sissy bemerkt hatte, gab es auch freiwillige „Confidenten": Zuträger, wie man sie auch nannte, die an Verwandte und Freunde bei Hof schrieben. Diese Briefe sorgten für Gesprächsstoff. Direkt oder indirekt wurde der Inhalt mancher Briefe dem Kaiser bekannt, was durchaus in der Absicht der Verfasser war. Und sie sorgten — das war wesentlich gefährlicher — für Themen in den Wiener Salons oder auch für Tratsch seitens der Domestiken. In all diesen Briefen klang durch, daß die Kaiserin und ihr Vorreiter ein Verhältnis „unschicklicher Art" gehabt hätten.

Unter den Auswirkungen dieser an der Gerüchtebörse gehandelten Neuigkeiten aus Irland aber hatte niemand mehr zu leiden als Franzl. Dieser Tratsch traf ihn unmittelbar, er kränkte ihn in seinem Ehrgefühl als Gatte und schmerzte ihn als Mensch in seiner Liebe zu Elisabeth.

Da half ihm auch wenig, wenn er sich einzureden suchte, daß an dem ganzen üblen Gerede kein wahres Wort sei und er seine Sissy doch zur Genüge kenne. War dies wirklich der Fall? Wie gut kannte er sie eigentlich? War sie denn tatsächlich gegen Versuchungen gefeit? Nach allem, was er zu hören bekam, war dieser Bay Middleton ein attraktiver Mann und fabelhafter Reiter. Beides mußte Sissy doch wohl imponieren!

Wie alle Gatten einer schönen Ehefrau war er nicht frei von Anwandlungen der Eifersucht. Auch als Kaiser stand er nicht über solchen Gefühlen. Rein gesellschaftlich gesehen war zwar ein britischer Captain, von seiner Stufe aus betrachtet, eine Null. Doch sah man die Situation von der menschlichen Warte aus, lagen die Dinge völlig anders. Da war zum Beispiel — in seinem eigenen, engsten Familienkreis — Sissys Bruder Ludwig. Er hatte auf alles, auf Titel, Würden und Anteil am Familienvermögen verzichtet, ja, er durfte das Gebiet der Monarchie nur mehr mit einer besonderen kaiserlichen Erlaubnis betreten — weil er der schönen Schauspielerin Henriette Mendel richtiggehend verfallen war.

Franzls ungeliebte, bürgerliche Schwägerin war — das mußte er zugeben — eine Frau, die ihm selbst imponierte. Wenngleich für ihn, der sich für den Bestand des Erzhauses verpflichtet fühlte, eine Heirat nicht einmal in den Bereich der Erwägung gekommen wäre. Sonst jedoch — was hatten die Erzherzöge nicht alles für „Liaisons"! Die Séparées in so manchem Hotel in Wien und Umgebung wüßten unzählige Geschichten zu erzählen!

Henriette war klug, schön, gebildet, eine perfekte Dame. Eine Frau, in die sich ein Mann von Geschmack — und ein solcher war Ludwig — wirklich verlieben konnte. Wäre sie „standesgemäß" gewesen, hätte sie Franzl mit Freuden in der Familie willkommen geheißen. So aber war die Sache einfach unmöglich.

Doch der „Fall" seines Schwagers gab ihm zu denken. Konnte nicht Sissy ebenso in den Bannkreis dieses britischen Herrenreiters geraten und ihm, Franzl, dadurch entfremdet werden? Konnte er sie womöglich sogar verlieren?

Alle diese Gedanken waren ihm damals durch den Kopf

gegangen. Zusätzlich zu seiner verantwortungsvollen Arbeit hatten sie sein Dasein belastet. Sissy ahnte hiervon nichts. Sie gab sich einfach ihren Freuden in Irland hin. Er gönnte ihr diese — bis auf eine . . .

Nun, in diesem nebelverhangenen November 1897, waren diese Probleme von einst in weite Ferne gerückt.

Aber Prinz Philipp von Coburg, den Rudi „der Dicke" genannt hatte, kämpfte mit einem ähnlichen Problem in der Gegenwart. Seine schöne und so lebenslustige Gattin Louise, die Schwester der Kronprinzenwitwe Stephanie, ging fremd! Und ihr Liebhaber, Graf Mattachich, war absolut ein Gegenstück zu Bay Middleton: rassig, schneidig, attraktiv.

Immer wieder behelligte „der Dicke" Franzl, ein Machtwort zu sprechen und einzugreifen. Sogar an Sissy hatte er sich schon gewandt. Schließlich betraf dieses mißliebige „Pantscherl" aufgrund der verwandtschaftlichen Bindungen auch das Kaiserhaus. Aber darum kümmerte sich die fesche Louise nicht im geringsten. Sissy hatte ihr einmal ins Gewissen geredet, mit dem Ergebnis, daß eine Zeitlang Ruhe gewesen war. Dann aber hatte es von neuem angefangen. Und Louise erfreute sich sogar einer gewissen Deckung seitens ihrer Schwester Stephanie, deren Ehe mit Rudolf alles andere als glücklich gewesen war.

Stephanie lebte immer noch in Laxenburg und war krank. Die schöne Louise aber vergnügte sich zur Zeit in Meran und führte sich in einer Weise auf, daß sich sogar die Zeitungen des Auslands darüber mokierten.

Die Illustrierten, Tages- und Wochenblätter schienen mitunter tatsächlich keine anderen Sorgen zu haben als die Amouren innerhalb der verschiedenen Herrscherfamilien an den europäischen Höfen. Franzl aber sah die Dinge anders.

Seine Sissy war unterwegs nach Biarritz. Und Louise Coburg „residierte" in Meran. Und in den Augen der Öffentlichkeit sah es so aus, als würfen sie beide das Geld zum Fenster hinaus, während es zur selben Zeit in Mailand eine regelrechte Hungerrevolte gab!

Ein dem Adel nahestehendes Blatt wies beruhigend darauf hin, daß es „die hohen Familien" seit Generationen so zu halten pflegten, daß sie Geld unter die Leute brächten. Ganze Dörfer sahen ihren wirtschaftlichen Impuls in den Schlössern der Landedelleute, und in den Städten fanden Handwerker, Künstler, Gewerbetreibende und viele Familien Arbeit und Brot durch die Aufträge, die ihnen aus den diversen Palais und vom Hofe zuteil wurden. Weshalb sich also beschweren? Ohne Aufwand und Luxus auf der einen Seite gäbe es auch keinen Verdienst auf der anderen, die davon profitierte!

Das stimmte aber nur zum Teil. Und gerade im Falle der Prinzessin Louise stimmte es längst nicht mehr. Der Prinz hatte ihr, wie er zu sagen pflegte, „den Geldhahn abgedreht". Dennoch lebte sie weiter auf großem Fuße. Ihren Galan, den Grafen Mattachich, hatte sie offiziell zum „Kammervorsteher" bestellt, der es sich gleichfalls gutgehen ließ. Eine Marseiller Gazette listete ihren Lesern soeben genüßlich auf:

> „Im Kurort Meran ist Prinzessin Louise Coburg mit ihrem Hofstaat, bestehend aus ihrem Kammerherrn, einem Reisemarschall, einem Leibarzt, einer Gouvernante, sechs Kammerzofen, fünf Lakaien, zwei Köchen und vier Küchengehilfen, einem Kellermeister, vier Hilfsarbeitern, einem Stallmeister, zwei Bereitern, vier Stallbur-

schen und sechzehn Reitpferden, eingetroffen. Im Gepäck Ihrer Hoheit befinden sich u. a. 125 Sonnenschirme, 75 Paar Schuhe, 110 Paar Stiefeletten, zahlreiche Roben und ungeheuer wertvoller Schmuck. Wie schmerzlich muß solcher Luxus empfunden werden, während in Mailand Menschen verhungern, verzweifelte Mütter die Bäckerläden stürmen und es täglich zu Ausschreitungen zwischen Polizei, Militär und der Bevölkerung kommt."

Der Marseiller „Volksfreund" war zwar ein republikanisches Blatt im republikanischen Frankreich — aber die französische Riviera, wo Sissy den Winter verbringen wollte, lag im gleichen Lande, in dem solche Blätter böses Blut machten — ob zu Recht oder zu Unrecht, spielte dabei keine Rolle. Franzl machte sich einfach Sorgen um Sissys Sicherheit!

Und die Schweiz, die sie im nächsten Jahre besuchen wollte und wo sich Sissy zu Unrecht „unter freien Menschen in Sicherheit" fühlte, wie sie Franzl schrieb — die Schweiz war längst zu einem gefährlichen Anarchistennest geworden! Doch das war Sissy einfach nicht klarzumachen.

Artikel wie dieser im „Volksfreund" aus Marseille waren kein Einzelfall. Sie erregten Neid und Zorn. Zornig war aber auch Franzl; der Zorn des Kaisers richtete sich gegen Prinzessin Louise, die durch ihr sorglos-provozierendes Verhalten zu solchem Geschreibe Anlaß gab. Sie lieferte Wasser auf die Mühlen gefährlicher Elemente . . .

„Was wird erst werden", brummte er, „wenn sich herausstellt, daß sie viele ihrer Rechnungen gar nicht bezahlen kann?! — Es wird ein Skandal ohnegleichen . . . Bliebe Sissy doch bloß in Österreich!"

Die Gegenwart war wenig erfreulich für ihn. Bisher hatte er wenigstens Gelegenheit gehabt, sich mit Kathi auszusprechen. Doch seit dem Zerwürfnis zwischen ihr und Sissy war es damit aus. Er, der Kaiser, war bei Kathi quasi in Ungnade gefallen. Sie mied ihn und hielt ihn sich fern.

Seufzend saß Franzl an manchen Tagen nun über seine Arbeit gebeugt. Außer Ketterl, dem treuen Kammerdiener, der so viele Jahre an seiner Seite ausgeharrt hatte und mit seinem Herrn Freud und Leid auch in diesen Tagen teilte, hatte er niemand, mit dem er sich aussprechen konnte. Gisela und Marie-Valerie, die beiden Töchter, würde er — vielleicht — zu den Weihnachtsfeiertagen wiedersehen. Doch das brachte ihm eigentlich nur noch mehr zu Bewußtsein, wie groß die menschliche Leere war, die ihn umgab und ihn frösteln machte.

Irgendwie mußte die Sache mit Kathi doch ins reine kommen! Sie hatte ihren Stolz — er auch. Und natürlich auch Sissy, die sich beleidigt fühlte. Nach außen hin hatte man vor ihrer Abreise noch ein freundschaftlich verbundenes Dreigespann demonstriert. Der Schauspielerin Kathi Schratt war das nicht schwergefallen, solange sie sich von „Publikum" umgeben sah. Sissy auch nicht. Aber er, Franzl, war ein schlechter Komödiant.

In der Umgebung des Kaisers gab es aber Leute, denen seine Isolation durchaus gelegen kam. Sie fürchteten den Einfluß der Schratt und den der Kaiserin auf den Monarchen ebenso, wie sie seinerzeit das Streben Kronprinz Rudolfs gefürchtet hatten, an die Macht zu kommen. Und wie sie jetzt schon den künftigen Kaiser, Erzherzog Franz Ferdinand, fürchteten, von dem manche Leute insgeheim die Hoffnung hegten, daß er den Thron niemals besteigen möge.

Franzl wußte dies alles, und vieles ging ihm tagtäglich und manchmal auch nachts, wenn er schlaflos in seinem harten Eisenbett lag, durch den ergrauenden Schädel.

Was konnte passieren, wenn Franz Ferdinand seinen Dickschädel durchsetzte und er seine heißgeliebte Komtesse Chotek von Chotkowa und Wognyn doch zum Traualtar führen durfte, bei gleichzeitiger Aufrechterhaltung seines Thronanspruches, wie er sich's vorstellte? Sissy trat dafür ein, daß dies geschah. Sie hielt diese ganzen Hausgesetz-Vorschriften für veraltet und überflüssig.

Und hier tat sich ja gleich wieder kund, was Franzl Kopfzerbrechen bereitete. Die Liebe kannte offenbar kein Hausgesetz und keine Schranken anderer Art. Sie schuf sich ihre eigenen Gesetze, und sie schienen stärker und mächtiger als selbst die des Hauses Habsburg zu sein. Wenn das Herz sein Machtwort sprach, sollte der Kaiser kapitulieren . . .?

Nach ungarischem Recht wäre Sophie im Falle einer Heirat automatisch auch Kronprinzessin und später Königin der Ungarn, im gleichen Rang, wie es jetzt Sissy war. In der österreichischen Reichshälfte aber würde Sophie Chotek — selbst wenn ihr Franzl den höchstmöglichen Adelsrang verlieh, um sie der Stellung Franz Ferdinands näherzubringen — gleichzeitig nicht mehr sein als eine der vielen Damen bei Hofe. Sie würde niemals neben ihrem Gatten sitzen dürfen, bei keiner Tafel, in keinem Theater oder Konzert, bei gar keinem öffentlichen Anlaß, nur daheim, in den eigenen vier Wänden, wo es niemanden etwas anging, was man dort tat. Sie würde nicht einmal bei offiziellen Gelegenheiten neben ihm gehen dürfen — bloß in gehörigem Abstand hinter ihm, in seinem Gefolge. Welche Schmach, welche Demütigung! Konnte sie, konnte ein so stolzer Charakter wie Franz Ferdinand solches denn überhaupt ertragen?!

Es mußte schon eine sehr tiefe und innige Neigung sein, welche diese beiden Menschen verband, wenn sie bereit waren, solches auf sich zu nehmen.

Doch sie waren es! Franz Ferdinand versicherte es immer wieder, wenn auch zorngerötet und mit finsterem Blick. Ob er vielleicht die Hoffnung hegte, das Hausgesetz einfach umzustoßen, sobald er gekrönt und an die Macht gekommen war . . .? Das war immerhin möglich. Dem mußte — im Falle eines Falles — ein Riegel vorgeschoben werden, denn — davon war Franzl in seinem konservativen Denken überzeugt — es hätte das Ende der Monarchie bedeuten können, wenn ein Kaiser selbst daran ging, den Thron zu erschüttern, auf dem er saß!

Er fand in Sissy keine Helferin in dieser Frage, wie in so vielen anderen auch. Im Gegenteil; sie war gegen ihn. Und ließ ihn — jetzt wieder, wie schon so oft — allein.

11. Alles ist steter Wandel

In Paris erwartete Sissy der Herzog von Alençon. Er war ihr Schwager und nach der Katastrophe des Vorjahres — dem Brand der Weltausstellungspavillons, bei dem ihre Schwester Sophie auf gräßliche Weise ums Leben gekommen war — Witwer.

Der Herzog kam in Schwarz gekleidet ins Hotel, in dem Sissy abgestiegen war, um ihr gleich knapp nach der Ankunft seine Aufwartung zu machen. Er wußte, daß Sissy einzig und allein zu dem Zweck in Paris ihre Reise unterbrach, um das Grab ihrer armen Schwester zu besuchen, wozu sie bisher noch keine Gelegenheit gehabt hatte.

Es war Anfang Dezember, das Wetter noch warm, Paris lag in einem milden Regen und sah trübselig aus.

„Zu warm für diese Jahreszeit", bemerkte der Herzog, nachdem er Sissy die Hand geküßt und sie nicht ohne Besorgnis betrachtet hatte.

Sie sah schmal und kränklich aus und wirkte verhärmt. Aber sie war noch immer schön. Sie hat etwas Jenseitiges an sich, dachte er. Man möchte fast nicht meinen, einer Frau aus Fleisch und Blut gegenüberzustehen.

„Bist du schon lang in Paris?" fragte sie ihn.

„Seit zwei Tagen. Ich habe hier einiges zu erledigen. Aber ich reise übermorgen, zum Wochenende, wieder nach Hause."

„Und ich fahre weiter nach Biarritz", erklärte sie. „Hoffentlich ist dort das Wetter ein wenig besser!"

„Oh, ich fürchte, es sieht im Augenblick überall ziemlich trostlos aus."

„Ich fühle mich auch danach", gestand Sissy.

„Das ist sehr bedauerlich. Aber ich bin auch nicht gerade in der besten Verfassung."

„Du Armer! — Nimmst du Tee?"

„Danke nein. — Wann hast du vor, mit mir auf den Friedhof zu fahren?"

„Um zwei Uhr, wenn es dir recht ist."

„Ich werde pünktlich sein. Was gibt es Neues in Wien?"

„Brahms ist tot."

„Ich weiß, ich las es in der Zeitung. Ich mochte seine Musik nicht besonders."

„Aber vielen Wienern gefiel sie; er wurde beerdigt wie ein Kaiser."

„Für solche makabren Schauspiele haben die Wiener schon immer viel übrig gehabt."

„Manchmal ist es auch eine Abbitte an jemand, dem sie das Leben sauer gemacht und den sie zu gering eingeschätzt haben", bemerkte Sissy ernst. „Ich frage mich, was sie wohl bei meiner Beisetzung aufführen werden!"

„Wie kannst du bloß daran denken!" Der Herzog schüttelte pikiert den Kopf.

„Ach, es geschieht in der letzten Zeit immer häufiger", erklärte Sissy. „Je älter man wird, um so häufiger kommen solche Gedanken! Es geschieht ganz von selbst. Ich bete nur immer um einen raschen, schmerzlosen Tod. Um einen, bei dem ich gar nicht merke, was mit mir geschieht. Auf keinen Fall möchte ich ein langes Siechtum und Altern. Oder gar ein so schreckliches Ende nehmen, wie es unserer armen Sophie widerfahren ist."

„Ja, es war schrecklich. Und zugleich bewundernswert. Sie war schon im Freien, hatte sich durch die in Panik geratene Menge durchgekämpft. Da sah sie durch die Glasscheiben im Rauch noch Menschen — und stellte fest, daß auch noch Frauen fehlten, die ihr bei dem Wohltätigkeitsverkauf behilflich waren."

„Und dann wagte sie sich nochmals in die Flammenhölle?"

„Sie war nicht zurückzuhalten! Man hat es versucht, vergeblich. Sie wollte diese Menschen retten und kam dabei selbst im Feuer um!"

Der Herzog senkte den Kopf, Sissy schwieg. Sie fühlte, daß es ihm gut tat, sich aussprechen zu können.

„Das Schlimmste für mich aber war, sie zu identifizieren ... Diese vielen, verkohlten, bis zur Unkenntlichkeit verbrannten Toten ... Der Gestank nach verkohltem Fleisch und versengten Stoffen! Und diese entsetzlichen, verbrannten Schädel: Haare, Knochen ... von manchen war nur mehr das Gebiß intakt! Das brachte mich schließlich auf die Idee, ihren Zahnarzt herbeizuholen. Der kam mit der Behandlungskarte und besah sich unter Schaudern über fünfzig Leichen, bis er sie fand."

„Das muß ja furchtbar gewesen sein!"

„Ja, das war es. Arme Sophie — es war nicht mehr viel von ihr übrig. Gut für dich, daß du sie nicht so gesehen hast; ich glaube, du hättest es nicht ertragen können."

Danach entschuldigte er sich für seine drastische Schilderung; er sah, daß seine Worte Sissy angegriffen hatten. Sie war leichenblaß.

„Laß nur", wehrte sie ab. „Es war sicher gut für dich, Fernand, es mir zu erzählen. Ich kann schon einiges aushalten. Allerdings — da hast du recht; wahrscheinlich wäre ich nicht imstande gewesen, diese Szene selbst mitzuerleben. — Der Gruft sieht man nicht an, was sie birgt, und ich bin Sophie diesen Besuch einfach schuldig."

Sie verabredeten die gemeinsame Fahrt für den frühen Nachmittag. Der Familiengruft der Herzöge von Alençon und Orleans statteten sie dann Besuch ab. Sissy legte einen prächtigen Kranz nieder und betete für das Seelenheil der Schwester. Doch die Gruft empfand sie als fremd und kalt. Der Herzog merkte es. Sissy fror und war aschfahl in ihrem von einem Schleier verdeckten Gesicht.

„Gehen wir?" fragte er besorgt, nachdem er selbst sein Totengebet beendet hatte.

„Ja, Fernand", nickte sie dankbar. „Ich schäme mich und sage es trotzdem: ich bin froh, von hier wieder wegzukommen."

„Es ist auch kein erfreulicher Aufenthalt", bestätigte er, nahm sie ehrfurchtsvoll beim Arm und geleitete sie zur Kutsche, die sie erwartete.

„Der Tod", sann sie auf der Rückfahrt, „ist wohl für die, welche überleben, genauso schrecklich. Ich möchte nicht, daß mein Mann und meine Tochter dabei sind, wenn es mir passiert. Auch darum will ich inständig beten. In Lourdes werde ich das tun. Ja, ich fahre von hier aus zur Muttergottes nach Lourdes!"

„Nicht gleich nach Biarritz?" fragte er überrascht.

„Ich kann ja den Weg nach Biarritz über Lourdes fahren. Mein Zug bringt mich überall hin, wo immer ich will!"

„Weiß man schon, daß du deine Reiseroute ändern möchtest?"

„Nein, aber man ist Überraschungen von mir gewöhnt", sagte sie mit leisem Lächeln. „Ich wollte schon immer nach Lourdes, bin aber noch nicht dort gewesen. Kaiserin Eugenie hat mir erzählt, daß ihr kranker Sohn einer der ersten war, die durch Lourdeswasser geheilt worden sind. Sie sagte, es sei ein Wunder gewesen; und ihr Mann habe daraufhin verfügt, daß die Quelle für jedermann zugänglich gemacht werden müsse. Bis dahin wollten die Behörden ja nichts davon wissen. Sie hielten das Ganze für Unfug und die Phantasterei einer Minderjährigen. — Diese Bernadette!"

„Sie ist im Kloster von Nevers an Knochenkrebs gestorben. Als man ihren Leichnam im vorigen Jahr exhumierte, fand man ihn völlig unversehrt."

„Das ging ja durch alle Zeitungen. Es ist ein Wunder, nicht wahr, Fernand? Man wird sie heiligsprechen. Ein Mädchen aus so armseligen Verhältnissen! Ich möchte sehen, wie sie hausten, diese Familie Soubirous. Man hatte sie im ehemaligen Gemeindearrest einquartiert, weil sie sich nichts Besseres leisten konnten, las ich. Und Kaiserin Eugenie hat mir auch eine Menge über sie erzählt."

Der Herzog sagte nichts. Die Verhältnisse der Familie Soubirous gingen ihn nichts an. Auch war er verbittert, denn seine Sophie war eine fromme Frau gewesen. Wie konnte der Himmel so ein Ende zulassen!

„Es ist merkwürdig", sagte da Sissy, „was Gott für Wege geht. Ich hätte diese Bernadette gerne gekannt."

„Sie soll", brummte der Herzog gleichgültig, „nicht besonders intelligent und ziemlich ungebildet gewesen sein. Richtig Lesen und Schreiben hat man ihr reichlich spät beigebracht. Ein Hirtenmädchen, weiter nichts."

„Eben", meinte Sissy. „Einfach ein Hirtenmädchen! Nicht ‚standesgemäß', wie man in unseren Kreisen sagt. Das sollte zu denken geben, Fernand, finde ich."

„Ach du lieber Himmel, Sissy! Komm doch bitte nicht mit deinen seltsamen Ideen. Ich finde, du solltest vor allem deinen Mann damit verschonen; er hat genug Ärger!"

„Den hat er wohl, auch mit mir, da hast du recht. Aber seltsam? Nein, seltsam sind diese Ideen nicht. Sie stehen seit fast zweitausend Jahren im Neuen Testament."

Der Herzog war froh, daß sie bei Sissys Hotel angelangt waren, denn er hatte wenig Lust, dieses Gespräch fortzusetzen.

Sissy wurde noch am gleichen Abend von heftigen Gliederschmerzen befallen. Sie schrieb an Franzl und teilte ihm ihren Plan, eventuell Lourdes zu besuchen, mit.

Doch ihr Zustand wurde auch am folgenden Tage nicht besser; da gab sie ihr Vorhaben auf. Sie wollte nun doch lieber direkt nach Biarritz.

Aber wie Sissy gesagt hatte — ihre Mitreisenden waren Überraschungen schon gewöhnt. Und auch die Gräfin Festetics fügte sich längst ohne innerliches Murren in ihr Schicksal. Ihre eigene innere Bindung an Sissy war schon viel zu stark geworden.

Damals, als Sissy, von den herrlichen Jagden in England

kommend, im gleichen Hotel abgestiegen war, hatte es hier ein vergnügtes Zusammentreffen der Possenhofener Schwestern gegeben. Mit Sophie und Marie, der Königin von Neapel, aber auch mit Mathilde, die den Bourbonen, den Grafen Trani, geheiratet hatte. Sophie war nun tot . . . Und die Königin von Neapel? Die erfreute sich immer noch bester Gesundheit. Sissy erinnerte sich an ihre Begegnungen in England, und wie aus dunkler Ferne tauchte ein Gesicht vor ihrem inneren Auge auf, wurde eine schlanke, hohe männliche Gestalt wieder lebendig: Bay Middleton.

„Bay", murmelte sie.

Sie hatte sich in ihr Hotelzimmer eingeschlossen, während ihre Suite die Vorbereitungen für die Abreise traf. Ihr praktikabler Hausaltar, der sie überallhin auf ihren Reisen begleitete, war für sie aufgestellt worden.

Er war schon damals, bei den Jagden in England, mit dabei. Sie erinnerte sich plötzlich wieder an Summerhill, wo er in einem Erker, beleuchtet vom Sonnenlicht des nahenden Frühlings, stand. Dort hatte sie vor diesem Altar gekniet, hatte für Franzl, ihre Töchter und für Rudi gebetet. Und auch für sich und diesen waghalsigen Captain. Und für einen glücklichen, von Unfällen freien Verlauf so mancher Jagd.

Wie fern ihr dies nun alles längst war. Nun verlangte ihr Inneres nach Ruhe; aber sie fand sie nicht. Sie sehnte sich nach einem stillen Platz, fernab der Welt, wo sie in Frieden leben könnte. Doch der innere Friede vor allem war es, der ihr fehlte.

Bay Middleton — das war ein Mann, der zweifellos in ihrem Leben einst Bedeutung besaß. Doch nicht nur er allein, wenn sie sich, ihr Gewissen erforschend, Rechenschaft gab.

„Andrassy . . ."

Auch dieser Name kam wie ein Hauch über ihre blassen Lippen. Ja, auch Andrassy!

Ach, es hatte mancherlei Sympathien zu Männern gegeben. Die meisten waren bedeutungslose, flüchtige Begegnungen. Die Umstände allein waren schon Hindernis genug, um „etwas" daraus werden zu lassen. Andere wiederum hinterließen Spuren.

Andrassy hatte ihr mehr bedeutet, mehr noch als Bay Middleton. Aber nicht mehr als Franzl. Dieser war die Stetigkeit, der feste Halt, der Fels in der Brandung in ihrem Dasein, in einer unruhigen Zeit, wo alles in stetem Wandel war. Wie anders sah die Welt von heute aus im Vergleich zu jener, als sie damals in der Augustinerkirche einander das Jawort gaben und Kardinal Rauscher in feierlichem Zeremoniell ihrer beider Leben durch das Band der Ehe vereinigte!

Nichts hatte Bestand. Nur das Gefühl im Herzen, das man Liebe nannte, konnte manches überdauern.

Franzl! Wie ist das nun mit dir, mein Guter, sann Sissy vor sich hin. Tue ich euch Unrecht, oder seid ihr beide, du und Kathi, doch ein bißchen zu weit gegangen?

Nicht nur Franzl hatte seinen Nachrichtendienst. Auch Sissy wurde so manches zugetragen. Wie etwa der kleine Skandal in jenem Hietzinger Gymnasium, in welchem Nikolaus, der jüngste Sproß der Familie Kiss, zur Schule ging.

Der arme Nicky war von seinen Mitschülern gehänselt worden. Man hatte ihn nach Bubenart im Zuge eines scherzhaft gemeinten, von ihm aber mit aller Erbitterung geführten Raufhandels daraufhin „untersuchen" wollen, ob in seinem Gesicht keine Ähnlichkeit mit Seiner Majestät Franz Joseph zu finden sei! Durch diesen Bubenstreich hatte der arme Junge überhaupt erst erfahren, was für ein Gerückt von seiner Mutter und dem Kaiser in Wien im Umlauf war.

Das hatte Kathi auf das höchste aufgebracht. Sie hatte den Vorfall sofort dem Kaiser gemeldet. Franzl aber, im Gefühl völliger Unschuld, hatte bloß dem gehänselten Buben eine Schachtel Bonbons geschickt und war kopfschüttelnd über das Ereignis hinweggegangen. Und dies hatte der Freundschaft zwischen ihm und Kathi vorerst den Rest gegeben.

Auch nach Sissys Meinung hätte er für sie eintreten müssen. Kathis Gatte, der Baron, war wie immer in fernen Landen im diplomatischen Dienst. Höchstwahrscheinlich erfuhr er von der ganzen Affäre nichts, von der Franzl meinte, sie sei bloß eine dumme Schülerangelegenheit. Und anstatt sie unnötig aufzubauschen, möge man sie besser vergessen . . .

In der Stille ihres Zimmers wanderten Sissys Gedanken weiter durch die Vergangenheit. Erinnerungen wurden wach, Bilder zogen an ihrem Inneren vorbei, längst vergessen Geglaubtes wurde zu neuer Wirklichkeit.

Es war eine Revue der Schatten, doch manche Ereignisse traten seltsam plastisch hervor und fügten sich zu einem Mosaik, auch wenn größere Zeitabschnitte dazwischen lagen.

Zweiter Teil

1. Der Naples-Cup

Es war zu Anfang Juni des Jahres 1878, als Lord und Lady Spencer einer Einladung Sissys Folge leisteten. Franzl sah dieser Einladung mit großer Erwartung entgegen, denn er hoffte, aus dem Mund des Lords einiges zu erfahren, was sich in den Midlands und in Irland ereignet hatte. Sissy hoffte hingegen durch den Besuch von Lord und Lady Spencer bei ihrem Gatten auf Verständnis für ihre Jagdleidenschaft in England und Irland. War doch Franzl selbst ein ausgezeichneter Reiter und Jäger.

Der Lord hatte einst das Amt eines Vizekönigs bekleidet, und dementsprechend empfing ihn Franzl etwas steif und formell. Beim Tee entspannte sich die Atmosphäre jedoch.

„Wie geht es meiner Schwester?" erkundigte sich Sissy harmlos. „Wie ging das aus mit ihrem Pokal? Wer hat ihn gewonnen?"

„Wenn Sie denken, daß das Ihr Vorreiter Bay Middleton war, muß ich Sie enttäuschen", antwortete die Lady.

Sowohl Franzl als auch Sissy horchten auf. Unwillkürlich richtete Franzl seine Blicke von der Erzählerin auf seine geliebte Frau. Doch er las nur Staunen in ihrem Gesicht. Denn das hatte sie nicht erwartet.

„Wie, Middleton hat nicht —?" fragte Sissy ungläubig.

Der Lord lachte, nahm einen Zug von seiner dicken Zigarre und schüttelte beinahe vergnügt den Kopf.

„Das Rennen fand in Towcester statt. Natürlich rechnete alle Welt mit einem Triumph Bay Middletons und er sicher auch. Und vor allem natürlich Ihre Schwester, die Königin. Aber alle, die an diesem Tag auf Middleton und sein Pferd gewettet hatten, konnte man nachher ganz schön fluchen hören — pardon. Doch es ist so, wie ich sage."

„Aber wieso denn?" fragte Sissy gespannt. „Stürzte Middleton etwa? Hatte sich das Pferd verletzt? Oder wieso kam das?"

„Nichts von alledem, Majestät. Er verlor einfach; ein anderer war schneller als er, das ist alles."

Franzl schmunzelte: „Nach all dem, was mir meine Frau über diesen Bay Middleton geschrieben und erzählt hat, muß er ein haushoher Favorit im Rennen gewesen sein."

„Genau so war es. Umso größer war nachher die Enttäuschung. Die seine übrigens auch."

„Das kann ich ihm nachfühlen", staunte Sissy noch immer.

„Oh, es kam zu Auftritten — ein Kellner, der an diesem Tag eine Menge erspartes Geld auf Middleton gesetzt hatte und statt dem erhofften Gewinn alles verlor — und es soll sich um eine ganz hübsche Summe gehandelt haben —, wurde handgreiflich, als Middleton seinen Club nach dem Rennen betrat."

„Oh", brummte Franzl nicht ohne Amusement. „Und?"

„Nun, der Captain hat den Burschen beim Kragen gepackt und kurzerhand durch die Scheiben auf die Straße geworfen!"

„Oh!" rief auch Sissy auf einmal sichtlich angeregt.

„Ja", brummte der Lord, „der Kellner soll sich einige spitze Bemerkungen erlaubt haben."

„Spitze Bemerkungen?" fragte Franzl hellhörig. „Was hat er denn gesagt?"

„Nun, eh —" Der Lord fing noch gerade rechtzeitig den warnenden Blick seiner Gattin auf. „Nun, Bemerkungen, die sich auf das Privatleben Middletons beziehen . . ."

Sissy fühlte sich ein wenig unbehaglich. Hatte es diesen Raufhandel in dem Clublokal etwa ihretwegen gegeben?

Oder wegen ihrer Schwester Marie? Oder waren sie beide im Spiel? — Sie nahm sich vor, die Lady unter vier Augen auszufragen.

„Den Cup gewann also jemand anderer", lenkte sie ab.

„Middleton ritt ein Pferd, das er offensichtlich überschätzt hatte. Es war die Stute Merry Andrew, und sie gehört ihm. Kein schlechtes Pferd natürlich; er lag in der Zielgeraden schon an der Spitze, und sein Sieg schien sicher, aber da schob sich ein Außenseiter nach vorn und überholte ihn schließlich um Kopflänge. Und gewann den Pokal! Was dann auf dem Platz los war, ist kaum zu beschreiben."

„Und meine Schwester?" forschte Sissy gespannt. „Wie hat sie es aufgenommen?"

„Ja, das ist seltsam", meinte die Lady nachdenklich. „Ich persönlich hatte fast den Eindruck, sie schien Middleton den Mißerfolg zu gönnen . . . Ich sah ihr Gesicht ganz genau. Ja, ich sehe sie noch vor mir, wie sie lächelnd auf den enttäuschten Middleton blickte."

Sissy schüttelte leise und ungläubig den Kopf. Aber vielleicht war es gar nicht so unbegreiflich, daß Marie Bay Middleton diese Niederlage vor aller Welt gönnte.

Nach der Abreise von Lord und Lady Spencer war Franzl in bezug auf den Vorreiter und dessen Verhältnis zu Sissy nicht viel klüger geworden. Doch nach dem, was er über Middletons Benehmen gehört hatte, schien ihm der Mann nicht gerade der passende Umgang für seine Frau zu sein.

„Du kennst ihn nicht", verteidigte ihn Sissy, als es zum Gespräch über ihn kam. „Mir gegenüber ist sein Benehmen tadellos."

„Na, einen Mann, der einen Kellner durch eine Fensterscheibe auf die Straße befördert, möchte ich nicht unbedingt als Gentleman bezeichnen", brummte Franzl mit gerunzelter Stirn. „Unter einem Gentleman verstehe ich eigentlich etwas anderes. Er hätte den Kellner auch auf andere Art zurechtweisen können."

„Bay war wohl enttäuscht, erregt! Er fühlte sich vor allen Leuten provoziert und in seiner Reiterehre angegriffen."

„Er hatte Pech; jemand anderer war besser. Man muß als Sportler auch verlieren können — aber offenbar kann er das nicht. Hat wohl zu viel Ehrgeiz, der Mann. Er sollte besser seine Grenzen kennen und einen klaren Kopf behalten."

Er sagte das nicht ohne Schärfe. Den Doppelsinn seiner Worte schien Sissy aber nicht zu erkennen oder verstehen zu wollen.

„Einen Mann wie ihn mußte das treffen", verteidigte sie ihren Bay. „Ich habe ihn noch nie eine Wette verlieren sehen und noch nie erlebt, daß er nicht der schnellste Reiter war."

„So mußte er eben erfahren, daß das doch möglich ist. Nun, er hat den Cup deiner Schwester nicht gewonnen. Na schön. Er besitzt ja bereits eine ganze Sammlung solcher Pokale, wie du mir erzählt hast, und wird sich vielleicht noch andere dazuholen! Sicher sogar. Er wird den Preis von Towcester verschmerzen können."

Das Thema schien für ihn erledigt.

„Vielleicht", setzte er bloß noch hinzu, „steckt hinter dem Raufhandel in dem Clublokal auch eine Frau."

Und damit sprach er aus, was er wirklich dachte. Um wen aber war es gegangen? Um die Stifterin des Pokals, irgendeine andere Frauensperson oder gar — um Sissy?

Der Skandal wäre nicht auszudenken gewesen. Die Kaiserin von Österreich und ihre Beziehung zu einem Vorreiter bürgerlicher Herkunft als Thema einer Schlägerei . . . Franzl wagte nicht weiterzudenken und sandte ein heimliches Stoßgebet zum Himmel, sein Verdacht möge unbegründet sein. Doch er war es nicht, er traf vielmehr ins Schwarze. Der Kellner hatte sich eine anzügliche Bemerkung erlaubt. Voll Zorn über seinen Wettverlust hatte er gemeint, der Captain sei wohl nur im Beisein Sissys der Erste, deren Schwester aber feuere ihn offensichtlich weniger an. Das hatte dem Captain genügt, der nach seiner Niederlage ohnedies rot sah. Da hatten die Scherben geklirrt, und der vorwitzige Bursche sah sich auf dem Straßenpflaster. Danach fühlte Bay sich sichtlich wohler. Er ersetzte den entstandenen Schaden, und der Kellner bekam außerdem noch gleich darauf von ihm zehn Pfund Schmerzensgeld.

Die kühlen Briten sind gar nicht so kühl. Und ein solcher Auftritt war keineswegs so selten, wie man meinen möchte. Man nahm ihn Middleton auch gar nicht übel, im Gegenteil. Vielmehr quittierte man die Szene mit freudigem Hallo und ostentativer Anerkennung. Und Middleton war solcherart nun doch der Held des Tages.

Sissy schrieb an ihn. Und bestellte ihn nach Gödöllö.

Bevor sie nach Ungarn fuhr, traf sie sich in Tegernsee mit ihren Eltern. Sie freute sich, Vater und Mutter wiederzusehen, doch ihre Gedanken eilten voraus nach Ungarn. Mama Ludovica hatte einen scharfen Blick für die Stimmungen ihrer Kinder und erkannte bald genug, daß Sissy sehr ungeduldig war.

„Was ist mit dir, Kind?" forschte sie. „Man könnte meinen, du kannst es nicht erwarten, wieder abzureisen — und dabei haben wir dich doch lang genug nicht gesehen."

Sissy schämte sich und gebrauchte Ausflüchte, die allesamt unschwer zu durchschauen waren.

„Kind, du verbirgst mir etwas", fand die Herzogin kopfschüttelnd. „Mir, deiner Mutter, kannst du doch vertrauen. Gibt es Spannungen zwischen dir und Franzl?"

„Keine Spur, Mama", schüttelte Sissy lächelnd den Kopf. „Ach, weißt du, es kommen Pferde für mich aus England nach Gödöllö. Ich mache mir Sorgen, ob sie auch alle gesund und heil ankommen und wie sie sich in Ungarn eingewöhnen werden."

„Aha", meinte Herzog Max, „das kann ich verstehen."

„Pferde, Pferde, immer nur Pferde!" rief Mama Ludovica verärgert und wandte den Blick zum Himmel. „Die Welt besteht doch nicht bloß aus Pferden!"

„Leider", brummte der Herzog überzeugt. „Mama wird nie begreifen, daß Pferde die besseren Menschen sind."

„Narr", rügte Ludovica.

Sissy und ihr Vater lachten vergnügt. Wie in ihren Kindertagen waren der alte Herr und seine schöne Tochter ein Herz und eine Seele, und er war sichtlich stolz auf sie. Sie liebten und verstanden einander.

Von den Vorgängen um den Naples-Cup wußte er nichts, aber über den Cup Hohenembs wußte er Bescheid. Er hatte selbst auch Pokale gestiftet, und daß sich Sissy von der Tochter des Zirkusdirektors Renz in Wien verschiedene Reitkunststücke zeigen ließ und bei ihr Unterricht nahm, dafür hatte er vollstes Verständnis. Wenngleich es manche Leute — darunter auch seine Gattin — schockierte.

„Unbegreiflich", brummte der Herzog, „daß dein Sohn kein passabler Reiter geworden ist. Er ist der einzige Mann in der Familie, der sich mit Pferden nicht anfreunden kann."

„Rudi läßt sich einen Jagdwagen bauen", erzählte Sissy nicht ohne Bedauern.

„Wie — er will von einem Wagen aus auf Wild schießen?" staunte der Herzog. „Und was sagt dein Mann dazu?"

„Der läßt ihn gewähren; aber es freut ihn gleichfalls nicht. Rudi ist schließlich Soldat, und als solcher sollte er auch eine gute Figur auf dem Pferd machen. Doch diese Hoffnung habe ich aufgegeben. Und was Rudis Jagen angeht, gefällt mir seine Art ebensowenig. Das ist mehr ein Massenmord an Tieren! Ich bin niemals dabei, ich möchte das nicht. Bei mir ist es das Reiten, bei Rudi das Schießen und Treffen, was ihn an der Jagd freut. Da glaubt er eben, von einem Fahrzeug aus noch mehr Tiere abknallen zu können!"

Der Tag der Abreise aus Bayern nahte. Middleton hatte geschrieben, er sei mit den Pferden bereits unterwegs. Die Tiere waren wohlauf. Von seinen Besorgnissen wegen des Transports verriet er jedoch nichts, und das Gefühl der Verantwortung für diese kostbaren Tiere belastete ihn sehr.

Bis Gödöllö konnte mit den rassigen, temperamentvollen Tieren noch einiges passieren. Er hoffte aber trotzdem, die Pferde, die Sissy so sehr liebte, heil nach Ungarn bringen zu können.

Das war ja wohl die Voraussetzung für ein frohes und ungetrübtes Wiedersehen, wie er und Sissy es erhofften.

Sie war die Königin der Jagd. Seine Königin!

2. Die heimliche Glut

„Bay, warum sind Sie so gut zu mir?"

Sissy richtete forschend ihre Blicke auf ihn. Ihre bernsteinbraunen Augen suchten auf dem Grund seiner Seele, doch sie wußte ja die Antwort, die er ihr hätte geben können. Die auszusprechen er aber nicht wagte.

Ihre Frage schmerzte ihn. Warum fragst du, sagte er sich insgeheim und wich ihren Blicken aus.

„Majestät verdienen es", murmelte er.

„Sind Sie da sicher?" lächelte sie. „Vielleicht bin ich ganz anders, als Sie denken, Bay. Ich kenne eine ganze Menge Leute, die halten mich für eine ganz schreckliche Frau!"

„Diese Menschen müssen verrückt sein", knurrte Bay.

„Sie würden sie wahrscheinlich allesamt durchs Fenster auf die Straße werfen, wie?" lachte sie, als sie seinen zornigen Gesichtsausdruck gewahrte.

„Oh — Majestät wissen davon?" rief er betreten.

„Es bleibt mir nichts verborgen", versetzte sie scherzhaft. „Mein wackerer Ritter Bay — er hat mich verteidigt!"

„So ist es", knurrte er. „Und ich würde es jederzeit wieder tun — da haben Sie recht. Ja, das würde ich!"

„Oh — das klingt gefährlich. Da kann ich nur hoffen, daß niemand hiezu Anlaß gibt!"

Es war wieder in Gödöllö; ein goldfarbener Herbst leuchtete über dem Ungarland. Vergessen schienen die Tage der Not des vergangenen Frühlings, das hohe Wasser, das Mensch und Tier aus den Heimstätten vertrieb. Damals hatten Sissy und Franzl Seite an Seite die Not der Betroffenen zu lindern versucht. Und oftmals hatte einer des anderen Hände ergriffen, hatte ihn dankbar und ermunternd angeblickt. Die Gemeinsamkeit dieser Tage hatte Franzl und Sissy eng verbunden, und das Gefühl des Zusammenseins, das aus dieser Katastrophe in ihrem Land entsprang, hielt an.

Auch jetzt, als sie ihrem bewunderten Bay in Gödöllö wieder Aug in Aug gegenüberstand. Er war fast noch schlanker geworden. Ihr Wiedersehen glich einer Heimkehr in verbotenes Land.

Wäre sie doch keine Kaiserin! dachte er. Nein, er schämte sich seiner Gefühle nicht. Allein die Klugheit war es, die ihm

verbot, sie in Worte zu kleiden. Denn er wußte nur zu gut —
das hätte sofort das Ende bedeutet. Sissy hätte wohl nicht
anders handeln können und dürfen. Er glaubte sie zu kennen — so vertraut schien sie ihm, obwohl er von ihren Le-
bensumständen eigentlich nur wußte, was er in England
miterlebt hatte.

Im Grunde wußte auch Sissy wenig von ihm. Was man
ihr über sein Privatleben zugetragen hatte und immer noch
zutrug, paßte eigentlich nicht in das Bild, das sie sich selbst
von ihm machte. Täuschte sie sich in Bay? War er anders,
als sie ihn sehen wollte? War es ein Wunschbild, das sie sich
von diesem Mann geschaffen hatte? — Oder — und das
dürfte am ehesten zutreffen — wurde in ihrer Nähe, durch
ihren unmittelbaren, persönlichen Einfluß ein anderer Bay
aus ihm? Weckte sie seine guten Seiten, die sonst vielleicht
nicht so zur Geltung kamen?

Alle, die Bay Middleton gut genug kannten, bestätigten
dies später übereinstimmend, und sie wunderten sich. Er
schien Wachs in ihren Händen. Das wilde Rauhbein Bay
wurde zum gezähmten Wolf. Wenn es je eines Beweises be-
durft hätte, daß er sie liebte — dies war er.

Es war aber mehr ein Gefühl, das Sissy sagte, daß es sich
so verhielt. Und es war ein beglückendes Gefühl. Der Mann
liebte sie nun, der sich ursprünglich beinahe geweigert hatte,
in ihren Dienst zu treten, weil sein Selbstwertgefühl ein Beugen vor gekrönten Häuptern nicht zuließ.

Er tat es auch jetzt noch nicht. Ging erhobenen Hauptes
an ihrer linken Seite den Ställen zu, die sie in Gödöllö hatte
errichten lassen. Er wollte ihr die Pferde zeigen, die er von
England herübergebracht hatte. Zwei von ihnen hatten die
Fahrt nicht gut überstanden. Sie waren während der Reise
im Viehwaggon erkrankt.

„Alle übrigen sind völlig in Ordnung", versicherte er, „nur Mary Rose und Sultan Harun machen mir Sorgen."

„Ist der Tierarzt verständigt?"

„Er ist schon bei ihnen, sie werden eben untersucht."

„Sehr gut, Bay. Ich hoffe, es ist nichts Ernstes. Um diese beiden täte es mir besonders leid."

„Ich habe sie in abseitige Boxen stellen lassen, für alle Fälle. Aber ich nehme an, daß sie sich in ein paar Tagen wieder erholen werden. Vielleicht liegt es am Futter, vielleicht am Wasser, ich weiß es nicht. Möglicherweise reagieren sie auch bloß auf die Veränderung ihrer Umgebung so."

„Ja, ich weiß, Pferde sind sehr sensibel. Ob sie mich wiedererkennen?"

Dumpfer, warmer Stallgeruch schlug ihnen entgegen, als sie das Gebäude für die Pferde betraten. Die Tiere schnaubten freudig auf, als Sissy in die Boxen trat, die Ankömmlinge beim Namen nannte, ihre Hälse tätschelte, ihnen zärtlich über die Nüstern strich und sie mit Brotscheiben belohnte.

„Sie erkennen mich, Bay, sie erkennen mich wirklich!" freute sie sich beglückt.

„Und nun sollten wir zu den beiden Patienten schauen", erklärte Bay, der bewundernd das Bild der schönen, schlanken Frau an der Seite ihrer edlen Pferde betrachtete.

„Ja, gehen wir, Bay", nickte sie.

„Ich nehme an, daß wir den Tierarzt noch in den Boxen treffen", meinte Middleton. „Dann kann er ja gleich selbst sagen, was seine Meinung ist und wie die Tiere behandelt werden müssen."

„Führen Sie mich zu den Boxen", bat Sissy.

Bay Middleton hatte die beiden kranken Pferde am äußersten Ende des Stalles unterbringen lassen. Sie standen ruhig an der Krippe und schienen vor sich hin zu dösen. Es lag

102

reichlich frisches Futter in ihren Krippen, aber sie fraßen nicht.

„Wo ist der Tierarzt?" fragte Sissy, da sie den Viehdoktor nirgends erblickte.

„Er muß schon gegangen sein", vermutete Bay Middleton. „Er hat wohl den rückwärtigen Ausgang benutzt."

„Ich will mir die Tiere einmal selbst ansehen", meinte Sissy stirnrunzelnd. „Ich glaube, ein wenig verstehe ich auch davon!"

„Ich bleibe bei Ihnen; es sei denn, Sie wünschen, daß ich nach dem Tierarzt sehe, damit Sie ihn sprechen können."

„Nein, Bay. Bleiben Sie, bitte!"

Er nickte. Die Stimmen zweier Stallburschen verklangen beim Verlassen des Gebäudes. Sissy, Bay und die Tiere waren allein.

Sissy strich den Pferden beruhigend über das Fell und besah sie sich genau. Sie untersuchte Augen und Mäuler und konnte eigentlich keine verdächtigen Anzeichen feststellen.

Doch plötzlich fühlte sie eine eigenartige Spannung. Im Halbdunkel des Stallgebäudes sah Sissy, wie kleine Schweißperlen auf Bays Stirne glänzten. Die Spitzen seines Schnurrbartes bebten, und seine Fäuste ballten sich. Sissy befiel ein Zittern. Sie konnte Bays Gedanken von seiner Stirn ablesen. Sie schloß die Augen. Die Versuchung, sich hinzugeben, wunschlos hineinzugleiten in einen Abgrund der Seligkeit, war groß. Sich einfach fallen lassen — und aufgefangen werden von zwei starken Armen, die Bay gehörten! Sie konnten Pferden wie auch Frauen seinen Willen aufzwingen. Aber einer Sissy nicht.

„Bay", hauchte sie leise, und er spürte die Erregung in ihrer Stimme.

„Ja?" fragte er stockend und trat einen Schritt näher.

„Bay — wir wollen Freunde bleiben! Das haben wir uns doch vorgenommen. Wir wollen uns das nicht verderben, nicht wahr?"

Mit einem verhaltenen Stöhnen trat er von ihr zurück und wandte sich ab. Eines Wortes war er nicht fähig.

Die Pferde schnaubten. Eine Männerstimme und Schritte wurden laut. Das ernüchterte ihn.

„Das muß der Tierarzt sein", riß er sich zusammen. „Er kommt anscheinend nochmal zurück."

Sissy dankte ihrem Schutzengel dafür und rief erleichtert: „Doktor, sind Sie das?"

„Gewiß, Majestät", kam es zurück. „Ich habe nur ein Mittel geholt, das ich Ihren Pferden unters Futter mischen will. Danach werden sie wieder Appetit kriegen. Die Tiere sind irritiert, weiter nichts. Organisch sind sie gesund. Sie brauchen ein bißchen Ruhe, und dann nichts wie raus ins freie Land mit ihnen. Das wird den Pferden gut tun. Aber nehmen Sie sie zu Beginn nicht hart her, Majestät! Sollten sich dennoch Probleme einstellen, dann bitte ich, mich zu rufen."

Sissy fiel ein Stein vom Herzen. Sie sah zu, wie der Doktor sein Mittel unter das Futter mischte, und zu dritt verließen sie dann das Stallgebäude.

„Pferde", brummte der Doktor, „nun, Ihnen, Majestät, brauche ich nichts über sie zu erzählen. Man sollte nicht glauben, wie empfindlich edle Pferde sind. Lauter Prinzessinnen und Prinzen! Nun, so werden sie ja auch bei Ihnen gehalten!"

„Das heißt, sie unnötig verwöhnen", knurrte Middleton mißgestimmt. „Ich für meine Person gestatte den Pferden, die mir gehören, keine Allüren — und ich könnte mir dergleichen auch nicht leisten!"

104

Zu Sissys Verwunderung verabschiedete er sich abrupt und gab vor, noch in seinem Quartier zu tun zu haben. Sie sah ihn den ganzen Abend nicht. Sie wußte, welches Zimmer ihm angewiesen worden war, und wagte einen Blick durch ihr Fenster; hinter dem von Bay Middleton brannte kein Licht.

„Das wundert mich", sagte sie sich. „Wo mag er bloß stecken?"

Er saß in trübseliger Stimmung in einer nahen Csarda bei einem Glas Tokayer und war fest entschlossen, sich vollaufen zu lassen. Er fühlte sich fremd, verlassen und elend. Er kannte keine Menschenseele hier und verstand kein Wort von dem, was die Leute redeten. Doch, sagte er sich, er hätte sich nach dem Gespräch mit Sissy von heute nachmittag auch in seinem Club drüben in England nicht besser gefühlt.

Dieser Tokayer war ihm ebenso ungewohnt wie das ganze Milieu. Doch die Sprache der Zigeunermusik verstand er. Die Czigany stellten sich an den Tisch des Fremden; daß er in trübseliger Stimmung war, sah man ihm an. Der Klang ihrer Fideln wirkte schließlich im Verein mit dem süßen, schweren Wein wie eine Art Opium — es betäubte ihn.

Der Mond stand schon hoch am Himmel, als Bay Middleton heimwärts torkelte. Eine große Gleichgültigkeit hatte ihn erfaßt. Er hatte jetzt nur noch eine Sorge: halbwegs mit Anstand in sein Bett zu kommen.

Am anderen Morgen weckte ihn der Stallbursche aus einem tiefen Schlaf. Bay fand nur schwer zu sich selbst und hielt fluchend seinen Brummschädel über das Wasserbekken, während er gleichzeitig den Porzellankrug darüber hielt und sich kalt begoß.

„Brrr, verdammt!" fluchte er. „Dieser ungarische Wein hat es aber in sich!"

Allmählich kam ihm die ganze Situation wieder zu Bewußtsein. Sissy hatte klaren Kopf behalten, er den seinen fast verloren. Welch ein Glück, daß der Tierarzt gerade zur rechten Zeit gekommen war! Dann kleidete er sich an. Man stellte ihm inzwischen sein Frühstück auf den Tisch. Bay mußte sich fertigmachen, denn schon heute morgen hatte Sissy den ersten Ausritt befohlen.

Middleton schärfte sein Rasiermesser am Lederriemen, der an einem Haken an der Wand befestigt war, seifte sich gründlich ein und kratzte dann beharrlich an seinem Bart.

„Au!" Nun hatte er sich auch noch geschnitten. Recht geschieht mir, dachte er sich. Vielleicht komme ich jetzt zur Besinnung. Und er würgte hastig ein paar Bissen hinab.

Gestiefelt und gespornt trat er eine Viertelstunde später Sissy gegenüber. Seine Stirn lag in nachdenklichen Falten.

„Guten Morgen", begrüßte ihn Sissy und schwang sich in den Sattel.

„Guten Morgen, Madam", antwortete Bay reserviert.

„Ist alles in Ordnung?" fragte sie verwundert.

„Oh", brummte er, „ich dachte nur eben daran, daß ich mich wohl nach meiner Rückkehr nach England — verloben werde!"

Es traf sie fast wie ein Schlag. Zu überraschend kam es aus seinem Mund. Von ihm aus gesehen war es eine Trotzreaktion. Ob es die Situation besser machte, wußte er nicht; es veränderte sie jedenfalls.

„Sie wollen sich verloben?" fragte Sissy, als wolle sie sich durch eine Wiederholung seinerseits vergewissern, sich nicht etwa verhört zu haben.

„Ja, doch", knurrte er, stieg auf und gab seinem Pferd die Sporen, so daß es schmerzhaft aufwieherte und beinahe durchging.

106

„Aber", rügte ihn Sissy, die sehr wohl merkte, daß diese Roheit seinem Drang, sich abzureagieren, entsprang.

Bay sagte nichts und übernahm die Führung. Er sprengte in ein Gelände hinaus, das Sissy besser kannte als er. Dennoch blieb sie hinter ihm. Bei dem Tempo, das er vorgab, flog ihr Hut davon, und ihr Haar löste sich und flatterte wie eine wogende Mähne im Wind.

„Halt, mein Hut", rief Sissy aus.

Er schien sie gar nicht zu hören. Sie hielt an, stieg ab, klopfte den Staub vom Hut ab und befestigte ihn und das Haar mit einer Nadel, die sich vorhin bei dem scharfen Ritt gelöst hatte.

Middleton war aus ihrem Gesichtskreis entschwunden. Sie hörte nur noch das sich entfernende Wiehern seines Pferdes und folgte der Richtung, aus welcher der Laut kam.

„Bay!" rief sie bald darauf, während ihr Pferd förmlich dahinflog. „Bay, warten Sie!"

Er aber hörte sie nicht. Obwohl sie die Ursache seiner Erregtheit war, dachte er im Augenblick nur im Unterbewußtsein an sie. Vordergründig beschäftigte ihn sein ihn selbst überraschender Entschluß.

Eine Heirat würde sein ganzes Leben verändern. Wahrscheinlich bedeutete sie das Ende alles dessen, was ihm bisher das Dasein lebenswert gemacht hatte. Doch eines konnte sie ihm wenigstens bringen, und das sollte sie auch. Er war entschlossen, sich so teuer wie möglich zu verkaufen. Ein Vermögen zu erheiraten, wenn er sich schon an eine Frau binden sollte, die er nicht liebte.

Im letzten Augenblick erst sah er das Hindernis; einen schmalen Bewässerungsgraben, unter normalen Umständen für ihn ein Kinderspiel. Doch diesmal reagierte er zu spät. Sein Brauner stolperte; Bay Middleton, Englands bester Reiter, flog in hohem Bogen aus dem Sattel und landete höchst unsanft in einem Gestrüpp.

„Bay!!"

Er hörte Sissys erschrockenen Ausruf; sie hatte im Näherkommen seinen Sturz beobachtet. Und nun hielt sie auch schon neben ihm. Sie glitt aus ihrem Sattel, während ihr Rappe mit zitternden Flanken stehen blieb.

„Au, verdammt", fluchte Middleton in seiner Muttersprache.

Sissy kniete neben ihm hin und bettete seinen Kopf auf ihr Kleid. Mit ihrem Taschentuch trocknete sie seine schweißbedeckte Stirn.

„Haben Sie Schmerzen?" fragte sie, aufs höchste besorgt. „Bay, das habe ich ja bei Ihnen noch nie erlebt!"

„Nun haben Sie's eben", stöhnte er, schloß die Augen und genoß ihre zärtliche Fürsorge, denn sie tat ihm unsäglich wohl und gut.

„Bay, mein lieber Bay!" Sissys Besorgnis wuchs. „Sagen Sie doch: Haben Sie Schmerzen? Können Sie aufstehen? Oder haben Sie sich etwas gebrochen? Soll ich Hilfe holen?"

Da blinzelte er sie schelmisch aus halboffenen Lidern an.

„Um Himmels willen", bat er, „nur das nicht! Endlich habe ich es geschafft: wir sind allein, niemand stört uns!"

„Bay!" sprang sie empört auf, und der arme Middleton plumpste unsanft vollends hintenüber.

„Wie können Sie nur so grausam sein", brummte er, „einen Schwerverletzten derart zu behandeln!"

„Sie und schwerverletzt!" ärgerte sich Sissy und stemmte die Hände in die Hüften. „Wo sind Sie schwerverletzt, ha?"

„Innerlich", brummelte er, „ganz tief drinnen!"

Und er deutete, während er sich erhob und wieder gerade aufzurichten bemühte, auf sein Herz.

Sissy wandte sich ab.

„Ich dachte, Sie wollen sich verloben", stellte sie fest.

„Will ich auch. Verzeihung . . ."

„Und wer ist die Unglückliche? Kenne ich sie etwa?"

„Ich glaube, nein", sagte er und trat hinter sie.

Er war versucht, sie an sich zu ziehen und zu küssen. Er spürte den zarten Duft ihres Veilchenparfums und blickte hinab auf ihre schmalen, zarten Frauenschultern. Die Sonne warf lange, herbstliche Schatten.

Sie wandte sich um. Die Absätze ihrer Reitstiefel gruben sich in das weiche Erdreich, das Bay Middletons Sturz gemildert hatte.

„Ihnen fehlt gar nichts", bemerkte sie wütend. „Ich hätte es mir denken können!"

Er half ihr in den Steigbügel und umfaßte dabei ihre Taille, die so schmal geschnürt war, daß er sie mit seinen Männerhänden beinahe umfassen konnte.

Dann saß auch er auf, nachdem er sein Pferd beruhigt hatte. Sissys Frage nach seiner Verlobten hatte er noch immer nicht beantwortet.

Seite an Seite ritten sie jetzt im Schritt dahin.

„Wer ist es? Ich will es wissen", bohrte Sissy. „Erzählen Sie mir von ihr, wie sie ist!"

„Oh", brummte er obenhin. „Sie ist — nicht übel. In Pfund Sterling ausgedrückt sogar eine Schönheit."

„Das ist doch nicht Ihr Ernst?"

„Wieso nicht? Wenn man nicht bekommen kann, was man begehrt, nimmt man eben das Beste von dem, was sich bietet."

„Bay, hören Sie auf, so zu reden, sonst schicke ich Sie augenblicklich nach England zurück, zu ihrer — schönen Auserwählten. Wie ist ihr Name?"

„Charlotte Baird", gab er widerwillig Auskunft.

„Und was hat es mit ihr auf sich?"

„Die Bairds besitzen Kohlengruben", knurrte er. „Ihr Land grenzt an meins, und — ich habe ihnen schon eine Menge davon verkauft."

„Auf diese Weise wollen Sie es wieder an sich bringen", erkannte Sissy, „und womöglich das der Bairds dazu?"

„Ja", gab Middleton finsteren Blicks zu. „Ihre Brüder mögen mich ja nicht besonders leiden, aber Charlotte — nun ja, sie wäre mit mir längst ins Bett gegangen, wenn ich gewollt hätte. Nun aber werde ich ja wohl müssen", setzte er mit verzweifeltem Grinsen hinzu.

„Sie tut mir leid", versetzte Sissy. „Sie machen weder sich noch das arme Mädchen glücklich."

„Aber wieso? Sie erhält, was sie will, und ich auch. Überhaupt: was ist das schon, Glück? Ein jeder versteht darunter was anderes. Sie sind glücklich im Sattel. Charlotte, wie ich sie kenne, wenn sie mich erobert hat."

„Bay, wie Sie reden — so kenne ich Sie gar nicht!" rügte ihn Sissy neuerlich.

Er schien dieses Mädchen weder zu lieben, noch zu achten. Was sollte das bloß für eine Ehe werden!

„Ist es schon offiziell?" vergewisserte sie sich. „Ich meine: haben Sie schon um ihre Hand angehalten?"

„Nein", gab er zu, „sie hat es mir zwar in den Mund gelegt, aber ich habe bisher gezögert. Nun aber bin ich wohl in dem Alter, in dem ein Mann, wie man so sagt, vernünftig werden muß. Also gut, ich will vernünftig werden. Ich muß an meine Zukunft denken. Ich kann nicht davon leben, daß ich Stück für Stück von dem Land verkaufe, das ich von meinem Vater erbte. Die Pferde kosten mich mehr, als sie einbringen. Ich verkehre in einer Gesellschaft, in der Geld keine Rolle spielt. Sie nehmen keine Rücksicht darauf, daß das bei mir nicht so ist, und ich kann es auch nicht an die Glocke hängen, denn dann wäre ich out."

Es war, als hielte er ein Plädoyer für seine Absicht, die ihm wohl selbst nicht ganz geheuer war. Er schien mehr sich als Sissy von der Notwendigkeit dieser Heirat überzeugen zu wollen und redete noch eine ganze Weile weiter. Aber er sprach nur von wirtschaftlichen Überlegungen und erwähnte Charlotte Baird dabei mit keiner Silbe.

„Und wie ist sie denn?" fragte Sissy daher. „Ist sie blond oder dunkel? Und was hat sie für Augen? Ist sie groß, ist sie zart? Bay, ich habe Sie nach dem Mädchen gefragt und nicht nach ihrem Konto."

„Ist doch egal, wie sie aussieht", knurrte Bay Middleton.

„Ein Glück, daß sie Sie nicht hören kann", bemerkte Sissy. Sie verbarg ihre Verstimmung nicht. Sie war sehr enttäuscht von Bay, in mehrfacher Hinsicht. Aber es sollte noch schlimmer kommen.

Sissy hatte von diesem Ausritt genug. Bay Middleton hatte ihr für den Rest des Tages die Laune verdorben, und ziemlich schweigsam kehrte sie zu den Ställen und von dort ins Schloß zurück.

Sie setzte sich hin und schrieb an Franzl nach Wien, daß es schön wäre, wenn er wenigstens für ein paar Tage Zeit fände, zur Jagd nach Gödöllö zu kommen.

Im Laufe des Nachmittags erfuhr sie, daß sich Middleton Baron Nopsca angeschlossen hatte, der dienstlich in die Burg nach Budapest mußte. Da Middleton noch keine Gelegenheit gehabt hatte, Budapest zu besichtigen, hatte er den Baron gebeten, ihn mitzunehmen.

Middleton hätte dies aber Sissy melden müssen. Gewiß hätte sie ihm die Bitte nicht abgeschlagen und nichts gegen seinen Stadtbummel einzuwenden gehabt. So aber verletzte sie die an Unhöflichkeit grenzende Eigenmächtigkeit noch mehr.

Was will ich eigentlich, fragte sie sich. Er ist ein freier Mann und britischer Staatsbürger. Im Grunde habe ich ihm nichts zu befehlen. Er kann und mag auch diese Charlotte Baird heiraten, wenn er durchaus will. Ich kann es ihm nicht verbieten! Überhaupt, ich bin eine Frau, deren Sohn soeben seine eigene Hochzeit vorbereitet. Ich bin kein verliebter Backfisch. Ich habe einen Mann, der mich liebt und den ich gleichfalls liebe.

Um halb acht Uhr abends, während des Diners, begann sich die Festetics um Baron Nopsca Sorgen zu machen; denn normalerweise hätte er längst aus Budapest zurück sein müssen.

„Und Middleton?" fragte Sissy stirnrunzelnd. „Ist er etwa auch noch nicht da?"

Die Gräfin ließ nachfragen und erhielt verneinenden Bescheid.

„Es wird den beiden Herren doch nichts passiert sein?" fragte Sissy voll Besorgnis.

„Der Reiter ist Engländer und versteht kein Wort Ungarisch", meinte Marie Festetics.

„Aber sie sind doch mitsammen unterwegs", erinnerte Sissy.

„Ja, das sollte man meinen", überlegte Marie. „Doch — wie, wenn sie sich getrennt haben? Vielleicht hat der Baron in der Burg länger zu tun gehabt, und Mister Middleton machte sich inzwischen selbständig?"

„Oh", runzelte Sissy die Stirn, „Wenn sie einander aus den Augen verloren haben — das wäre gar nicht schön. Man muß sofort in der Burg nachfragen!"

Ein an das Sekretariat der Königin gerichtetes Telegramm wurde vom Journalbeamten beantwortet. Es sei niemand mehr im Büro, doch habe er aus der Journaleintragung ersehen, daß der Baron um vier Uhr nachmittags hiergewesen sei und gegen halb fünf die Burg verlassen habe.

„Es muß ein Unglück geschehen sein", rief die Festetics.

Sissy brachte keinen Bissen mehr hinunter. Mehr noch als um den treuen Baron sorgte sie sich um Bay Middleton, der schließlich fremd im Lande war und für den sie sich in besonderem Maße verantwortlich fühlte.

„Was sollen wir tun?" fragte Sissy. „Ich bin ratlos . . . wo soll man nach den beiden suchen, wo könnte man sie finden?"

„Womöglich ist die Sache ganz harmlos. Der Baron hat Mister Middleton vielleicht bloß in ein Weinlokal mit Zigeunermusik geführt", vermutete Marie, der eben diese plausible Möglichkeit einfiel.

„Ja, so wird es sein", schloß sich die Ferenczy dieser Meinung an. „Das gehört doch schließlich unbedingt dazu, wenn man Budapest erleben will."

„Hoffentlich ist es so", seufzte Sissy besorgt und sah gleichfalls einen Hoffnungsschimmer.

Doch keine Viertelstunde darauf erschien der reichlich aufgelöste Baron im Schloß und schlug Alarm.

Marie Festetics hatte mit ihrer ersten Vermutung recht gehabt; und danach war die Sache — so der Baron — völlig schiefgelaufen.

„Ich brachte ihn ins ‚Hangl' am Franz-Josefs-Kai", erzählte Nopsca ganz außer Atem. „Es ist schließlich das schönste Café in Budapest, mit der besten Mehlspeise und der schönsten Aussicht. Er hat versprochen, dort auf mich zu warten. Ich bin dann hinüber in die Burg . . . dort war ich höchstens eine halbe Stunde. Und wie ich zurück bin ins Café Hangl, war der Middleton nicht mehr da . . . Er ist, hat mir der Ober gesagt, mit einer Dame weggegangen . . ."

„Mit einer Dame?!" staunte Sissy.

„Das hat der Ober erzählt", versicherte der Baron nochmals und tupfte sich den Schweiß von der Stirn. „Aber vielleicht, Majestät, war die ‚Dame' gar keine Dame . . .!"

3. Jagdzeit

Ida und Marie hielten sich vor Schreck die Hände vor den Mund und starrten erschrockenen Auges zuerst auf den Baron, der sich solches zu äußern erlaubte, und dann auf Sissy.

„Aber", stieß diese hervor, „er wird doch nicht —?"

„Warum nicht?" fragte Nopsca harmlos. „Er ist doch — nun, eben ein Mann, und ein Mann braucht sowas normalerweise. Anders rum ist der sicher nicht . . . Nicht, daß ich je den Eindruck gehabt hätte!"

„Baron!" rief die Festetics und erhob sich empört von ihrem Stuhl. „Wie können Sie es wagen, im Beisein Ihrer Majestät solche Themen zu erörtern! Das gehört doch wirklich nicht hierher."

„Aber das gehört sicher hierher", verteidigte sich Nopsca. „Ich hab' daraufhin gleich sämtliche Möglichkeiten, die ich kenn', ein jedes Haus, in dem er hätt' sein können, mein' ich, abgeklappert. Der Fiaker hat fast zehn Gulden gekostet, Majestät . . . Und er hat mich außerdem für narrisch g'halten, weil ich nirgendwo drin 'blieben bin . . ."

„Ja, sagen Sie denn, Baron, woher haben Sie denn solche

114

Kenntnisse verworfener Lokalitäten?!" stöhnte die Festetics und fiel wieder auf ihren Stuhl, einer Ohnmacht nahe.

„Nun, Majestät, ich hab' mir keinen anderen Rat gewußt", rang indes der Baron verzweifelt die Hände.

„Und — haben Sie ihn wenigstens gefunden?" rief Sissy.

„Nicht die Spur", jammerte der Baron, „am End' liegt er irgendwo an der Donau . . . vielleicht habens' ihn abgestochen und umgebracht!"

Die arme Festetics tat einen kläglichen Japser, griff sich ans Mieder und verdrehte den Blick.

„Da haben Sie's", riß die Ferenczy ihr Riechfläschchen hervor. „Nun ist sie tatsächlich hinüber!"

Doch die Arme kam bald wieder zu sich; schließlich wollte sie sich kein Wort von dem atemberaubenden Abenteuer des Barons entgehen lassen.

„Nein", japste sie, „Baron Nopsca, von Ihnen hätte ich dies nicht erwartet! Daß Sie sich in solchen Spelunken auskennen, sieht man Ihnen gar nicht an!"

„Nicht wahr?" meinte der Baron belustigt, um gleich darauf wieder mit seinem Lamento fortzufahren: „Ich bin dann natürlich zur Polizei . . . Ich wollt's vermeiden, aber ich konnte es einfach nicht verantworten, nichts zu unternehmen und hierher zurückzufahren. Möglicherweise haben ihn sogar Zigeuner verschleppt —"

„— und er wird als Gulyas zubereitet", versetzte Sissy mit beißendem Spott. „Baron, machen Sie sich nicht lustig über uns. Budapest ist eine große Stadt. Er wird sich verlaufen haben, sich nicht zurechtfinden, umherirren. Vielleicht ist er auch noch wo eingekehrt, sitzt womöglich sogar in der Oper, während wir uns hier Sorgen um ihn machen."

„Daran kann ich nicht recht glauben, Majestät", wandte der Baron ein. „Es war fest ausgemacht, daß wir einander im ‚Hangl' treffen. Ich war noch zweimal dort; er ist nicht wiedergekommen. Als letzter Ausweg fiel mir nur mehr die Polizei ein. Falls er sich wirklich verirrt hat, wie Majestät zu meinen belieben, dann wird er doch wohl klug genug sein, die nächste Polizeiwachstube aufzusuchen. In diesem Fall wird man uns sofort mittels Telegramm verständigen. Dann können wir ihm einen Wagen in die Stadt schicken und ihn abholen lassen."

„Das ist vernünftig gedacht", stellte Sissy nach kurzem Überlegen fest. „Es bleibt uns also nun nichts anderes übrig, als zu hoffen und zu warten", fuhr sie stirnrunzelnd fort.

„So ist es, Majestät; das ist so ziemlich das einzige, was wir tun können."

„Schön", meinte Sissy ärgerlich und erhob sich, „dann warten wir eben auf Mister Middleton!"

Die kleine Tafel war aufgehoben. Der Baron ging in die Küche, um sich noch etwas auf sein Zimmer servieren zu lassen. In seinem Magen knurrte es gewaltig; denn bei all dem hatte der Arme seit Mittag keinen Bissen gegessen.

Es wäre gelogen, wollte man behaupten, daß Sissy auf Bay Middleton gut zu sprechen gewesen wäre. Aber Sorgen machte sie sich trotzdem um ihn. Ein Fremder, der die Landessprache nicht beherrschte und völlig ortsunkundig war, allein in einer großen Stadt — da konnte wirklich allerhand passieren. An Lebensgefahr für Bay dachte sie nicht, er war ein kräftiger und gewandter Mann, der sich sehr wohl zu verteidigen wußte. Verdächtig war nur der Umstand, daß er einer fremden Frau gefolgt war. Wer war sie? Eine Prostituierte, wie der Baron annahm? Middleton hatte in Budapest keine Bekannte. Doch — daß er sich so ohne weiteres ansprechen ließ und auf diese riskante Weise ein Vergnügen suchte?

116

Das Telegramm kam um drei Uhr morgens. Es stammte von einer Polizeiwachstube einer Budapester Vorstadt. Dort saß Bay Middleton, schwer benommen, ohne Geld und Papiere, die man ihm gestohlen hatte, und wartete auf Hilfe aus Gödöllö.

Der Baron hatte mit seinen Vermutungen so ziemlich recht gehabt. Doch es war nicht Leichtsinn gewesen, welcher Bay veranlaßt hatte, einer ihm fremden Frau von gutem Aussehen, guten Manieren und in teurer Kleidung zu folgen und mit ihr eine Kutsche zu besteigen, die ihn angeblich in ihre Wohnung bringen würde. Es war — ebenso wie die Ankündigung seiner Verlobung mit der ungeliebten Charlotte Baird — eine Trotzreaktion auf Sissys Verhalten gewesen.

Sein eigener Satz: „Wenn man nicht kriegen kann, was man begehrt, nimmt man eben, was sich bietet", war ihm dabei durch den Kopf gegangen. Sissy sollte nur sehen, daß er nicht dafür geschaffen war, bloß der stille Anbeter zu sein. Ich bin die ganze Zeit über ein Narr gewesen, der sich zum besten halten ließ, redete es in ihm. Ich bedeute ihr nichts — wie sollte es auch anders sein. Ich bin für sie, die Majestät, doch nicht mehr als ein besserer Pferdeknecht. Nun wird es aber langsam Zeit, daß ich aufwache . . .

Deshalb war er mitgegangen, wohl wissend, worauf er sich womöglich einließ. Es war ihm egal. Zorn auf Sissy kochte in ihm. Und diese Marika — nun, sie war käuflich, aber teuer. Eine für „bessere Herren", die sich das leisten konnten, nahm er an. Und er zählte sich zu solchen Männern.

Doch diese Frau war nur eine Schlepperin. Ein Lockvogel, der ihn in ein zweitklassiges Hotel brachte. Spätestens hier hätte er erkennen müssen, was ihn erwartete. Der

Sekt, den er bestellte, wurde in einem Moment, in dem er unaufmerksam war, mit einem Mittel versehen, das ihn in einen Rauschzustand versetzte, in dem er nicht mehr klar wahrnehmen konnte, was mit ihm geschah. Auf der Polizei gab er an, drei Männer hätten ihn aus dem Zimmer getragen. Als er wieder zu sich kam, lag er an einem Bahndamm; er hörte einen Zug heranrattern, verlor aber das Bewußtsein. Er mußte hernach mehrere Stunden geschlafen haben und sei erst gegen Mitternacht aufgrund der Kälte aufgewacht.

Taumelnd kam er hoch; ihm war speiübel. Immerhin konnte er feststellen, daß er total ausgeraubt worden war. Die Brieftasche mit seinem Geld, seine Ausweispapiere, die goldene Uhr samt Kette, ja selbst seine Ringe fehlten. Er hatte nichts als das, was er auf dem Leib trug.

„Verflucht!" rief er und versuchte seiner fünf Sinne Herr zu werden.

Der Vollmond grinste von einem kalten, wolkenlosen Himmel auf ihn herab, als ob er ihn verspotten wolle. Herbstwind pfiff über den Bahndamm und wehte ihm fallende Blätter ins Gesicht. Das Mittel, das man ihm eingegeben hatte, wirkte noch immer; er hatte rasende Kopfschmerzen und fühlte sich schwindlig, als er zu gehen versuchte.

Von irgendwoher trug ihm der Wind die Glockenschläge einer Kirche zu. Bay befand sich auf offenem, flachem Land. Trotz des hellen Mondlichts konnte er keine Häuser erkennen. Wohin sollte er sich wenden, in welche Richtung gehen? Er mußte Leute finden, die ihm weiterhelfen konnten. Er wollte um alles in der Welt zurück nach Gödöllö!

Er lief Gefahr, ins offene Land hinauszulaufen und dort bis zur Erschöpfung umherzuirren. Immerhin — in ein paar

Stunden wurde es ja wohl Tag. Wie, wenn er einfach hier sitzen blieb und den Sonnenaufgang abwartete?

Dazu war er zu ungeduldig, obwohl dies vielleicht ganz vernünftig gewesen wäre. Er suchte sich zu erinnern, aus welcher Richtung das Glockenläuten geklungen war, und stolperte danach über ein Stoppelfeld, sich selbst verwünschend, drauf los.

Dann hörte er einen Hund bellen, und schließlich erblickte er die Umrisse niedriger Häuser. Er befand sich am Stadtrand.

Das erste Haus, das er erreichte, glich einem bäuerlichen Anwesen. Bay pochte ans Tor, ein Hund bellte, aber drin blieb alles still, niemand öffnete ihm.

Nach einigen vergeblichen Versuchen tappte Bay weiter, eine stadteinwärts führende Straße entlang. Er begegnete keiner Menschenseele. Seine Kehle war wie ausgedörrt, sein Magen knurrte.

Wieder versuchte Bay an einem Haus sein Glück und wieder vergebens. Man hörte ihn nicht oder wollte einfach nicht öffnen. Er lallte auf englisch, was tatsächlich ziemlich bedrohlich klang. Endlich erblickte er an einer Straßenecke beleuchtete Fenster. Es war eine Polizeiwachstube.

Und hier zeigte sich, daß Baron Nopsca absolut richtig gehandelt hatte. Denn unter anderen Umständen hätte man Bay als offenbar betrunkenen Ausländer ohne Papiere wohl gleich kurzerhand in den Arrest gesteckt. So aber behandelte man ihn mit höflicher Reserve. Zwar gab es arge Schwierigkeiten in Hinblick auf die Verständigung, denn von den diensthabenden Beamten konnte keiner Englisch. Doch immerhin gelang es Bay, sich einigermaßen verständlich zu machen, indem er immerfort das Wort „Gödöllö" wiederholte. Bloß, wenn er den Namen „Erszebeth" aussprach, von dem er wußte, daß er der ungarische Ausdruck für Elisabeth war, sprangen die Polizisten hoch, nahmen Haltung an, salutierten und riefen „Eljen!", was den armen Bay an den Rand der Verzweiflung brachte.

Immerhin konnte sich Bay säubern und den Schädel wieder einmal unter Wasser halten, während das Telegramm nach Gödöllö abgeschickt wurde. Es war schon heller Tag, als er einen starken Kaffee erhielt. Fast gleichzeitig mit der Postenablöse kam der Wagen mit dem unausgeschlafenen Baron, der Bay mit einem Schwall an Vorwürfen begrüßte; worauf die Polizisten erkannten, daß ihr nächtlicher Besucher der richtige Mann war, den man suchte.

Der Baron vervollständigte Bay Middletons zum Teil völlig unverständlich gewesene Angaben für das Protokoll. Dann nahm er den Reitersmann kurzerhand mit in seine Kutsche und fuhr mit ihm nach Gödöllö.

Zunächst herrschte zwischen den beiden Männern eisiges Schweigen. Middleton fühlte sich, obwohl er nun in Sicherheit war, nicht wohl in seiner Haut. Wenn er sich jetzt Sissys Ungnade zugezogen hatte, dann war sie völlig im Recht. Wie würde sie ihn empfangen? Doch auch vom Baron gab es bereits ein Donnerwetter. Denn aus diesem brach es bald genug heraus:

„Was haben Sie sich bloß dabei gedacht?! Ich habe Sie mit in die Stadt genommen, ich war für Ihre Sicherheit verantwortlich! Wäre Ihnen etwas Ernstliches passiert, so wäre ich bei Hof erledigt gewesen, für alle Zeit! Die Kaiserin hätte mir das niemals verziehen. Ist Ihnen denn das nicht zu Bewußtsein gekommen?"

„Sie müssen verstehen", versuchte Bay, sich zu verteidigen.

Doch der Baron unterbrach ihn schroff. „So, muß ich?

Ich kann aber nicht, begreifen Sie! Sie haben unverzeihlich gehandelt. Wie ein Rekrut haben Sie sich benommen, der seinen ersten Ausgang hat. Von einem Mann Ihrer Erfahrung hätte ich mehr Klugheit und Besonnenheit erwartet. Was sich Ihre Majestät nun denkt, können Sie sich vielleicht vorstellen. Wenn Sie mich fragen: Sie sind unten durch! Und haben sich das selbst zuzuschreiben."

Bay lachte gequält: „Darauf kommt es jetzt auch nicht mehr an."

„So", knurrte der Baron bedrohlich. „Sie sind ein Egoist, Middleton. Jedermann konnte erkennen, daß Ihre Majestät Sie mit ihrer Gunst ausgezeichnet hat. Haben Sie überlegt, was sie empfinden muß, wie sie nun dasteht, da ihr bevorzugter Mister Middleton, der sich als ihr Ritter gab, im ersten besten Moment zu den Huren rennt?!"

„Baron", kam es warnend zurück, „treiben Sie es nicht zu weit!"

Nopsca schwieg erschrocken. Aber Bay erkannte, daß der Mann neben ihm ja recht hatte.

„Das Beste", setzte er deshalb hinzu, „wird wohl sein, wenn ich abreise."

„Was Sie tun oder nicht tun werden, bestimmt allein Ihre Majestät, die Kaiserin", wies ihn Nopsca zurecht.

Bay sagte nichts mehr. Er konnte nur noch seufzen.

Und dann sahen sie auch schon das Schloß vor sich, in welchem in wenigen Tagen die ersten Jagdgäste erwartet wurden.

Bay aber hatte schon gejagt und — war selbst auf der Strecke geblieben . . .

4. Herbstzeit in Gödöllö

Er sah Sissy erst am folgenden Vormittag. Er begegnete ihr mit einem verlegenen Lächeln. Sie war nicht nur seinetwegen übler Laune, auch ihre Masseuse hatte sie bereits am frühen Morgen ausgiebig malträtiert. Als sie Bay jetzt sah, verfinsterte sich ihr Blick.

„Na?" fragte sie spöttisch, „heimgefunden?"

„Madam, ich —"

Sie winkte ab: „Ich will nichts wissen. Ihre privaten Dinge gehen mich nichts an. Weder Ihre Verlobung noch Ihre sonstigen Eskapaden interessieren mich."

„Aber, verzeihen Sie —"

„Ich habe Ihnen nichts zu verzeihen. Solange Sie sich nichts zuschulden kommen lassen, Middleton, was Gödöllö in Verruf bringen könnte, können Sie meinetwegen tun und lassen, was Ihnen beliebt. Und nun wollen wir ausreiten."

Damit schnitt sie ihm jede Entschuldigung und jede weitere Erklärung ab. Er erkannte aber, wie tief er sie verletzt hatte und wie wütend sie auf ihn war. Er bedauerte nun seine gestrige Handlungsweise aufrichtig; aber er fürchtete, die Sache noch schlimmer zu machen, wenn er sich jetzt zu einer Schilderung seines inneren Zustandes verstieg, der das auslösende Moment für sein Budapester Abenteuer gewesen war. In der Erkenntnis, daß es besser sei, vorläufig wenigstens zu schweigen — bis sich vielleicht eine bessere Gelegenheit bot —, stieg er auf, nachdem er ihr in den Sattel geholfen hatte, und sie ritten in den kühlen Herbstmorgen hinaus.

„Sobald mein Mann und mein Sohn hierherkommen — das genaue Datum werde ich demnächst erfahren — müssen wir einige Jagden veranstalten", kündigte Sissy an.

122

„Ich wollte eigentlich", meinte Middleton, „um meine Verabschiedung bitten."

„Sie wollen abreisen? Warum?"

„Nun, nach allem, was vorgefallen ist, dachte ich, es wäre vielleicht besser —"

Sissy lachte schneidend.

„Sie wollen sich drücken! Sich's bequem machen. Aber daraus wird nichts! Wenn Sie jetzt abreisen, würde es heißen, ich hätte dies veranlaßt. Ich hätte Sie fortgeschickt, weil —"

„Weil —?" forschte er.

„— weil ich mir etwas daraus mache", ergänzte sie widerwillig. „Aber das ist nicht der Fall, nein, gar nicht!"

Sie richtete sich kerzengerade im Sattel auf und sprengte trotzig ihrem Vorreiter davon.

Middleton zerbiß einen Fluch zwischen den Zähnen und folgte ihr. Die Hufe der beiden Pferde flogen über den weichen, feuchten Boden dahin.

Sissy nahm eine Hecke im Flug, und gleich darauf folgte ihr Middleton. Ein weiteres Hindernis — ein Baumstamm — wurde von beiden im Nu genommen. Dann als Draufgabe kam noch ein Wassergraben.

Ein Bauer, der mit seinem Gefährt unterwegs war, hielt sein Gespann an und bestaunte bewundernd die beiden Reiter. Doch sie entschwanden bald seinen Blicken. Wie der Sturmwind ritten sie dahin.

Allmählich löste sich Sissys innere Verkrampfung. Der Ritt tat ihr gut. Nun fühlte sie sich wieder wohler. Und — was auch immer sonst mit ihm nicht in Ordnung sein mochte — ein guter Reiter war dieser Bay auf jeden Fall.

Tief atmend hielt sie schließlich an, und auch Bay kam neben ihr zu stehen. Wieder lag ein Lächeln auf seinem Gesicht; und der Charme, der von ihm ausging, schien Sissy einfach unwiderstehlich.

„Ich schaffe es einfach nicht, Ihnen böse zu sein", bemerkte sie unter einem befreienden Lachen.

„Sie ahnen nicht, wie sehr Sie mich mit diesen Worten glücklich machen", antwortete er.

„Glauben Sie nur ja nicht, daß ich nun wieder gut mit Ihnen bin", warnte ihn Sissy schelmisch.

„Oh — gibt es hier keinen Kohlenmeiler in der Nähe?"

„Weit und breit nicht", antwortete Sissy überrascht. „Wozu, um alles in der Welt, brauchen Sie denn einen Kohlenmeiler?"

„Der Asche wegen, die ich auf mein Haupt streuen will", antwortete er zerknirscht.

„Sie gehören gerädert und geviertteilt wie im Mittelalter!"

„Ganz, wie Madam belieben", antwortete er demütig.

„Ach", entfuhr es ihr mit einem leisen Seufzer, „ginge es wirklich nach dem, was ‚Madam' beliebt, dann —"

„Dann —?"

„Dann geschähe nichts von alledem, Bay."

Dann wandte sie sich ab, um ihm nicht ins Gesicht sehen zu müssen. Und mit einer herrischen Bewegung schwang sie sich wieder in den Sattel. „Aufgesessen", befahl sie barsch. „Es wird höchste Zeit, daß wir weiterreiten!"

Sie ritten einen weiten Bogen um das Schloß und kehrten dann zurück.

„Können Sie sich überhaupt vorstellen, was der arme Baron Ihretwegen ausgestanden hat, als er Sie in dem Café nicht mehr vorfand, in dem Sie auf ihn warten sollten? — Sie müssen sich etwas einfallen lassen, um ihn wieder für sich günstig zu stimmen", riet ihm Sissy schließlich, und dies mit gutem Grund.

Middleton war sich nämlich offenbar nicht im klaren darüber, welch großen Einfluß Nopsca bei Hofe besaß. Dies konnte sich nachteilig für ihn auswirken.

„Oh", brummte Bay stirnrunzelnd, „was soll ich tun? Würde ein Kniefall ihn besänftigen?"

„Da gibt es nichts zu scherzen, Bay", antwortete Sissy ernst. „Nopsca kann Ihnen mehr schaden, als Ihnen lieb ist, wenn er es darauf anlegt. Ich spreche im vollsten Ernst — Sie kennen unsere hiesigen Verhältnisse nicht."

„Nun", brummte Bay, „die sind wohl an allen Höfen ziemlich ähnlich. Sehr viel anders als bei der Queen wird es hier auch nicht zugehen. Immerhin, ich danke für den guten Rat. Ich werde ihn beherzigen."

„Ach, Bay, Sie bereiten einem fortwährend Kopfzerbrechen!" seufzte Sissy.

Die Sache mit Baron Nopsca regelte Middleton auf elegante Weise. Der Baron war zwar ein leidenschaftlicher, aber kein besonders guter Schachspieler; Middleton mußte sich geradezu bemühen, den Baron etliche Male gewinnen zu lassen.

Hocherfreut machte sich Nopsca daran, für Middleton neue Papiere zu beschaffen. Inzwischen kam Nachricht aus Wien: Franzl wollte am kommenden Wochenende für drei Tage nach Gödöllö kommen. Die Jagd- und Forstverwaltung sei bereits instruiert.

Nun geriet alles in helle Aufregung. Sissy mußte das Küchenpersonal instruieren für das Hofdiner zum Empfang der Gäste, und aus Wien kam eine Liste von Eingeladenen, die freilich schon in Ischl abgesprochen worden war; doch es waren noch einige Namen dazugekommen.

Da wurden erwartet: Graf Nikolaus Eszterhazy, Fürst Kinsky und sein Sohn Karl, Fürst Rudi Liechtenstein, Graf und Gräfin Larisch, Alexander und Hector Baltazzi, die Middleton aus England kannten und — als Besitzer eines prominenten Gestüts und als hervorragende Reiter — ebenso wie die Larischs zum engeren Kreis von Sissys Jagdfreunden gehörten. Neu hinzu kam die Baronin Vetsera, mit den Baltazzis verwandt. Neu auf der Liste war auch der ungarische Graf Elemer Batthyany. Und vor allem würde Sissy wieder ihren Sohn Rudi begrüßen dürfen; er sollte gemeinsam mit seinem Vater Franzl im Hofzug kommen.

Nicky Eszterhazy war — nach englischem Vorbild — der „Master" von Sissys Meute. Überhaupt wollte Sissy die ganze Reiterei samt Fuchsjagd nach englischem Muster durchführen lassen. Dafür war Middleton der anerkannte Organisator. Doch war leider bei so vielen Gästen samt Anhang, die erwartet wurden, kein Platz mehr im Schloß für ihn; Sissy ließ ihn deshalb in einem kleinen Lusthaus unterbringen, in dem er ungestört war.

Die ersten Gäste trafen schon am Mittwoch ein. Es wurde unversehens recht lebendig in Gödöllö. Aber die Schloßverwaltung war auf derlei vorbereitet, und die Ankömmlinge fanden ihre Zimmer bereit.

Einer der ersten war Fürst Eszterhazy, der sich um die Hunde kümmern mußte, die im Gestüt Kisber untergebracht waren, wo auch Sissy ihre Pferdezucht betrieb. Kisber hatte schon Derbysieger hervorgebracht. Eszterhazy traf daher öfters mit Sissy zusammen und versah sein Ehrenamt nicht nur wegen der Tiere mit Freuden.

Eszterhazy entstammte einem berühmten ungarischen Geschlecht. Die Eszterhazys hatten im Laufe von Generationen riesigen Landbesitz erheiratet, und sie waren auch kunstbegeistert; ein Mann wie Joseph Haydn stand einst in ihrem Dienst. Baumeister, Maler und Kunsthandwerker fanden bei den Eszterhazys immer ihr gutes Auskommen. Hierin und in ihrer Liebhaberei für das Jagdvergnügen fand Nicky Eszterhazy Berührungspunkte mit Sissy. Über all diese Dinge plauderten sie gern, und es gab kaum eine große Herbstjagd, an der sie nicht beide teilnahmen.

Dies war wohl der Grund, weshalb sich der Fürst von der schönen Kaiserin für besonders bevorzugt hielt. Bis zu einem gewissen Grad stimmte das auch — aber nicht in dem Maß, wie er selbst annahm. Immerhin — seine Sissy dargebrachten Gunstbezeugungen waren mit ein Grund, weshalb Franzl den Ungarn nicht besonders leiden mochte.

Der zweite Ungar, der ankam, Graf Batthyany, konnte für Franzl und Sissy erst recht Probleme bringen. Sein Vater, Graf Ludwig, war einer der führenden Häupter des Ungarnaufstandes gewesen und deshalb hingerichtet worden. Nun waren die Batthyanys wieder rehabilitiert, und es bedeutete eine mehr politische Geste, daß der Kaiser den Sohn jenes Mannes, der in seinem Namen den Tod als Aufrührer fand, als Gast begrüßte. Sissy, den Ungarn insgesamt zugetan, würde da wohl für Entspannung sorgen müssen.

Ungewollte Gewitterschwüle kam auch auf, als die Baltazzis, Marie Larisch samt Mann und der Kronprinz einander begegneten. Als die Gräfin Marie Festetics diese Leute, und dazu die Baronin Vetsera, in einer Gruppe beisammenstehen sah, entging ihr nicht, welche Aufmerksamkeit sowohl Marie Larisch als auch die Baronin Vetsera dem jungen Kronprinzen widmeten.

Spannung entstand auch zwischen Bay Middleton und Eszterhazy, wobei dieser zunächst den Briten ignorieren wollte. Doch schon aus Gründen der Leitung der Jagd war dies nicht möglich. Waren sie zwar auf diesem Gebiet beide Koryphäen und hatten keinerlei Meinungsverschiedenheiten, so erkannten sie doch bald genug einander als Rivalen um Sissys Gunst.

Unmöglich benahm sich Rudi Bay Middleton gegenüber. Da er kein passionierter Reiter war und diesem Sport nichts abgewinnen konnte, war für ihn der Captain ohne Wappen und Adel eine Art besserer Reitknecht seiner Mama. Er fand es indiskutabel, mit ihm an der gleichen Tafel zu sitzen. Und hierin war er, was selten genug geschah, mit seinem Vater einer Meinung. Sissy aber hatte die unangenehme Aufgabe, Bay begreiflich zu machen, daß man hier weit weg von England sei, wo es sich jede Jagdgesellschaft zur Ehre anrechnete, einen Reiter wie ihn mit bei Tisch zu haben.

„Wir werden kleine, intime Essen geben", fand Sissy einen Ausweg, „die übrigen müssen an der Hoftafel des Kaisers sitzen; bedauern Sie das nicht, Bay. Denn an Franzls Tafel wird niemand satt. Er ißt so schnell, daß kaum jemand dazukommt, seinen Appetit zu stillen; und wenn er die Tafel aufhebt, gilt das Essen als zu Ende, ob man nun gesättigt ist oder nicht!"

5. Im grünen Rock

Franzl hingegen fand den schlaksigen, unkonventionellen Briten eher spaßig und amüsierte sich — oft gegen seinen Willen — gelegentlich über dessen Art. Er fragte sich insgeheim, was denn Sissy an diesem Burschen gefiel. Daß sie etwas, womöglich sogar eine ganze Menge, an ihm fand, war ihm zu seinem Unbehagen leider bald klar. Schon allein Nicky Eszterhazys Eifersucht schien dafür der deutliche Beweis zu sein.

Auch Rudi merkte es; und das bedeutete erst recht für ihn einen Grund, den Engländer „unmöglich" zu finden.

„Mama, was zum Teufel bezweckst du eigentlich mit diesem Menschen? Du brauchst doch gar keinen Vorreiter; du bist ohnehin immer die erste im Feld", stellte er Sissy am Sonntagmorgen, dem letzten Tag der dreitägigen Jagd, zur Rede. „Du willst ihn hierbehalten, wie ich höre. Wozu?"

„Mister Middleton reist bald ab, Rudi", beruhigte sie ihn. „Er fährt zurück nach England, um dort Verlobung zu feiern."

„Verlobung? Er will sich verloben?"

„Ja, natürlich! Warum denn nicht?"

„Ich dachte, der stirbt als Junggeselle, weil ihn keine nimmt!"

„Oh, es fehlte ihm bisher nicht an Angeboten; aber er ließ sich Zeit und wird nun eine der reichsten Frauen Englands heiraten."

„Das muß ich sofort weitererzählen", meinte Rudi, der selbst noch nicht zwanzig war und bereits mit Stephanie von Belgien die Verlobungsringe gewechselt hatte. Und Stephanie war eigentlich noch ein halbes Kind.

„Laß das", bat ihn Sissy. „Sei nicht indiskret. Es ist noch nicht offiziell und könnte Mister Middleton verstimmen."

„Na, und wenn schon", brummte Rudi geringschätzig und ging.

Die Neuigkeit machte bald die Runde, denn Rudi hielt es nicht für nötig, sich an Sissys Mahnung zur Diskretion zu halten. Sie erreichte auch Franzl.

„Papa, weißt du's schon — der Engländer reist nach der Jagd ab, um eine der reichsten Engländerinnen zu heiraten", verkündete ihm sein Sohn.

„Woher weißt du das?" fragte Franzl stirnrunzelnd.

„Von wem schon — natürlich von Mama!"

„So", brummte Franzl, „na, dann wird es ja wohl stimmen. Im übrigen ist das kein Gegenstand für eine Erörterung. Es ist allein Mister Middletons Angelegenheit. Ich an deiner Stelle würde hiervon kein Aufheben machen — es schickt sich nicht."

„Du hast recht", brummte Rudi. „Wer ist schon dieser Mister Middleton!"

Die „Diners intimes", die es an den drei Jagdtagen jeweils eine Stunde nach Franzls offiziellem Hofdiner gab, vereinigten einen Kreis von Leuten, die bei diesem zeremoniellen Essen, wie von Sissy befürchtet, nicht satt geworden waren und noch Hunger hatten. Was nach einem anstrengenden Jagdtag nicht verwunderlich war. Gleich am ersten Tag kam auch der Fürst und setzte sich ungeniert mit Middleton an einen Tisch. Da er dies auch in England zu tun pflegte, war dies keine besondere Angelegenheit. Allmählich kamen aber auch noch die Baltazzis, die Larisch und Batthyany. Sie aßen gemeinsam mit Sissy und den Hofdamen sowie dem Oberforstmeister im kleinen Salon und fühlten sich in dieser zwanglosen Gesellschaft viel wohler.

Franzl ging das gegen den Strich.

„Dieser Engländer, der Oberforstmeister und deine Hofdamen — natürlich sollen sie ihr Essen haben; aber weshalb essen die anderen zweimal, sogar du?!"

„Ich muß ja nun wohl an deiner Tafel sitzen", seufzte Sissy.

„Na höre, Sissy; das ist doch eine Selbstverständlichkeit."

„Ich muß aber als Hausfrau doch auch der anderen Tafel vorsitzen."

„Mich wundert das; es wundert mich sogar sehr, da du doch auf deine Figur so bedacht bist!"

130

„Nun", lächelte Sissy, „ich esse ja kaum was. Und nach diesen Jagdtagen halte ich eine Weile Nulldiät."

„Verrückt", brummte Franzl kopfschüttelnd. „Du wirst noch deine Gesundheit mit diesen furchtbaren Flausen ruinieren!"

„Aber ihr Männer wollt mich doch hübsch haben. Du doch auch, Franzl. Und erst das Volk! Das will doch viel lieber eine schöne Kaiserin in der Kutsche sehen und bejubeln als ein häßliches, dickes Faß. Hab' ich nicht recht?" fragte sie lachend.

„Dagegen läßt sich freilich nichts sagen", bekannte er schmunzelnd. „Ich möchte nur nicht, daß du übertreibst, mein Engel. Und im übrigen gefällst du mir den Herren der Schöpfung viel zu gut. Das glaube ich behaupten zu können; ich habe schließlich Augen im Kopf. Oder?"

„Natürlich hast du Augen im Kopf", scherzte Sissy. „Und damit guckst du viel zu viel, mein Löwe!"

„Oh", gab er zurück, „ein Kaiser kann gar nicht zuviel gucken — und ein Ehemann auch nicht. Aber erst ein Kaiser, der zugleich auch Ehemann ist — !"

„Der sollte seiner Frau, die ihn liebt, Vertrauen schenken", schloß sie die Debatte ab.

Da zog er sie stillschweigend an sich und küßte sie. Sie spürte seine Leidenschaft, die so hell brannte wie früher. Und das mochte sie so sehr an ihm: seine Verläßlichkeit, seine Beständigkeit. In diesen seinen Armen fühlte sie sich sicher und geborgen.

Franzl entließ sie mit einem glückseligen Lächeln, und sie war wunderschön mit dem Abglanz dessen, was sie jetzt empfand und was aus ihrem Inneren strahlte. Ein stilles Leuchten war um sie, als sie schweigsam und versonnen aus dem Zimmer des Schlosses rauschte.

Oh, sie gebrauchte vielerlei Schönheitsmittel, Salben, Tränke, Bäder; sie hielt Diät und machte Turnübungen, um ihren geschmeidigen Körper noch anmutiger zu machen. Sie hüllte sich in den Duft von Parfum wie auch in kostbare Kleider, litt Qualen unter den Händen ihrer Masseuse und beim Auskämmen ihres hüftlangen Haares. Auch mit Schminke ging sie geschickt um. Und doch: dies alles war nichts gegen jenen Glanz, der von Innen kam, den kein künstliches Mittel zu geben vermochte.

Als sie so ging und durch die teppichbelegten Korridore schritt, war sie so in sich versunken, daß sie ihrer Umgebung nicht achtete. Mit diesem Kuß hatte sie Franzl an sich gefesselt. Einem Vergleich mit ihm hielt Bay nicht stand. Aber sie wußte, daß Bay sie gleichfalls, auf seine Art, liebte.

Sie wollte und durfte Bay nicht weh tun. Daß sie für ihn unerreichbar war, wußte er. Nun himmelte er sie an und verehrte sie wie eine Göttin auf steinernem Podest. Diese Art von platonischer Verehrung, in der Art des „Hausfreundes" in so manchen Bürgerhäusern und Adelspalästen jener Zeit, die mit vollem Wissen und stillschweigender Duldung des jeweiligen Gatten geschah, war im neunzehnten Jahrhundert beinahe eine Modeerscheinung. Sie machte nicht nur die beglückte Dame, sondern ebenso ihren „stillen Verehrer" in den Augen der Gesellschaft interessant.

Doch selbst für ein solches „Verhältnis" fehlten hier die Voraussetzungen ganz und gar, wie allein schon das hochmütig-herablassende Verhalten Rudis bewies.

Die Distanz war einfach zu groß zwischen einem britischen Captain und der österreichischen Kaiserin — und es gab keine Brücke, die imstande gewesen wäre, diese Kluft zu überwinden. Armer Bay! Vielleicht war es wirklich der beste Ausweg, daß er heiratete!

So gesehen hatte sie erst recht keinen Grund, ihm zu zür-
nen. Ja, und was seine Budapester Eskapade betraf, so war
sie als Folge seines inneren Zustandes verständlich. Und da
sie den armen Bay nun voll und ganz begriff, war sie bereit,
ihm auch zu verzeihen. Es war nur zu hoffen, daß Bays Bewunderung und platonische Liebe nicht allzusehr von ihm
Besitz ergriffen hatten; denn dann war nicht nur er, sondern
auch seine künftige Frau zu bedauern.

Was Elemer Batthyany anging, der ihr jetzt über den
Weg lief, schon im grünen Rock für den nachmittäglichen
Ausritt, so war die Sache glimpflicher verlaufen, als Sissy
ursprünglich befürchtet hatte. Franzl war ihm betont
freundlich gegenübergetreten.

„Der Sohn kann ja nichts für den Vater", hatte er Sissy
unter vier Augen gesagt, „und überhaupt — du weißt ja,
daß ich diese Urteile damals nicht aus Überzeugung unter-
schrieben habe. Das wurde mir eingeredet — von Mama
und den Ministern, und es hat mich manche schlaflose
Nacht gekostet und quält mich bis heute. Ich kann mir
denken, daß mich der junge Batthyany für den Tod seines
Vaters verantwortlich macht; ebensosehr aber war dieser
verantwortlich für viele, die bei dem Aufstand auf beiden
Seiten gefallen sind."

„Nun?" fragte Sissy ihn, ganz freundliche Gastgeberin.
„Geht alles nach Wunsch?"

„Danke ergebenst, Majestät", antwortete Batthyany
ebenso höflich.

„Nun", meinte Sissy, „dann lassen Sie sich nicht auf-
halten. Wir sehen einander ja nachher noch."

Für sie war es Zeit, sich umzukleiden.

Während die Teilnehmer an der Jagd, soweit sie nicht
dem militärischen Stand angehörten, rote Röcke trugen,

war es dem Master und seinen die Meute begleitenden Helfern vorbehalten, im grünen Rock zu Pferd zu sitzen. Deshalb fiel Sissy jetzt auf, daß Batthyany einen grünen Rock trug, und sie wandte sich noch einmal um.

„Graf", fragte sie, „wieso tragen Sie grün?"

„Weil Eszterhazy heute rot tragen wird", antwortete er.

„Wie — Eszterhazy hat die Meute abgegeben?"

„Er wird es Majestät selbst sagen", antwortete Batthyany. „Majestät müssen mich jetzt aber entschuldigen. Da ich die Meute übernehmen muß, werde ich jetzt schon dringend gebraucht. Man erwartet mich bereits."

„Ja, natürlich", nickte Sissy.

Ganz aus ihren Träumen gerissen, blieb sie stehen. Was war denn nun wieder passiert? Eszterhazy hatte die Meute Batthyany überlassen? Sissy konnte sich nicht vorstellen, wie es dazu kommen konnte.

Noch während sie umgekleidet wurde, ließ sich Eszterhazy melden und wartete geduldig, bis Sissy aus dem Ankleidezimmer kam, im schicken Jagddreß, mit ihrem unvermeidlichen Lederfächer und der Reitpeitsche in der Hand, das Hütchen samt Schleier auf dem hochgesteckten, reichen, braunen Haar.

„Fürst — Sie haben die Meute heute nicht?" fragte sie forschend.

„Nicht mehr, solange der Brite hier ist", erklärte Eszterhazy wütend. „Wäre er von Adel, würde ich ihn fordern! So aber will ich mit diesem Menschen nichts mehr zu tun haben."

„Aber, um Himmels willen, Eszterhazy! Was ist denn in euch beide gefahren?"

„Fragen Sie lieber, was in ihn gefahren ist, Majestät!" fauchte der Ungar zornig.

„Nun, reden Sie schon!"

„Er machte anzügliche Bemerkungen, der Bursche! Ich habe mich doch stets des Vertrauens und der Freundschaft Eurer Majestät würdig erwiesen. Ich habe mich doch immerzu um die Gunst Eurer Majestät bemüht, ist es nicht so? Und war es mir nicht stets eine besondere Freude und Ehre, Majestät dienlich zu sein?"

„Aber gewiß doch, Fürst! Und was hat dies mit Bay Middleton zu tun?"

„Nichts hat es, nicht wahr? Das sage ich auch! Das wäre ja noch schöner, wenn ich diesen Captain dazu erst um Erlaubnis fragen müßte!"

Sissy starrte ihn verwundert an; allmählich ging ihr ein Licht auf bei den Grimassen, die Eszterhazy schnitt und die das Maß seines Ingrimms zeigten, weil sich Bay offenbar erkühnt hatte — eifersüchtig zu sein!

Und so war es in der Tat. Die Rivalität um Sissy, die sich zwischen den beiden Männern bemerkbar machte, sie hatte sich in einem peinlichen Auftritt Luft gemacht, bei dem es — noch peinlicher — als Zeugin die junge Gräfin Larisch gab. Die hatte sich offenbar einen Spaß daraus gemacht, die beiden Männer gegeneinander aufzuhetzen.

Als Folge davon hatte der Fürst sein Amt als Master der Meute zurückgelegt, und Sissys Nichte hatte den jungen Batthyany dazu überredet, einzuspringen. Deshalb also trug dieser nun den grünen Rock!

„Das ist ja absurd", fand Sissy stirnrunzelnd.

Es stand offenbar ärger um Bay, als sie dachte . . .

„Middleton muß sich in aller Form entschuldigen, das verlange ich", knurrte der Fürst. „Und es wäre besser für ihn, er würde künftig drüben in England bleiben!"

„Das klingt ja beinahe wie eine Drohung!"

„Majestät, ich bin ein Mann von Ehre und würde Mittel und Wege finden, den Burschen zu züchtigen!"

„Züchtigen! Fürst, Sie kennen Middleton doch von England her; Sie und er, Sie waren doch gute Kameraden im Sattel — da gab es doch keinen Standesunterschied!"

„Verzeihen, Majestät", knurrte Eszterhazy, in dem die Erregung kochte. „Aber ein Ungar wie ich kennt in solchen Dingen keinen Spaß. Es geht nicht nur um meine Ehre. Es geht auch um die Ihre, Majestät, um die Ehre meiner Königin!"

6. Frauengunst und Ritterehre

„Wie, bitte?" staunte Sissy.

„Jawohl, Majestät. Dieser Captain hat Sie beleidigt."

„Unmöglich! Das kann ich nicht glauben. Das will ich von ihm selbst hören", rief Sissy. „Kommen Sie!"

Nun blitzte auch in ihren bernsteinfarbenen Augen der helle Zorn. Die gute Laune von vorhin war verflogen. Es bestand kein Zweifel mehr darüber: Bay war, wenn er sich gehen ließ, einfach unberechenbar. Und er ließ sich öfter gehen . . .

Seine rauhbeinige, mitunter draufgängerische Art hatte ihr bisher stets imponiert. Sie imponierte wohl allen Frauen. Doch manchmal erwies sie sich als fatal. Eszterhazy schien unschlüssig, so daß Sissy wiederholen mußte: „Kommen Sie! Ich will in Ihrer Gegenwart mit ihm selbst sprechen, Fürst!"

„Sie trauen mir doch, Majestät?" vergewisserte er sich. „Sie denken doch nicht etwa, daß ich —"

„Natürlich wollen Sie ihn nicht anschwärzen. Das haben Sie nicht nötig. Aber der Captain hat offenbar etwas nötig. Daß ich ihm gehörig den Kopf zurechtsetze, nämlich!"

„Das wäre das Mindeste, Majestät, wenn ich so bemerken darf!" erklärte der Fürst mit vor Zorn bebender Stimme.

Er folgte ihr. Eiligen Schrittes verließen sie das Schloß und begaben sich zu den Ställen.

Der Captain war nirgendwo zu sehen.

„Wo ist Mister Middleton?" fragte Sissy einen der Stallburschen.

„Ich denke, in seinem Pavillon", antwortete der Bursche devot.

„Und warum ist er nicht hier?"

„Ich weiß nicht, Majestät! Er ging, kurz nachdem er und Seine Durchlaucht miteinander geredet hatten."

Sissy blickte den Fürsten an.

„Das sollte wohl ‚gestritten' heißen. Also auch der Vorreiter kündigt mir seinen Dienst. Das wird ja immer schöner!"

Was hat man bloß mit euch dummen Männern für Scherereien, sagte sie sich heimlich und forderte dann den Fürsten nochmals auf, ihr zu folgen.

„O nein, Majestät", weigerte sich dieser jedoch, „ich setze keinen Fuß über seine Schwelle!"

„Es ist meine Schwelle", erklärte Sissy wütend und mit erhobener Stimme. „Der Pavillon gehört nicht Mr. Middleton, sondern mir, wie Sie wissen. Er wohnt nur darin!"

„Hoffentlich nicht mehr lange", knurrte der Fürst leise und folgte Sissy dann doch.

Sie war ihm auf dem Weg zu Bay um fünf Schritte voraus, obgleich Eszterhazy sich bemühte, sie zu erreichen. Erst vor dem Pavillon holte er sie endlich ein. Die Tür zu dem kleinen Gebäude war verschlossen. Sissy klopfte an, erhielt aber keine Antwort.

„Middleton! Machen Sie auf! Ich bin's, ich muß Sie sprechen!" rief Sissy.

Drinnen wurde ein mißmutiges Brummen hörbar. Dann näherten sich schlurfende Schritte, und die Tür wurde geöffnet. Middletons vergrämtes Gesicht wurde sichtbar; als Bay aber den Fürsten erblickte, knallte er die Tür den beiden unwillkürlich wieder vor der Nase zu.

„Unerhört!" schrie der Fürst mit überschnappender Stimme. „Mensch, erkennen Sie nicht Ihre Majestät?"

Die Erinnerung an die „Majestät" bewog Bay schleunigst, die Tür doch wieder aufzumachen. Leicht torkelnd stand er in ihrem Rahmen, und es war unschwer zu erkennen, daß er Trost bei einer Flasche gesucht hatte.

„Bay!" rief Sissy vorwurfsvoll, „was machen Sie nun jetzt wieder für Sachen? Sie haben den Fürsten beleidigt! Haben Sie das überhaupt begriffen? Und jetzt trinken Sie am hellichten Tag vor dem Ausritt! Was ist nur los mit Ihnen! Möchten Sie nicht wieder zur Vernunft kommen?!"

„Oh", sagte Bay, verzweifelt den Kopf schüttelnd, „warum ließen Sie mich nicht abreisen, wie ich es wollte? Sie sehen, Madam, ich mache alles nur noch schlimmer!"

„Bay, verhält sich so ein Mann? — Sie haben sich wieder einmal danebenbenommen und müssen sich nun bei dem Fürsten entschuldigen."

„Muß ich das wirklich?" fragte Bay gedehnt. „Wer sagt, daß er es nicht war, der —"

„Ich spieße den Kerl noch auf!" schrie der Fürst und drohte, handgreiflich zu werden.

„Halt! Nicht in meiner Gegenwart", erinnerte Sissy mit Schärfe. Und zu Middleton gewendet fuhr sie fort: „Bay, ich wünsche, daß Sie sich bei dem Fürsten entschuldigen."

Er las den Befehl, nein, die Bitte in ihrem Blick.

„Ich tue alles, was Sie wünschen, Madam", erklärte er gepreßt. „Und da Sie dieses von mir verlangen, tue ich auch
dies. — Fürst, ich entschuldige mich."

Sissys Brust entrang sich ein Aufatmen.

„Schön", erklärte sie mit Bestimmtheit, „und nun will ich
von dieser Sache nichts mehr hören. Ich befehle es. Ein
Ehrenhandel hier in Gödöllö — und noch dazu meinetwegen —, das hätte mir gerade noch gefehlt. — Bay, heute
ist der letzte Tag. Heute werden Sie noch mit uns reiten.
Und der Fürst übernimmt die Meute, wie bisher."

„Wie Majestät wünschen", nickte der Fürst, aber seine
Bartspitzen zitterten noch immer.

„Sorgen Sie dafür, daß Sie einen klaren Kopf bekommen, Middleton", wandte sich Sissy an Bay.

Und der nickte nur und hielt wenig später wieder einmal
seinen Schädel über die Waschschüssel. Und das war doppelt nötig. Denn, bevor sie ging, hatte ihn Sissy noch gefragt:

„Der Fürst behauptet, Sie hätten ihm Anlaß gegeben, für
meine Ehre einzutreten? Wie das, Bay? Was haben Sie gesagt?"

Und Bay, als er das kalte Wasser über Kopf und Nacken
rinnen fühlte, grübelte über seine Antwort auf diese Frage
nach. Hätte er die Wahrheit gesagt, dann wäre die Entschuldigung Eszterhazy gegenüber nichts wert gewesen.

Der Fürst hatte nämlich geglaubt, ihn auf seinen Platz als
Vorreiter der Kaiserin — und nichts anderes — verweisen
zu müssen. Und Bay hatte gekontert: genau dasselbe stehe
auch dem Master an, er möge sich mit den Hunden und
nicht mit deren Besitzerin beschäftigen!

Was aber hatte Bay Sissy geantwortet?

„Oh — es ging um Ihre Hunde, Madam. Ich hielt sie

nicht für so gut wie etwa die Meute in England. Ich fand, daß die Hunde dort einen besseren Master hätten . . ."

Die Augenbrauen des Fürsten zuckten bei dieser Antwort. Und auch Sissy verzog ihr Gesichtchen zu einem ungläubigen Staunen.

„Es ging um meine Hunde? Tatsächlich, Fürst?" wandte sie sich an Eszterhazy.

„Man kann es so auffassen", antwortete dieser ausweichend.

„Und deshalb legten Sie das Amt des Masters zurück? Was für ein Unsinn, Gentlemen!"

Wütend war sie davongelaufen, und Eszterhazy und Bay, die noch einen vielsagenden Blick gewechselt hatten, ahnten, was Sissy von der Sache hielt. Sie hatte natürlich die Ausrede durchschaut, auch wenn sie nicht unlogisch klang, da ja der Fürst das Amt des Masters tatsächlich aus gekränktem Ehrgefühl zurückgelegt haben konnte.

Am Steeplechase, das am Abend als Abschluß der drei Jagdtage veranstaltet wurde, nahm auch der Kaiser teil. Franzl trug einen weißen Uniformrock; Rudi, der Kronprinz, stand bei Marie Larisch abseits der Flaggen unter den Zuschauern. Am Nachmittag wurde noch eine letzte Fuchsjagd organisiert. Eszterhazy war wieder Master und Middleton Sissys Vorreiter gewesen.

Zum Schluß gab es ein großes Jagddiner im Schloß, bei dem festlich getafelt wurde. Kostbares Silber und Porzellan, schimmernde Kerzen und Früchte auf kostbaren Tafelaufsätzen, auf denen südliche Blumen aus den Gewächshäusern dufteten, all dies bot einen Anblick fürs Auge, der durch die Klänge einer Zigeunerkapelle und im Verein mit den Freuden des Gaumens eine gelöste Stimmung aufkommen ließ. Obwohl sie nicht bei allen Gästen ungeteilt war.

Denn da hatten einige bei Stürzen Prellungen und schmerzhafte Quetschungen erlitten. Rudi Liechtenstein kam gar mit einem Stock angehumpelt und setzte sich stöhnend neben seine Tischdame, die Baronin Vetsera. Und Rudi hatte Sissys Nichte Marie Larisch an seiner Seite, die kein Auge von dem jungen Mann ließ, gerade so, als ob sie ihn zum Nachtisch verspeisen wolle.

Die Lakaien servierten mit gewohnter Eile. Eine Eile, die nur durch das hastige Essen Franzls noch überboten wurde, der schon im Geist bei seinen Aktenbergen in Wien und Budapest war und den Festschmaus für reine Zeitverschwendung ansah.

War es daher verwunderlich, daß so mancher Gast am kaiserlichen Tisch darauf hoffte, bei Sissys nachfolgendem „Diner intim" noch seinen Hunger stillen zu können; denn die Jagd und nachher auch noch das Hindernisrennen, bei dem es zu einem aufregenden Kampf zwischen Eszterhazy und Middleton gekommen war, zehrten an den Kräften.

Dieses Rennen glich einem Duell im Sattel. In England oder womöglich gar Irland hätte es für einen der beiden Männer, die von Anfang an in Führung lagen, tödlich enden können. Doch die Hindernisse in Gödöllö waren einfacher und für beide spielend zu bewältigen; es kam also einzig und allein auf die Geschwindigkeit und das Augenmaß an, und die Reiter schonten weder sich noch ihr Pferd.

Daß es tatsächlich ein mit Erbitterung ausgetragenes Duell war, wurde den Zuschauern bald klar. Franzl, der als schneidiger Reiter als dritter durchs Ziel ging, fühlte sich herausgefordert, behielt aber schließlich doch seinen klaren Kopf. Da man nicht so höflich war, ihm den Vortritt zu lassen — nun, so sollten eben die beiden hitzigen Reiter Kopf und Kragen riskieren, sagte er sich. Er, der Kaiser, konnte sich dies nicht leisten.

Middleton gewann mit einer halben Kopflänge das Hindernisrennen für sich und wurde mit Beifall belohnt. Doch nur eine Anerkennung zählte für ihn: der Glückwunsch Sissys. Er hatte als Preis eine brillantgeschmückte Krawattennadel mit Sissys Initialen entgegennehmen dürfen. Und diese Nadel schmückte ihn, als er nun beim „Diner intim" zu Tisch saß, an dessen Kopfende Sissy residierte.

Sissy war Rudi insgeheim dankbar dafür, daß er nicht zu diesem Essen kam und infolgedessen auch ihre Nichte Marie nicht erschien — was sie sonst wohl getan hätte. Seit Sissy wußte, daß sie es war, die zu ihrem eigenen Spaß den Fürsten und Bay Middleton gegeneinander aufgehetzt hatte, hegte sie Mißtrauen gegen sie. Aber vielleicht war Marie eben nur eine ein wenig gedankenlose, oberflächliche Frau, die die Folgen einer solchen Handlungsweise nicht genügend bedacht hatte.

Doch es waren zu viele Leute an der Tafel, als daß es zu mehr als einem ihr Einverständnis bekundenden Blickwechsel zwischen Sissy und Bay hätte kommen können.

Seine Stunden in Gödöllö sind gezählt, dachte Sissy mit Bedauern. Er weiß es, er spürt den nahen Abschied, und das bedrückt ihn . . .

Ja, es bedrückt auch mich!

Äußerlich gab sich der Captain betont als fröhlicher Sieger; er scherzte und trank — wieder ein wenig über Gebühr, wie Sissy fand. Und seine Fröhlichkeit erschien ihr zu gewollt, sie spürte, daß eine heimliche Wehmut dahinter stand, die er nicht bekennen durfte.

Beide empfanden sie diese; und für Sissy kam noch hinzu, daß es auch wieder ein Abschied von Franzl war.

Denn sie mußte von Gödöllö nach Kisber, um sich um ihre Zucht zu kümmern, während er mit Rudi nach Budapest und von dort nach Wien fahren würde. Und sie würden dann einander für eine ganze Weile nicht sehen.

Also Abschied von Franzl und von Bay! Von ihrem Mann, den sie liebte, und dem Freund, dem sie zugetan war. Trotz seiner Fehler und Mängel oder vielleicht gerade ihretwegen. Es schien ihr so, als brauche Bay, der Hagestolz, eine führende weibliche Hand, die zart aber bestimmt dafür Sorge trug, daß er nicht auf Wege geriet, die ihm nicht zum Vorteil gereichen konnten. Aber dies war ja künftig eine Aufgabe für Charlotte Baird, die, nach seinen Worten, in nicht zu ferner Zukunft Mrs. Middleton sein würde!

Auch wenn ihm nichts von Sissy bleiben sollte — die Nadel, die er jetzt von ihr trug, sie sollte es, und ihn immer an die schöne Empress erinnern, an die er sein Herz verloren hatte.

Und unwillkürlich erhob er sein Glas zu einem Trinkspruch auf die Gastgeberin:

„Auf Diana, die Göttin der Jagd, die hier leibhaftig an unserem Tische sitzt!"

Und er stimmte das Lied an, das sie immer in England zu Sissys Ehren gesungen hatten. Und diejenigen, die es kannten, fielen ein:

„Die Königin der Jagd ist die Kaiserin!
Seht, wie sie fliegt
mit nie fehlender Hand,
mit unerschütterlichem Mut.
Drängt vor, voran!
Reiten muß, wer folgen will
Diana, der Königin . . .!"

7. Die Lauscherin

Es war ziemlich spät geworden, als die Jagdgäste zu Bett gingen. Am anderen Morgen würden sie, einer nach dem anderen oder in Gruppen, gemeinsam Gödöllö verlassen, und es würde wieder stiller werden im Schloß; zurück blieb Sissy mit ihrem kleinen Hofstaat, der sie auch in das berühmte Gestüt Kisber begleiten sollte.

Auch Bay Middleton entschloß sich abzureisen. Denn es war sicher günstiger, mit den anderen wegzufahren und nicht als einziger zurückbleiben zu wollen. Man mußte eben auf Lästermäuler Rücksicht nehmen. So war denn dies ihr letzter Abend; morgen früh würden sie kaum zu mehr als ein paar Abschiedsworten im Beisein der anderen Gelegenheit finden. Doch so wollte ihn Sissy nicht gehen lassen. Es drängte sie, noch einmal mit ihm beisammen zu sein.

Im Schloß brannten noch viele Lichter, als Franzl sich um zehn Uhr zu Bett legte, um anderentags früh auf den Beinen zu sein. Er hatte für den Vormittag in der Burg zu Buda einige ungarische Minister zum Vortrag bestellt, und am frühen Nachmittag sollte es dann wieder weitergehen, nach Wien. Der Alltag mit seinem Trott nahm Franzl also wieder gefangen.

Sissy überlegte und kämpfte mit sich. Dann aber gab sie ihrem Gefühl nach. Sie warf ein Umhangtuch über und verließ das Schloß durch einen Seitenausgang, lief durch den Park und stand nach wenigen Minuten klopfenden Herzens vor dem Pavillon. Die Fenster des kleinen, gelben Gebäudes waren geöffnet, und man hörte den Captain drinnen hantieren, wobei er die Melodie des Loblieds, das Sissy als Königin der Jagd verherrlichte, vor sich hin summte. Und in seiner Stimme klang ein wenig die Wehmut durch. Sissy stand

144

und lauschte. Ein letztes Mal fragte sie sich, ob sie eintreten solle oder nicht. Sie fühlte sich nicht wohl in ihrer Haut, obwohl sie nur vor hatte, sich von Bay persönlich zu verabschieden.

Sie war nicht allein im nächtlichen Park, wußte dies aber nicht. Ihr eigener Sohn Rudi spazierte mit der hübschen Marie zwischen den sich im späten Glanz des Herbstes hüllenden Büschen. Sie plauderten über allerlei, vornehmlich über Rudis bevorstehende Heirat und seine blonde Braut, die junge Prinzessin Stephanie. Dabei erreichten sie auf Umwegen auch den Pavillon, eben, als Rudi anfing, die feuchtkalte Luft lästig zu finden.

„Mich fröstelt, Marie", sagte er. „Laß uns umkehren. Wir können ja drin noch zusammen etwas trinken und weiterplaudern."

„Ach, Rudi, ich bin dauernd in Salons und Boudoirs eingesperrt. Endlich kann ich einmal frische Luft schnappen. Und drinnen legt mich doch sofort wieder mein Mann mit Beschlag. Laß uns doch noch ein bißchen hier bleiben, wo es so romantisch ist!"

„Romantisch nennst du das?" lachte Rudi spöttisch. „Ich glaube gar, nun fängt es auch noch zu nieseln an."

„Du irrst dich. Das ist bloß der Nebel."

„Also, wenn du dir unbedingt eine Erkältung holen willst, Marie — ich habe keine Lust dazu", erklärte er bestimmt. „Komm mit ins Schloß!"

„Du darfst dich ruhig entschuldigen, Rudi. Ich möchte noch ein bißchen spazierengehen."

„Verrückt. Aber wenn du durchaus willst — also dann, bis morgen! Gute Nacht."

Der Kronprinz ging kopfschüttelnd seiner Wege und war bald im Schloß angelangt, während Marie sich weiter dem

Pavillon näherte. Je näher sie kam, umso vorsichtiger wurde sie und war bemüht, Geräusche zu vermeiden.

Sie wußte es nicht, vermutete jedoch, daß Sissy noch einmal mit Bay zusammentreffen würde, um von ihm Abschied zu nehmen. Ein letztes Zusammentreffen zwischen der Kaiserin und ihrem Geliebten, das war es, was ihre Phantasie ihr vorgaukelte. In ihrer jungen Ehe frustriert und von Gedankengängen geprägt, die ihr durch die Lektüre kitschiger Romane geläufig geworden waren, konnte sie sich etwas anderes gar nicht vorstellen.

Als sie die erleuchteten Fenster des Pavillons zwischen dem Buschwerk schimmern sah, hielt sie unwillkürlich vor Spannung den Atem an. Und sie überlegte, was der Kaiser wohl sagen würde, wenn sie ihm von der Untreue seiner Frau berichten würde.

Kein Zweifel, Marie hatte Anlagen zur Intrige. Sie hatte ja auch aus dem Leben bei Hofe genügend „interessante" Beispiele vor Augen. Dieses Wissen um ein heimliches Beisammensein von Sissy und Middleton konnte ihr Vorteile bringen, war aber auch gefährlich. Sie konnte bei ihrer kaiserlichen Tante und ihrem kaiserlichen Onkel total in Ungnade fallen, und sie war doch als Kind einer unstandesgemäßen Ehe so sehr auf deren Gunst angewiesen. Daß man sie bei Hof duldete, verdankte sie ausschließlich Sissys schützender Hand. Auch die Ehe mit Larisch, wodurch sie Gräfin wurde.

Die Nichte der Kaiserin — bloß eine Gräfin! Und noch dazu: an was für einen Mann hatte Tante Sissy sie verkuppelt! Sissy hatte, um die Nichte zu „versorgen", diese Heirat eingefädelt und Marie auch noch eine hübsche Aussteuer in die Ehe mitgegeben. Der Graf hingegen erwartete sich zum Dank für diese Ehe mit dem „Bastard" noch fortlaufend

Vergünstigungen — von Liebe war da keine Spur, von keiner der beiden Seiten. Und dadurch war sie auch nicht imstande, dankbar dafür zu sein, daß ihre Tante diese Heirat, wenn auch in bester Absicht, „verfügt" hatte. Vielmehr mißgönnte sie ihr das vermeintliche Glück mit Bay Middleton.

Weder Sissy noch Bay ahnten jedoch etwas von der Nähe einer Lauscherin. Als es an seine Tür geklopft hatte, öffnete er und sah Sissy an der Schwelle. Es verschlug ihm fast den Atem, denn dies hatte er niemals zu hoffen gewagt. Er brachte kein Wort über die Lippen, machte nur eine einladende Handbewegung und gab ihr den Weg frei. Sissy nickte und trat ein. Sie kannte jeden Winkel dieses Pavillons, und doch schien der Raum ihr anders, seit ihn Bay mit seinem Dasein erfüllte.

„Bay", sagte sie mit weicher, fast zärtlicher Stimme, „Bay, morgen haben wir kaum Zeit, uns adieu zu sagen. Deshalb mußte ich kommen. Denn so können wir beide doch nicht auseinandergehen . . . Bay, Sie wissen, daß ich Ihnen alles Glück dieser Erde wünsche, auch jenes, das nicht auf dem Rücken der Pferde liegt. Sie waren mir immer ein guter Sportskamerad, ja, mehr noch — ein Freund."

„Oh, ich —", er suchte nach Worten, „ich möchte wohl, aber ich kann gar nicht sagen, wie sehr mich Ihr Kommen glücklich macht."

„Bay, ich werde Ihnen schreiben, an Ihre Londoner Adresse . . . Ich würde gerne im Frühjahr wieder nach Irland kommen. Werden Sie sich noch um meine Pferde kümmern können, oder wird es damit vorbei sein, wenn sie — dieses Mädchen heiraten?"

„Charlotte", sagte er ernüchtert, „sie ist das letzte, woran ich jetzt denken möchte!"

„Aber Sie müssen, Bay!"

„Ja, ich weiß es: ich muß", sagte er bitter, und sein Blick verdunkelte sich.

„Ich hoffe sehr, Bay, daß Sie es noch ermöglichen können", sagte Sissy und reichte ihm zum Abschied die Hand. „Leben sie wohl, Bay, alles Gute und viel Glück!"

„Adieu, Madam", preßte er hervor, und als er sich langsam umwandte, glaubte Sissy einen feuchten Schimmer in seinen Augenwinkeln zu erkennen.

„Auch mir fällt es schwer, mich von Ihnen zu trennen", gestand sie. „Gerade deshalb wünsche ich mir ein Wiedersehen — bei Peitschenknall und Hörnerklang", fügte sie mit erzwungenem Lächeln hinzu.

Dann wandte sie sich hastig um, öffnete wie auf der Flucht die Tür ins Freie und — prallte mit einer weiblichen Gestalt zusammen.

„Oh!" rief Marie erschrocken, denn darauf war sie nicht gefaßt gewesen, solcherart ertappt zu werden.

„Marie!" rief Sissy. „Was soll das, was suchst du hier?!"

„Tante Sissy, ich —"

„Was ist hier los?" wollte Middleton wissen und erschien nun gleichfalls im Türrahmen. Und dann sagte er, so wie vorhin Marie, bloß noch „Oh . . ."

„Ich bin — ich war — ich war, jawohl, ich war vorhin mit Rudi spazieren", stotterte Marie, nach einer plausiblen Ausrede suchend. „Da verließ er mich, weil es ihm zu kühl wurde."

„Aber warum bist du denn nicht mit ihm gegangen?" staunte Sissy. „Und ihr wart beide hier, beim Pavillon?"

„O nein, wir trennten uns anderswo. Danach habe ich mich wohl im Dunkeln verlaufen. Als ich hier beleuchtete Fenster sah, kam ich schnell hierher."

148

„Aber du kennst doch den Park, Marie", wunderte sich Sissy, „wie konntest du dich da bloß verlaufen?"

„Ich kenne ihn bei Tag, Tante, aber doch nicht bei Nacht", verteidigte sich Marie. „Ich habe es ja gleich bereut, nicht mit Rudi mitgegangen zu sein. Aber da war er schon weg!"

„Aber Sie hätten doch nach ihm rufen können", warf Middleton argwöhnisch ein.

„Damit er mich auslacht! Nein. Tante, du weißt, wie gut er spotten kann. Nein, eben, weil ich den Park kenne, hoffte ich, mich auch allein zurechtzufinden."

„Das erscheint mir recht seltsam", brummte Bay Middleton.

„Komm mit", befahl Sissy kurz.

Marie hatte sie mit Bay gesehen. Das war passiert und nicht zu ändern. Doch ihr Gewissen war schließlich rein.

Schweigsam lief Marie Larisch neben Sissy her, die aufgrund ihrer inneren Erregung ein rasches Tempo einschlug. Sissy sprach kein Wort. Marie deutete dies als Groll; Sissy aber dachte schon nach kurzer Zeit nicht mehr an ihre Begleiterin, sondern an Bay Middleton und ob es ihm möglich sein werde, die Jagd im Frühjahr für sie in Irland zu arrangieren.

Es kam wohl darauf an, wie sich seine Braut zu der Sache stellte; soweit es Sissy überblicken konnte, war Middleton in eine Art Abhängigkeitsverhältnis zu den Bairds geraten, und offenbar war die Idee zu dieser Heirat nicht so sehr seinem Kopf entsprungen, als vielmehr die Folge eines gewissen Drucks von Charlotte. Ihre Brüder, hatte Bay gesagt, mochten ihn nicht leiden; das schloß aber nicht aus, daß sie die Heirat trotzdem — der Schwester zuliebe — begünstigten. Bay hatte offenbar bisher widerstanden. Nun aber gab er nach. Er hatte es sich anders überlegt, und Sissy war klug genug, zu erkennen, daß sie selbst einer der Beweggründe hierfür sein mochte.

Marie stolperte über ein Hindernis, das sie im Dunkeln nicht gesehen hatte, und das lenkte Sissys Aufmerksamkeit wieder auf sie. Sie beschloß, Rudi zu fragen, was an der Geschichte, die Marie eben aufgetischt hatte, wahr war.

„Wir sind gleich am Ziel", tröstete Sissy. „Die Wolken verdecken den Mond, sonst könnten wir das Schloß schon sehen. Da, hier ist es, und viele Fenster sind noch hell."

„Ich bin erleichtert", stellte Marie fest. „Wirklich, Tante, es war mir unheimlich da draußen im dunklen Park."

„Wie konntest du auch allein bleiben", rügte Sissy. „Noch dazu bei diesem feuchten Wetter. Es nieselt."

„Du bist ja auch allein zum Pavillon gelaufen", konterte Marie unwillkürlich in schnippischem Ton. „Ganz ohne Begleitung. Was wird Onkel Franz dazu sagen!"

„Mein Mann? Was soll er schon dazu sagen?"

„Ach, du sagst es ihm nicht, Tante? Nun, das ist vielleicht wirklich das Beste. Sei beruhigt, auch von mir erfährt er kein Sterbenswort!"

„Marie, was erlaubst du dir!" rief Sissy aus.

„Aber ich meine es doch nur gut, Tante. Gute Nacht!" rief Marie und entwischte Sissy durch das Tor.

Wie angewurzelt blieb Sissy stehen. Sie war betroffen. Aber dann schüttelte sie lachend den Kopf.

Nein, sie nahm Marie, dieses vorlaute, junge Ding, nicht ernst. Sie konnte es einfach nicht! Denn da gab es ja gar nichts, was zu verbergen gewesen wäre. Sie hatte Bay Middleton aufgesucht, um sich von ihm zu verabschieden und ihm ihren Wunsch auszudrücken, noch einmal die Frühjahrsjagd in Irland für sie zu arrangieren. Nichts sonst.

Ihre warnenden Gedanken abschüttelnd, betrat sie das Schloß und suchte ihre Gemächer auf, um zu Bett zu gehen. Sie spielte mit dem Gedanken, Marie noch einmal zur Rede zu stellen.

Im Treppenhaus traf sie Rudi, und der kam ihr gerade wie gerufen.

„Ach, Rudi, gut daß ich dich treffe!"

„Was kann ich für dich tun, Mama?"

„Du warst vorhin mit Marie im Park, stimmt das?"

„Ja, das stimmt. Es ist doch wohl nicht verboten?"

„Du bist allein ins Haus zurückgegangen?"

„Ja; die Dumme wollte noch ein bißchen durch den Regen laufen. Mir war's zu feucht und zu kalt. Warum?"

„Ach, ich habe Marie eben getroffen, und sie hat es mir erzählt. Nun weiß ich ja, daß es stimmt, was sie mir gesagt hat. Gute Nacht!"

„Gute Nacht, Mama", antwortete Rudi und sah kopfschüttelnd seiner Mutter nach, denn er wußte nicht, was er von ihren Fragen halten sollte.

8. Abschied von Gödöllö

Seine Cousine Marie war für Rudi eine von vielen hübschen Frauen seiner Umgebung, die sich bemühten, ihm das Leben angenehm zu machen. Das hielt er für selbstverständlich. Nicht nur, weil er gut aussah, sondern auch, weil er schließlich der Kronprinz war. Seine Gesellschaft galt als Ehre. Mit ihm gesehen zu werden, war eine Auszeichnung. Rudi fiel es daher gar nicht ein, darüber hinaus noch einen anderen Grund zu vermuten, weshalb Marie ihn an diesem Abend zu dem Parkspaziergang überredet hatte. Er war trotz des Schlechtwetters mit ihr gegangen, hatte mit der hübschen Cousine ein wenig geflirtet, und es hatte ihm Spaß gemacht.

Für Marie lagen die Dinge aber doch ein wenig anders. Sie war ein „unebenbürtiges" Kind einer sogenannten Mesalliance, einer Mißheirat, wie sie in den Augen des Kaisers und seiner Höflinge verpönt war. Sie brauchte jede Form von Aufwertung, ganz besonders, weil es eine Menge Leute gab, die sie über die Schulter ansahen, obgleich sie die Nichte der Kaiserin war. Sie war leider nicht nur dies, sondern auch die Tochter einer Schauspielerin, der Henriette Mendel, die Sissys Bruder Ludwig geheiratet hatte.

Henriette Mendel, Sissys bürgerliche Schwägerin, eine schöne, intelligente Frau, durfte sich seit dieser Heirat „Freifrau von Wallersee" nennen. Eine Freifrau nur! Für den Münchner wie auch den Wiener Adel blieb die Tochter aus dieser Ehe, Marie, eine Person minderer Abkunft. Durch Maries Heirat mit dem Grafen Larisch — er betrachtete die „Hergabe" seines Grafentitels als Spekulation — war Marie nun freilich aufgerückt in der Adelshierarchie, aber um welchen Preis!

Sie verkehrte bei Hof, sooft sie nur konnte. Sie betrachtete dies als ihr gutes Recht und das ihr zukommende Milieu. Aber sie wußte, wieviel davon abhing, daß es ihr immer wieder möglich war, den ihr verwandten Mitgliedern des Herrscherhauses sich gefällig zu erweisen.

Aber — und hierin plagten sie Zweifel — würde es der Kaiser als eine „Gefälligkeit" werten, wenn ihm Marie über die vermutliche Untreue Sissys informierte? Konnte nicht das Gegenteil eintreten? — Und Tante Sissy erst! Nun, Marie glaubte sie vollauf zu verstehen. Sissy war eine schöne, von Männern umschwärmte Frau. Sie stellte Ansprüche an ihr Leben, und das, fand Marie, mit vollem Recht. Sie selbst, die in der Ehe mit dem ungeliebten Grafen keine Erfüllung fand, war keineswegs abgeneigt, sich anderweitig zu trösten. Aber — daß sie Sissys Beifall fände, würde sie deren Gatten, den Kaiser, über das nächtliche Rendezvous im Pavillon des Schloßparks die Augen öffnen, war wohl keineswegs anzunehmen. Viel eher geschah dies, wenn sie Sissy ihre Verschwiegenheit zusicherte. Doch vergessen würde sie den Vorfall nicht; wer weiß, vielleicht ergab sich später, in ferner Zukunft etwa, eine Möglichkeit, daraus Kapital zu schlagen! Was sie schließlich gesehen hatte, das hatte sie gesehen!

Ja, was eigentlich?!

Nun, sie hatte die Kaiserin immerhin zu nächtlicher Stunde aus dem Pavillon kommen sehen, in dem außer ihr und Bay Middleton niemand sonst gewesen war . . . Mehr hatte sie freilich nicht wahrgenommen, das konnte sie nie und nimmer behaupten. Aber es genügte immerhin, gewisse mögliche Schlüsse zu ziehen, die — bei dem allgemein bekannten guten Einvernehmen zwischen Sissy und Bay — ja doch wohl auf der Hand lagen. O ja, man würde ihr Glauben schenken.

„Schade", seufzte Marie. „Aber aufgeschoben ist schließlich nicht aufgehoben!"

Marie kleidete sich in ihrem Zimmer aus und legte sich zu Bett. Ihr Gatte schlief nebenan, in einem anderen Raum. Er hatte ein Glas oder auch mehrere über den Durst getrunken und schnarchte bereits. Das war nichts Neues. Marie verzog ihre Miene zu einem bitteren Lächeln und blies die Nachttischlampe aus. Sie dachte an Rudi; einer Nacht mit ihm wäre sie nicht abgeneigt gewesen. Und Rudi war schließlich kein Kostverächter.

Ob sich das nach seiner Heirat mit Stephanie ändern würde? fragte sich die junge Gräfin zweifelnd. Wohl kaum . . . Nein, Stephanie war nicht die Frau, einen Mann wie Rudolf fesseln zu können. Sie war geradezu spartanisch am Brüsseler Hof von ihren Eltern erzogen worden. Bei Stephanies Schwester Louise, der kapriziösen Frau des Prinzen Philipp Coburg, äußerte sich das jetzt auf fatale Weise. Es war bei Louise, als brächen Dämme, ihr Verlangen nach Luxus und ungehemmtem Leben war Gesprächsstoff in den Salons der Wiener Gesellschaft. Doch Stephanie war gerade das Gegenteil von ihrer Schwester, die viel eher zu Rudi als Frau gepaßt hätte als sie. Nun, Rudi würde seine zukünftige Ehe wohl ebenso bald satt bekommen wie sie selbst die ihre mit dem Grafen Larisch. Ja, das würde wohl der Fall sein, sagte sie sich, sich auf ihrem Lager von einer Seite auf die andere wälzend, ohne Schlaf finden zu können. Sie war hellwach und lauschte auf die Geräusche draußen auf dem Korridor. Einen Jagdgast nach dem anderen hörte sie sein Zimmer aufsuchen. Leises Lachen, Gewisper, Scherzworte, undeutliche Laute vernahm sie und war selbst hellwach.

War es aber erst soweit mit Stephanie und Rudi, wie sie erwartete, dann — sie dachte den Gedanken nicht zu Ende. Bunte, verheißungsvolle Bilder umgaukelten sie, bevor ihr endlich die Lider schwer wurden und sie in Schlaf versank.

Auch Bay Middleton fand lange keinen Schlaf. Er dachte darüber nach, wie er Sissys Wunsch, noch einmal mit ihm im Frühjahr in Irland zu jagen, mit der Einstellung Charlottes würde vereinen können, und kam zu dem Schluß, daß sich das höchstwahrscheinlich nur machen ließ, wenn er seine Heirat hinauszögerte.

War Charlotte erst einmal seine Frau, dann würde sie es nicht mehr hinnehmen, wenn er mit Sissy unter einem Dach wohnte. Mehrmals schon hatte sie ihm Szenen gemacht wegen anzüglicher Bemerkungen gewisser Freunde aus ihrem Kreis der Gesellschaft, denen es als eine klare Sache schien, daß er der Geliebte „Dianas" war.

Bay gab sich keiner Illusion mehr hin. Er wußte: Dies würde sein letzter Frühling an Sissys Seite sein — vorausgesetzt, daß er das überhaupt noch bewerkstelligen konnte, ohne sich mit den Bairds zu verfeinden.

„Darauf darf ich es nicht ankommen lassen", murmelte er, stand auf, schenkte sich ein Glas Whisky ein und brütete vor sich hin. „Aber die Empress . . . den Frühling in Irland soll sie nicht missen. Nein, das soll sie nicht, so wahr ich Bay Middleton bin!" Und goß das Glas in einem Zug hinunter.

Danach blies auch er das Licht aus, und im Pavillon wurde es dunkel. Der herbe Geruch von gerauchtem Tabak und Whisky lag über dem Raum. Solange Bay Middleton hier gelebt hatte, hatte dieser Geruch das Gebäude im Park erfüllt; doch nach seinem Auszug würde man hier die Fenster aufreißen und gründlich durchlüften, dachte er sich, bereits im Halbschlaf, und nichts würde mehr an ihn, den Vorreiter Ihrer Majestät, erinnern.

Aber vielleicht würde sie, Sissy, die Unerreichbare, noch hie und da an ihn denken, wenn sie den Pavillon betrachtete und vielleicht auch gelegentlich betrat. Wenn er vielleicht längst schon Charlotte Bairds Gatte war und sie einander nicht mehr sehen konnten . . .

Und damit schlief er müde ein, den schalen Geschmack des Getränks auf der Zunge.

Der einzige von ihnen allen, der längst in tiefem Schlaf lag, war Franzl. Er mußte morgen zeitig aus den Federn, die Pflicht rief ihn, sie hatte Vorrang vor allem, was sein privates Leben war. Er hörte nicht das leise Ticken der Uhr auf der weißgoldenen Konsole noch ihren feinen Glockenschlag, der die elfte Stunde verkündete.

Die letzten Lichter verloschen jetzt im Schloß. Der morgige Tag würde die Abreise der Gäste bringen; die festliche Jagd war zu Ende, die Hörner waren verstummt und mit ihnen das Bellen der Meute und das Flintengeknall.

Franzl schlief traumlos in dieser Nacht. Am nächsten Morgen, es war Montag, ließ er sich zur gewohnten Stunde — um punkt vier Uhr früh — von seinem Kammerdiener wecken.

Nach dem Bad und Frühstück fand er es an der Zeit, sich von Sissy zu verabschieden, denn um punkt sieben Uhr wollte er schon in seinem Arbeitszimmer in der Burg Buda sein.

Leise, denn es war noch nicht hell und die Gäste schliefen wohl noch fast alle, schlich sich Franzl über den dicken Teppich des Korridors bis vor Sissys Schlafgemach. Er öffnete die Tür einen Spalt. Es war dunkel im Zimmer, die Fensterläden waren geschlossen und die Vorhänge zugezogen. Der Raum war erfüllt von Sissys körpereigenem Duft und ihrem Veilchenparfum. Er hörte vom Bett her ihre regelmäßigen Atemzüge. Er wartete, bis sich seine Augen an die Dunkelheit gewöhnt hatten, und schlich dann zu ihrem Bett hin, beugte sich darüber und drückte einen scheuen Kuß auf ihre dunklen Locken. Er berührte das Haupt der Schläferin nicht, um Sissy nicht zu wecken. Doch sie hatte ihn trotzdem wahrgenommen.

„Franzl", kam es leise und zärtlich von ihren Lippen.

„Mein geliebter Engel", gab er ebenso leise und voll verhaltener Wärme zurück, „es ist Zeit für mich, ich muß fahren, wie du weißt!"

„Ach, muß das sein?" fragte sie vorwurfsvoll.

156

„Das weißt du doch", antwortete er.

„Kannst du nicht einmal nichts anderes sein als ein Ehemann — als *mein* Mann?"

„Aber das bin ich doch", meinte er.

„Dann zeig es mir", verlangte sie und schlang plötzlich ihre Arme um seinen Nacken. „Wer wartet denn in Budapest auf dich?"

„Die Minister", antwortete er trocken. „Ich habe sie um acht zum Vortrag bestellt."

„Du bist abscheulich", versetzte Sissy. „Da hast du den Kuß zurück. Und jetzt geh!"

Doch so ernst war das nicht gemeint. Denn eine halbe Stunde danach schaute der Leibkammerdiener Ketterl sorgenvoll auf seine Zwiebeluhr und brummte: „Ich fürchte fast, daß sich Seine Majestät heute verspätet!"

9. Ein Souvenir aus Elfenbein

Ein Wagen nach dem anderen verließ rasselnd und unter Hufgeklapper und Peitschengeknall Schloß Gödöllö. Sissy stand im Schloßportal und verabschiedete ihre Gäste. Eben war die Kutsche des Fürsten Kinsky vorgefahren.

„Es war reizend, wirklich, Majestät, eine fabelhafte Jagd", sagte der Fürst und küßte Sissy galant die ihm gnädig dargereichte Hand. „Wenn wir untertänigst nach Pardubitz einladen dürften, falls Majestät einmal geruhen sollten — ich glaube, sagen zu dürfen, daß sich unser Gestüt sehen lassen kann!"

„Ich weiß, und ich komme sicher einmal, sobald es sich einrichten läßt. Gute Fahrt und glückliche Heimkehr!"

Und nun kam Bay Middleton. Er hatte kein eigenes Gespann, sondern mußte mit einem aus Gödöllö nach Budapest und zur Bahn gebracht werden. Zwei Stallburschen kümmerten sich um sein Gepäck; viel hatte Bay nicht mitgebracht. Im Gegensatz zu Sissy pflegte er nach eigenen Worten „nur mit einer Zahnbürste" zu reisen. Die machte allerdings diesmal fünf Koffer aus.

Sissy befahl den Wagen für Bay. Ein Einspänner, wie ihn das Schloßpersonal zu benutzen pflegte, wenn Besorgungen oder sonstige dienstliche Ausfahrten zu machen waren, stand ihm zur Verfügung.

Während die Baronin Vetsera zu den Baltazzis in die Kutsche stieg, ließ sie die Szene nicht aus den Augen, die sich nun abspielte.

„Majestät, ich danke ergebenst", sagte Bay hörbar und bediente sich ausnahmsweise der formellen Anrede der Kaiserin.

„Aber nicht doch, Middleton, ich habe zu danken!" gab Sissy zurück. „Sie schreiben mir doch wegen Irland, nicht wahr?"

„Gewiß, ich werde mir erlauben — sobald ich Näheres weiß — zu berichten."

„Dann kommen Sie gut heim und grüßen Sie mir England", verabschiedete ihn Sissy betont sachlich.

Die Baronin Vetsera gab dem Kutscher das Zeichen zur Abfahrt. Sie war nicht auf ihre Rechnung gekommen und schnitt eine enttäuschte Grimasse. Sissy sah es und lächelte; es war nicht zu erkennen, ob ihr die Enttäuschung der Vetsera Spaß machte oder ob es ein letztes, freundliches Grüßen war.

„Wir werden beobachtet, Bay", flüsterte sie kaum merklich.

Der Vorreiter zog die Brauen hoch.

„Ist mir klar, Madam", gab er zurück. „Darf ich trotzdem die Hand küssen?"

Sissy reichte ihm wortlos ihre Rechte. Bay beugte sich tief darüber und drückte ehrfürchtig seine Lippen darauf. Schwärmerische Gefühle erfüllten ihn.

Ohne daß beide es ahnten, hatten sie noch eine Zuschauerin. Hinter einem der Fenster des Schlosses bewegte sich sachte der Vorhang, und das Gesicht der Larisch lugte hervor — sekundenlang nur. Marie hatte im Blickfeld, was da unten vor sich ging.

„Was immer ich für Sie tun kann, Madam, wird geschehen", versicherte Bay soeben, „verfügen Sie über mich!"

„Nun, so veranlassen Sie alles, damit wir einander im Frühjahr bei der Jagd in Irland wiedersehen. Bei den Irish Banks, Middleton, die wir beide nicht fürchten!"

„Bei den Banks, die wir nicht fürchten", wiederholte er und umfing ihre Gestalt mit einem glühenden Blick.

Die Banks waren von Reitern gefürchtete Hindernisse. Und sie hatte recht: es galt ja, Hindernisse zu überwinden und aus dem Weg zu räumen.

„Auf Wiedersehen", schloß sie leise und versonnen, wie ihm schien.

Denn eben war Bays Gefährt vorgefahren. Mit einer letzten Verbeugung wandte er sich schweren Herzens von ihr ab. Man sah, daß es ihn Überwindung kostete, als er jetzt mit schlaksigen Schritten auf den Zweisitzer zuging und ihn bestieg.

Er lüftete noch einmal grüßend den Hut, während der Kutscher bereits die Peitsche schwang. Sissy machte eine verhaltene Bewegung; als wolle sie ihm winken, aber da kam eben Rudi die Treppe herab, und so gab sie ihrem Sohn die bereits erhobene Hand.

„Da fährt er ja, der aufgeblasene Engländer", brummte der Kronprinz. „Alle sagen, daß du einen Narren an ihm gefressen hast. Nun, er kann jedenfalls reiten, das ist wahr. Aber was kann er sonst noch? — Ich wette, er bringt nicht einmal einen vernünftigen Artikel zustande."

„Dafür kannst du das", meinte Sissy verweisend. „Viel zu gut, mein Herr Sohn! Du solltest vorsichtig sein. Die Leitartikel, die du unter Pseudonymen veröffentlichst, verärgern nicht nur deinen Vater."

„Deshalb schreibe ich sie ja", brummte Rudi spöttisch und gab seiner Mutter einen Kuß auf die Wange. „Wo steckt denn die kleine Larisch?"

„Deine Cousine ist noch oben, wie mir scheint."

„Dann bestelle ihr bitte meine Grüße. Wenn sie in Wien ist, mag sie mich in der Hofburg besuchen. Weißt du, was? Ich finde sie nett. Der Graf — nun ja, ich denke, sie ist zu schade für ihn. Aber grüße auch ihn, trotzdem!"

Er lachte jungenhaft.

„Und du grüße Stephanie in deinem nächsten Brief nach Brüssel", bat Sissy.

„Aber gewiß. Ich meine nur — sobald schreibe ich ihr nicht!"

„Das solltest du aber. Das gehört sich doch für einen Bräutigam!"

Er lachte nur, schwang sich burschikos auf seinen kleinen Wagen, der ihm gehörte und den er sich nach eigenem Geschmack hatte bauen lassen. Sein Kutscher zog die Zügel an.

„Adieu, Mama!" rief er noch und rollte gleich darauf durch das Tor und über die Brücke des Schloßgrabens.

Ihm fiel der Abschied von mir nicht so schwer wie Bay Middleton, sagte sich Sissy. Ein leises Gefühl der Bitterkeit überkam sie. Aber sie fand keine Zeit, über ihr Verhältnis zu ihrem Sohn länger nachzudenken, denn es galt, auch noch andere Gäste zu verabschieden, zuletzt noch die Larischs.

Sie bestellte Marie Rudis Grüße und seine Einladung. Der Graf stand dabei in einer Haltung, die eine seltsame Mischung zwischen Liebe, Dienerei und Herausforderung ausdrückte. Marie verabschiedete sich mit betonter Ergebenheit. Ihre Miene drückte nichts dabei aus; wenigstens konnte Sissy, die sie prüfend betrachtete und in den glatten Zügen der jungen Frau zu lesen suchte, nichts entdecken, was ihren Verdacht genährt hatte.

Die Begegnung von gestern Nacht schien nie stattgefunden zu haben. Marie machte keinerlei Andeutung und Sissy natürlich ebensowenig. Marie verabschiedete sich mit Knicks und Handkuß; und als ihr Wagen aus dem Schloßhof rollte, hörte Sissy hinter sich ein erleichtertes Aufatmen. Es kam von der Ferenczy.

„Nun ist es ja wieder vorbei, und es herrscht wieder Stille", meinte Sissy sich zu der Gräfin umwendend.

„Gottlob, Majestät! Diese Leute — und das wilde Reiten — das eine wie das andere macht mich ganz krank, und ich bin jedesmal froh, wenn ich Majestät hernach gesund vor mir stehen sehe."

„Im Grunde bin auch ich froh, daß es vorüber ist, und ich wieder ein wenig zu mir selbst finden kann. Man kommt ja tatsächlich kaum zur Besinnung, Ida."

„So ist es, Majestät! Ich für meinen Teil möchte jetzt am liebsten in der Schloßkapelle eine Dankmesse lesen lassen. Es gibt keine Toten und keine Verwundeten, und sogar ein Fuchs ist entkommen und noch im Revier am Leben. Und die Pferde und Hunde sind auch alle heil. Das war nicht immer so; als Seine kaiserliche Hoheit, der Kronprinz, das erste Mal jagte, hat schließlich so ein armer Treiber hernach nicht sitzen können."

„Wieso denn das, Ferenczy?"

„Weil die Schrotflinte Seiner kaiserlichen Hoheit in die falsche Richtung losgegangen ist", erklärte die Ferenczy ernsthaft.

„Das ist wohl ein Scherz, Ida."

„Der Treiber hat es aber für keinen gehalten . . . er hat nachher, so sagt man, zehn Gulden Schmerzensgeld bekommen! Es war, so habe ich gehört, eine höchst unliebsame Angelegenheit."

„Von wem haben Sie denn das?"

„Vom Grafen Bombelles, Majestät."

Kopfschüttelnd ging Sissy ins Haus zurück, gefolgt von der Hofdame, die sich jetzt wirklich wie von einer Last befreit fühlte.

„Majestät — oh, Majestät, wann geht es nun nach Kisber, ins Gestüt?"

„In den nächsten Tagen", antwortete Sissy. „Ich sage Ihnen noch rechtzeitig Bescheid. Jetzt möchte ich für ein Weilchen gerne allein sein."

„Aber gewiß doch, Majestät", nickte die Ferenczy eifrig und verständnisvoll. „Allein sein — ja, das ist jetzt gerade das Richtige nach all dem lauten Wirbel."

Sie knickste auf der Stelle und wartete, bis Sissy gegangen war.

Sissy aber tat beinahe das, wonach es Ida Ferenczy nach deren eigenen Worten drängte. Sie ging in die Schloßkapelle, in der sich niemand befand. Angesichts des flackernden Lichtes kniete sie vor dem Altar, stützte ihr Gesicht in ihre Hände und suchte sich innerlich zu sammeln.

Ihre Gedanken galten den Ihren, sie begleitete sie auf ihren Wegen: Franzl, Rudi — und Bay . . .

Und als habe sie sich selbst bei einer Sünde ertappt, erhob sie sich abrupt und verließ die Kapelle.

Sie ließ sich ein Pferd kommen und ritt hinaus ins herbstliche Land. Über all die Wege und Stege, die sie an Bays Seite geritten war, lenkte sie ihr Tier. Und vor dem Pavillon hielt sie an, stieg ab und betrat fast schüchtern das kleine Gebäude.

Worüber Bay Middleton noch in der vergangenen Nacht sinniert hatte, geschah jetzt: Dienstmägde waren damit beschäftigt, das Bettzeug abzuziehen, den Dielenboden zu schrubben und alles wieder sauber zu machen. Und durch die weit geöffneten Fenster strömte frische, herbstliche Luft und verwehte den Geruch von Tabak und Whisky. Bay war fort, nun war er es endgültig. Noch heute würde hier nichts mehr an ihn erinnern. Erst jetzt war es Sissy, als habe sie ihn nun wirklich und für lange Zeit verloren, wenn auch nicht für immer.

Fühlte ich doch, überlegte sie, als müßte ich ihn hier noch finden? Bin ich deshalb wieder hierhergekommen . . .?

„Ich sehe nur nach, ob alles in Ordnung ist", erklärte sie der Vormagd ihr Kommen.

„Das haben wir gefunden, Majestät", antwortete das Mädchen knicksend, „das muß der Mister vergessen haben!"

„Geben Sie her!" verlangte Sissy und streckte die Hand aus. Fast geschah diese Geste ein wenig zu schnell.

Es war ein kleiner, abgenutzter Brieföffner aus Elfenbein, wie ihn Bay Middleton auf seinen Reisen mitzunehmen pflegte. Er trug auch seine Initialen eingeschliffen und endete in einem hübschen Pferdekopf.

„Oh", sagte Sissy, „den wird er vermissen! Ich sende ihn ihm gleich nach."

Sie nahm den Brieföffner an sich und verließ mit einem letzten Blick den Raum, in dem Bay gelebt hatte. Schon auf dem kurzen Ritt zurück ins Schloß änderte sie ihren Entschluß.

„Ich werde ihn behalten", sagte sie sich, „und sende einen anderen, kostbareren als Dank und Anerkennung. Dann kann er die Briefe, die er von mir erhält, mit ihm aufschneiden. Den Pferdekopf lasse ich genau nachmachen. Und es freut ihn sicher, wenn er erfährt, daß sein Brieföffner auf meinem Schreibtisch in Gödöllö ein Plätzchen erhält . . ."

Sie lächelte zufrieden, nachdem sie diesen Entschluß gefaßt hatte, und wollte noch am gleichen Tag einen Silberschmied in Budapest mit der Anfertigung beauftragen.

Die Aussicht auf die Überraschung, die sie mit diesem Geschenk Bay Middleton bereiten würde, verscheuchte die Depression der Abschiedsstimmung des heutigen Morgens. Sie war wieder froh und guter Laune, als sie zurück in ihre Zimmer kam.

„Festetics", begrüßte sie die Hofdame, die ihr gleich beim Eintritt entgegenkam, „wissen Sie einen geschickten Silberschmied in Budapest?"

„Es gibt in der Stadt mehrere, Majestät", antwortete die Gräfin, ohne über die Frage erstaunt zu sein, denn sie war impulsive Einfälle ihrer Kaiserin und daraus resultierende Aufträge durchaus gewohnt.

„Gut", nickte Sissy. „Ich habe Arbeit für so einen Mann . . . Aber es muß gediegen sein, was er macht, und er soll nicht zu lange dafür brauchen!"

„Um was handelt es sich, wenn ich fragen darf, Majestät?"

164

„Um einen Brieföffner mit Pferdekopf am Knauf", antwortete Sissy. „Suchen Sie die beste Adresse heraus; es darf ruhig etwas kosten. Es ist ein Geschenk, verstehen Sie? Ich möchte, daß wir heute nachmittag hinfahren!"

10. Das Budapester Geschenk

Der Landsitz der Familie Baird lag in den Midlands und grenzte an Bay Middletons ererbtes Land. Er hatte aber schon viel davon hergeben müssen — an die Bairds, die es zu guten Preisen aufkauften.

Nach dem Tod des alten Baird lag die Verwaltung der Besitztümer dieser wohlhabenden Familie, die ihre Einkünfte nicht nur aus den Geldern der Landpächter, sondern vor allem aus Kohlengruben bezogen, in den Händen der beiden Baird-Söhne, von denen einer allerdings in London den Playboy zu spielen pflegte. Der andere trug die Last der Geschäfte und war deshalb überfordert und meist übler Laune. Ihre Schwester Charlotte hätte nach Ansicht der Brüder eine glänzende Partie machen können, aber wie viele andere junge Damen in den Midlands schwärmte sie ausgerechnet für den Herzensbrecher Bay Middleton.

Der Geschäftsmann Tom Baird und Bay Middleton waren nicht gerade das, was man gute Freunde und Nachbarn nennt. Eine Annäherung ergab sich erst, als Tom es aufgab, Charlotte den Reiter ausreden zu wollen. Zunächst einfach deshalb, weil er andere Sorgen hatte, und zweitens, weil es schließlich Charlottes Leben war.

Im Grunde war Tom Baird ein rechtschaffener und arbeitsamer Mann. Bay aber schien ihm eher nach der Art seines Bruders George ein Leben ohne Zweck und Sinn zu führen — mit dem Unterschied freilich, daß George sich das leisten konnte, Bay aber auf die Dauer nicht. Wahrscheinlich würde es für ihn, Tom, nach Charlottes Heirat darauf hinauslaufen, daß er sich auch noch um Middletons verbleibende Liegenschaft würde kümmern müssen, weil dieser offenbar sie nicht zu nutzen verstand. Das ergab zwar einige interessante Möglichkeiten, aber auch Mehrarbeit in Fülle.

Bay Middleton hatte seine Absicht in die Tat umgesetzt und zu Charlottes Freude kurz nach seiner Rückkehr vom Festland um ihre Hand angehalten. Die Verlobungsfeier sollte zu Weihnachten stattfinden; Charlotte wollte diesen Triumph richtig auskosten und möglichst viele Gäste aus den umliegenden Herrschaftssitzen dabei haben. Es sollte ein Fest werden, wie die Bairds es sich leisten konnten, eines, von dem man in den Midlands reden sollte.

Tom hielt nicht viel davon. Das koste eine Menge Geld, verursache Aufwand und Zeitverlust. Ob es Charlotte denn nicht genüge, diesen Middleton endlich an der Kandare zu haben?

Nein, es genüge ihr nicht.

Charlotte sagte ihrem Bruder nicht, weshalb. Sie konnte nämlich bei Bays Wesensart noch nicht so recht an ihr Glück glauben. Hatte aber erst einmal die Verlobung in aller Öffentlichkeit stattgefunden, dann war es einem Gentleman nach den Spielregeln dieser Gesellschaft nicht mehr möglich, sein Wort zurückzunehmen, ohne sein Gesicht zu verlieren; es sei denn, die Braut hätte ihm Anlaß gegeben. Doch das würde Charlotte natürlich niemals tun.

Bay hatte erwartet, daß die Verlobung auf dem Landsitz der Bairds in festlichem Rahmen vor sich gehen werde, doch den Hintergedanken, den Charlotte hierbei hegte, ahnte er nicht. Ihm erschien das Ausmaß des Festes bei dem

166

Aufwand, den Charlotte zu treiben pflegte, als selbstverständlich.

George war wie fast immer in London, als Bay um Charlottes Hand anhielt. Er tat es bei Tom, und auch das schien ihm natürlich, denn Tom war es ja, der das Sagen in dieser Familie hatte.

Tom hörte sich den Antrag reserviert an und ließ dann Charlotte kommen, die in einem der Zimmer des weitläufigen, schloßartigen Hauses bange Minuten des Wartens verbracht hatte; denn sie hatte Middleton von einem Fenster aus vorfahren sehen.

Bay wiederholte nun nochmals seinen Antrag in aller Form.

„Charlotte, wollen Sie meine Frau werden?"

Es überlief ihn kalt bei diesen Worten. Ja, sie waren sogar von der vergeblichen Hoffnung begleitet, sie könne ablehnen. Doch so gut meinte es das Schicksal nicht mit ihm; sie sagte freudestrahlend „Ja!" und fiel Bay um den Hals.

„Nun gut", nickte Tom, „dann haben wir ja noch einen Mann in der Familie. Und hoffentlich stellt sich heraus, daß er mehr kann als bloß reiten."

Bay hatte es gar nicht gehört. Er war von Charlottes Überschwang der Gefühle betroffen, umsomehr, als er sie selbst nicht empfand. Er versuchte sich vorzustellen, wie es wäre, hielte er statt ihrer jetzt eine andere Frau in seinen Armen: die Empress Elisabeth . . . Doch seine Braut hieß Charlotte Baird, und sie nahm ihn von diesem Augenblick an in Anspruch und reklamierte ihn als ihr künftiges Eigentum. Sie hatte sofort Hunderte Pläne und überfiel ihren Bruder und Bay mit Namen von Leuten, denen sie Einladungskarten zur Verlobung zu schicken wünschte, noch ehe ein Termin hierfür fixiert war.

167

Tom, der keinen Augenblick seine praktischen Erwägungen aus den Augen verlor, erinnerte daran, daß ohnedies alljährlich am sechsundzwanzigsten Dezember ein Essen im Hause gegeben werde; es sei dies der gegebene Zeitpunkt.

Charlotte schien die Zeit zu lang bis dahin; doch froh, noch etwas Frist zu gewinnen, machte Bay die Bemerkung, die Zeit reiche eben für die anzufertigenden Kleider Charlottes, und sofort pflichtete sie bei, was Tom Baird ein beifälliges Grinsen abnötigte.

Der Kerl versteht es wenigstens, mit ihr umzugehen, dachte er sich. Er wird das schwierige Mädchen zähmen wie ein Pferd. Was mir nur recht sein kann; von jetzt ab ist alles, was Charlotte betrifft, so ziemlich seine Angelegenheit, und ich bin die Sorge um sie los.

Als Bay nach seinem Hause zurückfuhr, schwirrte ihm der Kopf; es war ihm, als müsse er dringend frische Luft schöpfen nach einem wirren Traum, den er soeben gehabt. Doch es war kein Traum. Die nächsten Tage ließen ihm hierüber keinen Zweifel; Charlotte Baird betrachtete sich als seine Braut.

So kam Weihnachten heran.

Nicht überall in der Grafschaft war es ein frohes Fest. Es war, als wäre Tom Baird in die Haut des alten Scrooge geschlüpft. Er zählte seine Pfunde und preßte etlichen Pächtern den schuldigen Pachtzins ab. Denn die Ausgaben für Charlotte und ihr Fest waren beträchtlich; ihre bei Londoner Schneidern bestellten Kleider trafen ein, und zugleich mit ihnen wurden deren saftige Rechnungen präsentiert. Zudem wurden etwa dreimal so viele Gäste am sechsundzwanzigsten Dezember erwartet wie üblich. Die Tafel sollte von sich reden machen, Charlotte wünschte Musik und zusätzliche Dienstboten und Küchenpersonal. So hegten Tom

Baird und Bay Middleton übereinstimmend denselben Wunsch: nämlich, daß der sechsundzwanzigste Dezember schon vorüber wäre.

Drei Tage vor dem Heiligen Abend brachte der Briefträger Bay Middleton ein Päckchen. Es war in Wien aufgegeben worden, vom Sekretariat der Kaiserin.

Als Bay es in Händen hielt, überfiel ihn ein leichtes Zittern. Sie dachte an ihn, und er hatte ihr nicht einmal geschrieben, aus Besorgnis, sein Brief, der womöglich durch etliche Hände ging, bevor er die Adressatin erreichen konnte, würde mißdeutet werden.

„Von ihr", murmelte Bay, „von ihr!"

Er öffnete andächtig, fand ein Schächtelchen und einen Brief von ihrer Hand und dabei — der englischen Sitte gemäß — einen kleinen Mistelzweig. Er war ihr Weihnachtsgruß.

> Lieber Bay!
> Anbei etwas, das Sie in Gödöllö vergessen haben und das ich in Ehren halte. Ich schlage einen Tausch vor: ich behalte Ihren Brieföffner, und nehmen Sie diesen als Zeichen meiner Dankbarkeit.
>
> > Elisabeth.

Bay öffnete das Päckchen, und, auf Seidenpapier gebettet, kam das Abbild seines eigenen Brieföffners zum Vorschein — aber was für ein Abbild! Middleton traute seinen Augen kaum; er hielt in Händen eine Kostbarkeit, würdig der Kaiserin.

Das war sein in Gödöllö vergessener Brieföffner — aber das einfache Stück hatte sich in ein kleines Kunstwerk aus

Silber und Elfenbein verwandelt! Bay ging das Herz auf bei diesem Anblick. Monarchen pflegten freilich kostbar zu schenken — selbst die Schwester Sissys, die entthronte Königin von Neapel, tat dies immer noch. Dennoch sah Bay in dieser Gabe etwas Besonderes — den Beweis nämlich, daß sie an ihn dachte und ihn schätzte.

Er setzte sich ohne zu zögern hin und schrieb einen glühenden Dankesbrief; doch als er ihn überlas, fand er ihn zu glühend und zerriß ihn wieder. Schließlich wurde ein einfaches, ehrfurchtsvolles Dankschreiben daraus, mit guten Wünschen für das kommende Jahr und der Mitteilung, daß er schon in den nächsten Tagen darangehen werde, die Frühjahrsjagden in Irland zu planen. Von der unmittelbar bevorstehenden Verlobung mit Charlotte Baird schrieb er nichts. Zwar sagte er sich, daß er dies tun müsse. Doch er konnte sich dazu nicht durchringen; nicht in diesem Schreiben, das Sissy erfreuen sollte.

An Charlottes großem Tag duftete das Herrenhaus der Bairds nach Pute, Plumpudding, gebratenen Äpfeln, schottischem Whisky, Champagner, Tabak und den Parfums der Damen.

Das Haus, das mit Mistelzweigen geschmückt war, bot einen festlichen Anblick. Aus den hohen Lustern in der Halle schimmerten viele Lichter herab auf die festlich gestimmten Ankömmlinge, welche Tom und Charlotte begrüßten. Wagen um Wagen fuhr vor. Charlotte sah in ihrer Robe gut aus, doch sie konnte ihre Nervosität nicht verbergen.

„Wo bleibt nur George?" fragte sie empört ihren Bruder, „und vor allem — wo ist Bay?"

„Du kennst George", gab Tom stirnrunzelnd zurück, „und was Bay anlangt, so fürchte ich, wirst du ihn noch kennenlernen."

170

„Ach, Unsinn! Ich verstehe nicht, was du gegen ihn hast."

„Du wirst es begreifen, wenn du erst eine Weile mit ihm verheiratet bist", versetzte Tom. „Aber da du dir einbildest, daß deine irdische Seligkeit von ihm abhängt, lege ich deiner Heirat nichts in den Weg, Schwester. Gewarnt habe ich dich — und damit ist wohl meine Pflicht als Bruder getan."

„Aus dir spricht bloß der Neid, Tom, weil du noch immer keine passende Braut gefunden hast. Dabei gibt es genügend hübsche Mädchen unter den Landherren der Midlands. Und ich möchte wetten, du wirst noch heute Abend umschwärmt."

Sie wurden unterbrochen; eben war wieder ein Wagen vorgefahren, und neue Gäste waren zu begrüßen.

Charlotte hätte es lieber gesehen, wenn es sich um ihren Bruder George, und noch lieber, wenn es sich um Bay gehandelt hätte. Der Zeiger der großen Standuhr in der Halle rückte bedenklich voran. Und es fiel Charlotte von Minute zu Minute schwerer, sich zu beherrschen.

Endlich kam George. Er trug seinen staubigen Reiseanzug, war sichtlich erschöpft von der Fahrt und erklärte, sich erst einmal restaurieren und umkleiden zu müssen.

„Ein Bad hätte ich auch nötig", brummte er. „Und überhaupt — muß ich denn unbedingt dabei sein?"

„Das ist doch wohl eine Frage der Höflichkeit", knurrte Tom verweisend. „Konntest du nicht früher kommen?"

„Ich hatte noch eine kleine Angelegenheit zu erledigen, um derentwegen ich dich übrigens sprechen muß . . ."

„Du hast schon wieder Schulden gemacht?"

„Es ist nicht der Rede Wert, Tom."

„Das kenne ich. Von mir kriegst du keinen Penny mehr, das habe ich dir schon letztes Mal gesagt."

Georges Blick verfinsterte sich.

„Ich denke, wir reden noch darüber", sagte er schneidend. „Übrigens, liebste Schwester, wenn du Mr. Middleton in einem Zustand hier haben willst, in dem er noch halbwegs auf den Beinen stehen kann, dann rate ich dir, schicke ein paar Dienstboten nach Coleman's Inn", versetzte er noch und ging grinsend davon.

Tatsächlich hatte George beim Pferdewechsel Bay Middleton in der alten Schenke gesehen; Bay war offenbar nicht ganz nüchtern gewesen.

11. Die Verlobung

War das etwa George Baird gewesen? — Bay war sich nicht sicher. Die ganze Schenke war in eine Art Nebel gehüllt. Das kam vom Rauch und vom Whisky.

Coleman's Inn war bekannt für den guten, schottischen Whisky, den es hier zu trinken gab — einen echten, unverfälschten Brand, in alten Fässern gelagert. Ursprünglich war Coleman's Inn eine Poststation mit einer Schmiede gewesen, in der man Pferde beschlagen lassen, und ein Wirtshaus, in dem man einen Imbiß nehmen und auch übernachten konnte. Nun hatte es an Bedeutung verloren, denn das Netz der Eisenbahn überzog das Land; doch noch immer kam es vor, daß sich hier jemand wie George Baird, der von der Bahnstation her die Pferde seiner Kutsche tüchtig abgehetzt hatte, noch ein frisches Gespann lieh und, während die Tiere an der Deichsel gewechselt wurden, auch noch einen Schluck nahm.

Bay Middleton kam von seinem Gut aus angeritten. Die Schenke lag auf der Straße zu Bairds Land. Er hatte noch

Zeit, und als er an dem schon dreihundert Jahre alten, rauchgeschwärzten Wirtshaus vorbei war, überfiel ihn plötzlich die Lust, noch einen Whisky zu trinken. Zur Stärkung, Betäubung, gegen den Durst . . .

Er war eben dabei, sein fünftes Glas Whisky hinunterzukippen, als George Baird hereinschaute. George machte eine spöttische Bemerkung, und Bay kam ein wenig zu sich. Als Bairds Wagen draußen wieder fortrasselte, durchfuhr Bay ein Schreck.

„Verdammt", fluchte er, „Coleman, du Mistkerl — weshalb hast du mir nicht gesagt, daß es Zeit für mich ist?"

„Bay", wehrte der vierschrötige Gastwirt gemütlich ab, „was soll's? Du bist hier schon öfter unter den Bänken gelegen und wolltest immer noch mehr! Einmal hast du mich sogar verdroschen, als ich dir nichts mehr nachschenken wollte, erinnerst du dich?"

„Ja, ja", lallte Bay, „ist schon gut — das war einmal! Aber doch nicht heute. Ab heute wird das anders, verdammt nochmal, verstanden?"

„Das glaubst du doch selbst nicht. Das bringst du gar nicht fertig, Bay, höchstens in Gesellschaft der Empress, weil du dich vor ihr genierst, und auf der Jagd."

„Laß die Empress aus dem Spiel, sage ich dir!" Bay sah rot. „Kein Wort über sie, verstanden?!"

Er knallte die Faust auf den alten blankgescheuerten Tisch, und es klang bedrohlich.

„Ja, ja, ist ja schon gut!" brummte Coleman besorgt. „Wenn du's sagst, wird's stimmen."

„So ist es", nickte Bay und verlangte kategorisch: „Und jetzt ein Schaff mit Wasser und einen Krug, hübsch kalt, verstanden?"

Es waren außer ihm nur noch zwei Baird-Bauern in der

Schenke; vor denen genierte er sich nicht. Er vollführte die altgewohnte, rettende Prozedur, die auch diesmal wieder zu einer relativen Ernüchterung führte. Bay prustete und schüttelte sich, trocknete mit einem geliehenen Handtuch seinen Kragen ab und bürstete das jetzt an seinem Haupt klebende, nasse Haar.

„Verdammt, es ist höchste Zeit", knurrte er zornig über sich selbst und fühlte sich elend. Der Whisky machte ihm weniger aus, sein Katzenjammer war seelischer Art. Doch mit einem Gefühl, wie er es einst in Indien gehabt hatte, als er mit seinem Regiment den aufständischen Eingeborenen gegenüberstand, schwang er sich nach Begleichung seiner Zeche in den Sattel.

„Los", kommandierte er seinem Pferd und sprengte in die Dunkelheit hinaus.

Und während ihm beim schnellen Ritt der Wind um die Ohren pfiff, kehrte ihm die Besinnung vollends wieder.

Er ließ seinem Pferde die Zügel und sprengte los, als gelte es, eine Attacke zu reiten. Endlich sah er die hell erleuchteten Fenster des alten Herrenhauses vor sich aus dem Nachtdunkel leuchten.

„Na also", knurrte er. „Bay, old Boy, reiß dich zusammen!"

***

Auf Georges Nachricht hin fehlte nicht viel, und Charlotte wäre in Ohnmacht gefallen. Schnell griff sie nach ihrem Riechfläschchen und wehrte das Malheur gerade noch ab.

„Da haben wir's", knurrte Tom zornig, „da hast du deinen geliebten Bay, wie er leibt und lebt. Das ist der wirkliche, der echte Bay Middleton! Und den willst du heiraten."

„Das ist nicht wahr", widersprach Charlotte, „er trinkt vor Freude . . . Nein, so ist er nicht. Er feiert schon auf dem Weg hierher, vor Glück."

„Er kann hier saufen, soviel er mag. Er blamiert uns."

„Aber so ist er nie, in Gesellschaft, bei Jagden, bei Rennen —"

„— nie, wenn die Empress of Austria dabei ist, möchtest du sagen", versetzte er spitz. „Ja, alle, die ihn kennen, sagen, daß er dann ein ganz anderer Middleton wäre. Und dreimal darfst du raten, warum das so ist", stichelte Tom.

„Tom, du bist abscheulich! Bay hat mir erklärt, daß an dem ganzen Gerede kein wahres Wort sei, das da um ihn und die Empress in Umlauf ist."

„Kunststück! Was sollte er dir denn auch schon anderes sagen? Die Wahrheit etwa? Daß ich nicht lache."

„Wirklich, du bist abscheulich. — Was tun wir bloß? Wir müssen ihn hierherkriegen!"

„Am liebsten würde ich ein paar handfeste Stallburschen nach ihm schicken, die ihn nüchtern prügeln", knurrte Tom. „Lächle, Charlotte, die Wilfords kommen eben an, und wir müssen sie begrüßen!"

Charlotte war nicht nach Lächeln zumute und tat es trotzdem.

Die Frage, was Tom unternehmen solle, um Bay Middleton auf halbwegs sicheren Beinen hierherzukriegen, erübrigte sich, noch während die aufgeregte Charlotte und ihr zorniger Bruder zwischen der Ankunft eintreffender Gäste darüber berieten. Denn Bay hatte einen wahren Parforceritt hinter sich. Und von seinem Whiskyrausch war ihm jetzt nichts mehr anzumerken.

„Da sind Sie ja, Middleton — endlich", empfing ihn Tom frostig. „Mein Bruder hat uns gesagt —"

„Charlotte, ich küsse die Hand", unterbrach ihn Bay, ohne auf die Vorwürfe hinzuhören, „und bitte zugleich um Entschuldigung. Ich muß erst noch mein Pferd versorgen."

„Dazu haben wir doch Stallburschen", widersprach Tom ärgerlich.

„Nein, ich muß es selbst tun", schüttelte Bay den Kopf. „Aber es dauert nicht lang."

Und damit stakste er davon.

Charlotte war nicht einmal dazugekommen, den Mund aufzutun, und starrte ihm sprachlos nach.

„Da hast du's", erklärte Tom zornig, „zuerst das Pferd, dann die Braut. Krepieren soll er samt seiner Mähre!"

„Entschuldige mich", hauchte Charlotte, die Bay folgen wollte, doch ihr Bruder ergriff sie schmerzhaft an ihrem Handgelenk.

„Wohin willst du? Hiergeblieben! Es ist genug, daß sich der Bräutigam unmöglich benimmt. Du wenigstens wirst den Anstand wahren. Wenn du nach eurer Hochzeit in seinem Hause wohnst, kannst du tun und lassen, was du willst. Aber hier und heute bist du noch eine Baird, verstanden!"

Er hatte recht, Charlotte wußte es. Aber sie schwor sich, daß — sobald sie als Mrs. Middleton in dessen Haus residieren würde — auch dort die Sitten der Bairds herrschen und daß sich Bay danach würde richten müssen.

Middleton jedoch stand in dem ausgedehnten Stallgebäude und rieb seinen schweißnassen Rappen trocken, sorgte für seinen Hafer und tätschelte das müde Tier. Der Rappe schnaubte dankbar; Bay und das Tier blickten einander an, und sie verstanden einander. Und es war ihm, als stünde Sissy neben ihm.

„Mein Guter", flüsterte er heimlich und spürte dabei ein merkwürdiges Würgen in seiner Kehle, daß seine Stimme noch ein wenig rauher klang als sonst, „wir werden sie wiedersehen, das verspreche ich dir!"

Doch dann kehrte er zur festlich erleuchteten Halle, zu Tom und Charlotte zurück. Man tafelte erlesen, die Musik spielte, und dann folgte im Festsaal der Tanz.

Als es soweit war, erschien auch George. Er hatte sich umgekleidet und machte keinen üblen Eindruck. Zum Unterschied von Tom trug er ein gewandtes Wesen zur Schau. Beidem verdankte er den Erfolg, den er als Playboy in der Londoner Gesellschaft zu verzeichnen hatte.

„Na, Middleton", sagte er, sich neben Bay und Charlotte stellend, während sich Tom mit ein paar Gutsnachbarn über die nächsten Wollpreise ihrer Schafzucht beriet.

„Tag, George", sagte Bay. „Hast mich wohl bei Tom verpfiffen?"

„Wegen Coleman's Inn? Da gab's nichts zu verpfeifen, Bay. Morgen pfeifen's ohnedies die Spatzen von den Dächern. Aber eigentlich ist das deine und Charlottes Angelegenheit."

„Das meine ich auch", brummte Bay.

„Es wird kein Gerede mehr geben", versicherte Charlotte.

„Ach — mir ist das egal — die Leute reden ja auch über mich. Sollen sie nur. Bay genießt noch ein Weilchen seine Freiheit. Tom hat keinen Sinn dafür, ich schon", brummte George verständnisvoll und mischte sich unter die Leute.

„Er wird versuchen, dich anzupumpen", warnte Charlotte hellhörig. „Ja, er wird es bei dir versuchen, weil ihm Tom nichts mehr gibt. Daß du dich ja nicht breitschlagen läßt!"

„Ich habe selbst Schulden", versetzte Bay bedauernd.

„Du wirst bald keine mehr haben, Schatz", meinte sie vielversprechend und spielte auf ihre Mitgift an.

177

„Ich hoffe es", meinte Bay, als ob es um einen Pferde-handel ginge.

Und genau dieses Gefühl beherrschte ihn für den Rest dieses denkwürdigen Abends, der freilich viel in seinem Leben verändern sollte. Denn Charlotte Baird war eine mit starkem Willen begabte Frau, die sich vorgenommen hatte, die Zügel zu führen. Und das tat sie auch vom Tag ihrer Heirat an — und in sehr vielen Dingen zu Bays Vorteil, wie sich zeigen sollte.

Als die Stunde vorrückte und die Gäste vom Wein, Tanz und Geplauder gerötete Gesichter hatten, fand Tom Baird es für angezeigt, die Verlobung seiner Schwester zu verkünden. Ein Walzer war verklungen; Stimmengewirr erfüllte den Raum, als Tom vor die Musikanten trat, an sein Glas klopfte und um Aufmerksamkeit bat.

„Meine lieben hier versammelten Gäste, Freunde und Nachbarn, Ladies und Gentlemen! Unser diesjähriges traditionelles Zusammentreffen wird durch einen besonderen Anlaß bereichert. Meine Schwester Charlotte hat meinem Nachbarn William George Middleton ihr Jawort gegeben."

Ein allgemeines „Ahh", folgte dieser Eröffnung.

„Jetzt müssen wir wohl anstoßen und einander küssen, Bay", erinnerte Charlotte, während Bay in Gedanken in weiter Ferne schien.

„Ja, das müssen wir wohl", nickte er zerstreut.

Da nahm ihn Charlotte fest am Arm, schmerzlich fest, wie es schien, denn er zuckte unter ihrem Griff zusammen.

George war der erste, der hinzutrat und mit dem Brautpaar anstieß.

„Gratuliere", sagte er lächelnd.

Charlotte strahlte. Alle lachten, drängten herbei, gratulierten dem neuen Paar, stießen mit an.

Und nun mußte auch Bay etwas sagen.

„Ja", meinte er, nach Worten suchend, „Charlotte und ich, wir sind eben Nachbarskinder. Und — und ich werde mein Möglichstes tun, sie glücklich zu machen!"

Er glaubte es, als er dies sagte. Charlotte hörte das heraus, in ihre grauen Augen trat ein Schimmer, und sie küßte Bay nochmals, als wolle sie in ihm die Flamme erwecken, nach deren Wärme sie sich so sehnte.

„Bay", sagte sie zärtlich, „ich danke dir . . . auch ich — auch ich möchte dich glücklich machen!"

Das kannst du nicht, dachte er bei sich, das könnte keine Frau auf der Welt außer einer . . .

„Ich liebe dich, Bay", gestand sie errötend. „Sage mir doch, daß auch du mich liebst . . ."

„Aber natürlich", wich er aus. „Aber gewiß doch, Charlotte. Ganz gewiß!"

Das Wort „Liebe" kam aber nicht über seine Lippen. Charlotte neigte ihr Haupt schwer auf seine Brust. Ringsum klangen Gläser, schwirrten Stimmen, zeigten sich lachende Gesichter. Und wieder setzten die Musikanten mit einem Walzer ein.

„Wir wollen tanzen, Charlotte", meinte er und zog sie zur Mitte des Parketts.

***

„Was gibt es, Sztaray?"

Sissy wurde durch das beharrliche Klopfen der Kammerfrau aus ihren Erinnerungen gerissen.

„Ich wollte nur fragen, ob Majestät irgend etwas für morgen befehlen? Im Casino wird ein Liederabend gegeben. Hätten Majestät vielleicht Lust? Marie Renard singt, Majestät!"

Marie Renard war ein Star der Wiener Hofoper. Sie stammte aus Graz und hieß eigentlich Pölzl. Sie war die Tochter eines Fiakers und hatte es in der Residenzstadt zu unglaublichen Sangesehren gebracht.

Sissy aber winkte ab.

„Die kann ich ja auch in Wien hören", meinte sie. „Nein, ich bin nicht in der Stimmung. Wenn Sie aber Lust dazu haben, gehen Sie ruhig hin."

„Ich danke, Majestät", freute sich die Sztaray und entfernte sich wieder.

Sissy fühlte sich müde. Sie rief ihre Kammerzofen, ließ sich auskleiden und ging zu Bett. Aber sie fand noch lange keinen Schlaf. Die Bilder der Vergangenheit verfolgten sie.

Dritter Teil

1. Ein kurzer Besuch

In den späten Novembertagen des Jahres 1897, als Franzl bereits seine Weihnachtstage in Gödöllö zu verbringen plante, während Sissy unterwegs von Paris nach Biarritz war, kam Gisela überraschend in die Hofburg. Als Tochter des Kaisers hatte sie das Recht, „durch die Kammer", also ohne vorherige Anmeldung, das Arbeitszimmer ihres Vaters zu betreten. Dies war möglich von der Kaiserstiege aus, die im Burghof endete, und geschah durch eine Tapetentür, die sonstigen Besuchern des Arbeitszimmers unsichtbar blieb.

Gisela klopfte an und hörte ein überraschtes „Herein!" als Antwort, und gleich darauf lagen der Vater und die blonde Tochter einander in den Armen.

„Gisi! Du hier, in Wien!" rief Franzl, der gleich seinen Aktenberg beiseite schob. „Hast du Hunger? Soll dir die Hofküche was bringen?"

„Ach nein, Papa, ich bin nur auf der Durchreise. Ich erhielt unterwegs einen Brief von Mama aus Paris. Sie war mit dem Alençon beim Grab von Tante Sophie. Es muß sie ziemlich mitgenommen haben."

„Sie hat auch mir geschrieben; aber offenbar wollte sie mich nicht beunruhigen, in ihrem Brief war davon nicht die Rede. Mir schrieb sie, sie freue sich auf Biarritz."

„Ja, ja, Papa. Aber sie haben im Zug eine Seance abgehalten und probiert, den Geist von Tante Sophie zu beschwören."

Franzls Stirn runzelte sich.

„So ein Unsinn! Das habe ich doch verboten", ärgerte er sich. „Das regt doch Mama viel zu sehr auf und führt zu nichts! Der Herrgott hat eine Grenze geschaffen zwischen hier und drüben, die man respektieren soll. Warum ist

Mama bloß so sehr darauf versessen, mit den Toten in Verbindung zu treten?"

„Du glaubst nicht daran, nicht wahr?"

„Dein Bruder Rudi hat selbst mehr als einmal solche Medien und Gespensterproduzierer als Schwindler entlarvt! Sogar hier, im Hause, in seinen Zimmern."

„Ja, ich weiß — aber die Weiße Frau —?"

„Gisi, ich lebe nun schon so viele Jahre in diesem alten Haus und bin ihr noch nie begegnet."

„Du nicht, aber andere — vor Rudis Tod etwa!"

„Ach, Unsinn, das sind dumme Geschichten. Es kommt daher, daß die Leute zu viel Zeit haben. Ich aber habe keine Zeit, verstehst du, Gisi? Von mir erwartet man, daß ich für Arbeit und Brot, für Frieden und Wohlstand und eine vernünftige Entwicklung sorge in diesem Land. Ich habe so viel mit dem Diesseits zu tun, liebes Kind, daß ich mich mit dem Jenseits nicht auch noch befassen kann."

Gisela mußte lachen. Doch Franzl meinte väterlich: „Da gibt es gar nichts zu lachen, mein liebes Kind. Das Lachen vergeht einem bei diesem Geschäft. Und deine liebe Mama hätte auch keine Zeit für Seancen, Depressionen und Kuren, würde sie sich nicht permanent ihren Pflichten als Kaiserin entziehen."

Er sagte dies nicht ohne Ärger und Bitternis. Gisela hörte es wohl heraus.

„Aber sie ist nun einmal nicht dafür geschaffen, Papa! Es liegt ihr nicht."

„Wer hat mich je danach gefragt, ob ich dafür geschaffen bin und ,es mir liegt'? — Ich bin ein Mensch wie jeder andere, Gisela, und nicht mehr jung. Und als ich Kaiser wurde, mußte ich erst volljährig erklärt werden. Und dann hat man gesagt: Regiere! Deine Mutter, die Minister und dein Herr-

gott werden dir dabei helfen. Mutter habe ich längst keine
mehr, die Minister von damals sind gegangen und unter der
Erde. Heute habe ich andere und gelernt, daß ich mich in
Wirklichkeit nur auf einen verlassen kann: auf unseren Vater im Himmel. Ich bin Kaiser durch seinen Willen und von
seinen Gnaden. Und ich bin ihm dafür verantwortlich, wie
ich mein Amt verwalte. Wenn ich manchmal nicht weiter
weiß, dann bete ich halt, und es hilft . . . Und, Gisela, wie
es ‚da drüben‘ aussieht, erfahre ich ganz von selbst, sobald
er’s für richtig hält, ohne Medium.“

Es tat ihm wohl, sich das von der Seele reden zu können,
und Gisela legte ihm impulsiv die Rechte auf seinen Uni-
formärmel. Als er ihre warme Hand durch den abgetrage-
nen Stoff auf seinem Oberarm spürte, erkannte er darin die
Geste ihrer Mutter. Sissy handelte ebenso, wenn er sich auf-
regte und sie ihn beruhigen wollte.

„Ich wollte dir nur sagen, Papa“, meinte Gisi, „daß wir
heuer wieder zu Weihnachten nach Gödöllö kommen! Du
fährst doch hin, nicht wahr?“

„Ich werde wohl“, brummte er, „vor allem, wenn du mit
deiner Familie kommst. Sonst wäre es unerträglich einsam.
Marie-Valerie fährt ja nach Biarritz zu Mama.“

„Wie geht es eigentlich Frau Schratt?“

„Ich weiß es nicht! Ich habe sie seit langem nicht mehr gesehen, nicht einmal im Theater, ich gehe nicht mehr hin.“

„Ja, seid ihr denn noch immer bös’?“ wunderte sich
Gisela mitfühlend.

„Wir sind nicht bös’. Es ist wegen dem Gerede der Leut’.
Es hat Mama sehr getroffen, als sie davon erfuhr. Sie hat ja
recht, obwohl —“

„Obwohl —? Was willst du damit sagen, Papa?“ forschte
Gisela.

Franzl wiegte nachdenklich seinen grau gewordenen Kopf und zündete sich eine Zigarre an. Er war sich nicht im klaren darüber, ob er Gisela sagen sollte, was ihm seit Tagen durch den Kopf ging; doch sie war schließlich seine Tochter, und deshalb tat er es doch.

„Gisi", begann er, „es ist ja nicht so, daß — ganz ohne Grund — nur über mich und die Baronin von seiten böser Mäuler getuschelt wird. Ich wäre ihr Liebhaber, sagen die Leut'. Wäre ich's wirklich, dann wär' das kein Wunder, denn Mama hat mich ja zum fast permanenten Strohwitwer gemacht. Aber ich hab' dazu so wenig Zeit wie für Seancen . . . Die Baronin war für mich wichtig, weil sie ein Mensch ist, mit dem ich gut plaudern kann, weil mir ihr Kaffee und ihre Mehlspeis' besser schmecken als das lauwarme G'schlader aus der Hofküche und weil sie mir Sachen sagt, von denen ich sonst gar keine Ahnung hätt'. Das haben halt etliche Herrschaften nicht gern, die ließen mich lieber blöd sterben. Den Gefallen tu' ich ihnen aber nicht, das kann ich mir als Kaiser nicht leisten!"

„Ja, ja, ich weiß, es ist eine Intrige", nickte Gisela. „Aber du sagtest vorhin, daß nicht nur über dich getuschelt wurde — über wen denn sonst noch?"

„Über Mama", antwortete Franzl ernst. „Man hat auch ihr Affären nachgesagt, sie war schließlich eine schöne Frau und ist es noch. Und sie hatte eine Vorliebe für manche Herren, was auch mir nicht verborgen blieb."

„Das liegt ja wohl schon lange zurück, Papa!"

„Nicht gar so lange . . . Die gleichen Leut', die jetzt über mich und die Baronin sich das Maul zerreißen, könnten eines Tages auch wieder aufwärmen und auf ihre Weise darstellen, was etwa zwischen Mama und diesem englischen Reitersmann, dem Middleton, war. Auch gibt es Leute, denen alles recht ist, was dem Ansehen des Kaiserhauses schadet; und Journalisten, für die es einfach ein Geschäft ist, zu sudeln und Papier zu beschmieren. Die leben davon, von Sachen etwa, die deine liebe Cousine Marie Larisch ,enthüllt'. Sie läßt sich sogar das Nichtschreiben bezahlen, nämlich von mir", knurrte er zornig.

„Schändlich", warf Gisela ein. „Wirklich schandbar von ihr!"

„Sie war einmal in Gödöllö, als irgend etwas mit Middleton und Mama passierte; ich weiß noch immer nicht genau, was. Und dann, bei den Jagden in England . . . Nun, ich habe in der letzten Zeit die Briefe von Mama in der Hand gehabt, die sie an mich schrieb. Ich bin noch nicht mit dem Lesen fertig, habe zu wenig Zeit und bin spätabends auch schon müde. Aber Mama hat auch mit Middleton korrespondiert, und ich fände es für gut, wenn wir jene Briefe zurückbekämen, die sie diesem Mann nach England geschrieben hat."

„Nun, die müßten sich doch beschaffen lassen!"

„Ich hoffe es", meinte Franzl nachdenklich und paffte Rauchwolken über seinen Schreibtisch hin. „Ich hoffe es! Zwar wird es sich in den meisten Fällen wohl bloß um Angelegenheiten ihrer Pferde handeln, denn Middleton mußte sich ja um die Tiere kümmern, die in England in Ställen untergebracht waren. Aber möglicherweise genügen in den falschen Händen ein paar unvorsichtig geschriebene Sätze, die noch dazu ganz harmlos gemeint sein können. Verdrehen und auslegen, wie es einem paßt, kann man vieles."

„Du möchtest also —?"

„Diese Briefe notfalls kaufen", nickte Franzl. „Ja, dieser Gedanke ist mir neulich gekommen. Es beunruhigt mich, daß es sie da drüben in England gibt. Sie gehören bei uns archiviert. Wobei man sich notfalls absichern kann, daß kein Unberufener sie bekommt."

„Es wundert mich, daß Mama sich nicht selbst schon darum gekümmert hat", meinte Gisela kopfschüttelnd.

„Ach, sie vertraute doch Middleton vollkommen. Da hatten sich zwei Pferdenarren gefunden . . .! Sie waren bis zu seiner Heirat viel beisammen."

„Und — kamen auch ins Gerede, wie du und die Schratt?"

„Ja", nickte Franzl vielsagend, „die liebe Mama! Auch sie war — sehr unvorsichtig! Unsereins darf sich eben nicht verhalten, wie andere Leute es ungestraft tun können. — Hierzulande ist darüber nicht viel bekannt geworden. Zwar waren einige Leute von hier gemeinsam mit ihr in England und Irland auf Jagd, und auch Tante Marie von Neapel war dabei, als Middleton vorritt. In Gödöllö habe ich es ja selbst auch erlebt. Ein guter Reiter, dieser Bursche. Wenn es um Pferde ging, handelte Mama manchmal unüberlegt."

„Und was wirst du nun unternehmen, um diese Briefe zu bekommen?" fragte Gisela interessiert.

„Das Übliche", meinte ihr Vater gelassen. „Ich werde unsere Botschaft in London mit der Sache betrauen. Die werden sich der Angelegenheit annehmen. Ich erwarte keine Schwierigkeiten. Schlimmstenfalls kostet es Geld."

Gisela blickte auf die kleine, tickende Uhr, die als Brosche von einer kurzen Goldkette an ihrem Halsausschnitt baumelte.

„Es wird Zeit, Papa", erhob sie sich. „Mein Zug fährt in einer halben Stunde."

„Bis dahin bist du längst am Südbahnhof", meinte er beruhigend. „Trink doch noch was!"

„Nein danke, Papa. Du kennst mich — ich bin erst wie-

188

der ruhig, wenn ich in meinem Abteil sitze. Wir sehen einander also zu den Feiertagen im alten, lieben Gödöllö."

„In Gödöllö, wo Mama stets so gerne war und sie sich wohl fühlte. Ich kann sie nicht begreifen. Weihnachten in Biarritz! Brrr —"

Sie umarmten und küßten einander. Franzl hielt sie fest umschlungen und küßte sie auf die Wangen und die Stirn.

„Gott mit dir, mein Kind", verabschiedete er sich.

„Mit dir auch", sagte Gisi einfach, drückte ihm noch einmal mit kindlicher Wärme die Hand und verschwand gleich darauf durch die Tapetentür, die sich hinter ihr unter leisem Klappen schloß.

Nachdenklich setzte Franzl sich an seinen Schreibtisch und betrachtete Sissys Bild.

Darauf war sie noch so jung wie einst, als sie an Bay Middletons Seite durch Englands Wälder geritten war.

„Ja", führte er ein Selbstgespräch, „es wird gut sein, diese Briefe zu bekommen! Ich will veranlassen, daß man sich darum kümmert."

Er nahm einen Briefbogen aus der Lade, tauchte die Feder ins Tintenfaß, rückte seinen Kneifer zurecht, und danach durchbrach nur noch das kratzende Geräusch der Feder auf dem Papier die Stille. Er schrieb sorgfältig und lang, während der Rest seiner Zigarre in der Aschenschale allmählich verglomm.

Er berichtete Sissy vom Besuch Giselas; doch von seinen inneren Zweifeln und dem Vorhaben, ihre Briefe in England ausfindig zu machen, schrieb er ihr nichts.

Was war nun — damals in England — weiter geschehen?

2. Charlotte

Charlotte Bairds Hoffnungen auf eine Heirat noch im Mai sollten sich nicht erfüllen. Theoretisch stand einer Eheschließung zwischen ihr und Middleton im kommenden Wonnemonat nichts im Wege. Doch Bay wollte die Jagden im Frühjahr in Irland noch über die Runden bringen, als eine Art Polterabend im Sattel, als ein Abschied von seinem Junggesellendasein, das er ohne die Affäre mit Sissy vielleicht nie oder zumindest nicht so überraschend aufgegeben hätte. Andererseits aber war es gerade die Empress, um derentwillen ihm ein Aufschub unumgänglich war.

Je mehr Charlotte fragte und drängte und darauf verwies, daß eine Verschiebung ihr zum Schaden gereiche und den Klatschmäulern Stoff liefern würde, umso mehr verschanzte sich Bay hinter Verwänden, wie, daß die Renovierung seines Hauses noch nicht so weit fortgeschritten sei, als daß er Charlotte den Einzug schon zumuten könne.

„Es fehlt einfach am Geld", erklärte er ihr. „Du mußt noch Geduld aufbringen!"

„Wenn es weiter nichts ist — ich habe doch Geld", erklärte Charlotte. „Wieviel ist denn noch nötig? Ich schreibe dir einen Scheck aus; das dauert eine Minute!"

„Wohin denkst du!" wehrte Bay beleidigt ab und fühlte sich in die Enge getrieben. „Nein — ich nehme doch von dir kein Geld! Das ist einzig und allein meine Angelegenheit. Wie stünde ich vor dir und mir selbst da, wenn ich dies täte."

„Was für Unsinn!" rief Charlotte. „Und überhaupt: weshalb läßt du mich bei deinen Veränderungen nicht mitreden?"

„Es ist doch wohl mein Haus, Charlotte."

190

„Und ich werde die Hausfrau darin sein!" blieb sie hart-
näckig. „Bay, es ginge doch alles viel schneller!"

Aber das war es ja gerade, was er nicht wollte. jeder Tag
Verzögerung erschien ihm als ein geretteter Tag seiner Freiheit.

In Begleitung Toms kam sie eines Tages unangemeldet
bei Middleton „vorbei", um die Malerarbeiten zu besichtigen, die laut Aussage des Hausherrn der kalten Jahreszeit
wegen nur langsam vorangingen. Glücklicherweise hatte
Bay an diesem Tage tatsächlich die Maler im Haus; sie weiß-
ten allerdings einen Stall, der Sissys Pferde vorübergehend
aufnehmen sollte.

„Da steckst du!" begrüßte sie ihn, gefolgt vom Tom, der
sich grinsend umsah. „Ich habe vergeblich im Haus nach dir
gesucht; erst dein Butler schickte mich hierher."

„Ja", empfing sie Bay verlegen, „wie du siehst — es wird
gearbeitet."

Tom grinste: „Das soll wohl Charlottes Boudoir werden?"

„Unsinn", brummte Bay. „Charlottes Räume kann ich
noch nicht in Angriff nehmen. Übrigens will ich diese tape-
zieren lassen; doch es ist jetzt zu kalt. Ich kann das ganze
Haus nicht heizen."

„Das wirst du aber müssen, wenn Charlotte hier wohnt",
meinte Tom.

„Sicher", sagte Bay, „das weiß ich selbst. Doch noch
wohnt sie ja nicht hier."

„Und wann sollen die Tapezierer kommen?"

„Im April", antwortete Bay kurz und abweisend. „Es
hängt auch mit meinen Einkünften zusammen. Die Pächter
zahlen im März das Vierteljahr."

„Bay will sich von mir nicht helfen lassen", schüttelte

Charlotte den Kopf. „Ein Kavalier tut das nicht! Er läßt seine Braut lieber auf die Hochzeit warten. Das ist gentlemanlike."

„Du bist ungerecht, Charlotte", widersprach Bay.

„Man spricht davon", meinte Tom beziehungsvoll, „daß Parnell, der Führer der irischen Freiheitspartei, in Washington Reden hält und dabei hervorhebt, daß die Empress of Austria wiederkommen will. Ich kann mir vorstellen, daß dies eine ‚besondere Freude' für unsere Queen sein wird. Vor allem, wenn bereits die Meuten für die Jagd in Irland bestimmt werden."

Bay ging nicht darauf ein, sondern redete von Teppichen, die er kaufen wollte.

„Soviel ich aus London weiß, hat sich der Buckingham-Palast bereits mit Wien in Verbindung gesetzt, um einen neuerlichen Besuch der Empress in Irland zu verhindern."

Diese Nachricht traf Middleton wie ein Stich in die Brust. Tom meinte, hier gäbe es ja doch nichts zu sehen, und ging nach draußen. Er ließ Charlotte mit Bay mit voller Absicht allein, und diese näherte sich ihm sofort.

„Bay", sagte sie blitzenden Auges, „eine Baird gibt niemals her, was sie besitzt. Und was die Empress of Austria betrifft — ich bin keine Irin. Mag sie die Iren schätzen, und mögen die Iren sie lieben. Ich liebe sie nicht, Bay, niemals!"

Sie wandte sich schroff von ihm ab und folgte ihrem Bruder Tom. Bay trat nach draußen und sah, daß Tom Baird schon in seiner Kutsche saß. Er hob nur kurz die Hand zum Gruß, und das Gespann fuhr los, sobald Charlotte die Kutsche bestiegen hatte.

In den folgenden Tagen konnte man Bay in London antreffen, wo er Nachtlokale aufsuchte und sich gelegentlich betrank. Aber er versuchte nicht, Klarheit darüber zu

192

gewinnen, ob die für Februar geplanten Jagden nun stattfinden würden oder nicht.

Endlich kam ein Brief aus Wien. Baron Nopsca teilte Bay mit, daß im Hinblick auf die Beziehungen zwischen London und Wien an einen neuerlichen Aufenthalt der Kaiserin in Irland in nächster Zeit nicht gedacht werden könne; ihr letzter Besuch habe ganz gegen ihre Absicht böses Blut verursacht, und der Kaiser könne eine neuerliche Mißstimmung zwischen den beiden Höfen nicht gutheißen. Jedoch erwäge Ihre Majestät, im Herbst nach den Midlands zu kommen.

Daraufhin setzte Bay den Hochzeitstermin fest — für Ende Oktober. Ein weiteres Hinauszögern war ein Ding der Unmöglichkeit und wäre einer Beleidigung der Bairds gleichgekommen.

Charlotte war außer sich vor Zorn, als sie diesen späten Termin erfuhr. Zwar war dies nun unumstößlich, und die Monate bis dahin würden auch vergehen, aber die Nachricht, daß Sissy zuvor in die Midlands kommen würde, erschien bereits als Notiz in verschiedenen Zeitungen, und Charlotte hatte sie gelesen.

„Es ist nur ihretwegen", erklärte sie Tom. „Sie muß ihn verhext haben. Jeder andere könnte es kaum erwarten, mit mir vor den Altar zu treten."

„Du kannst es dir noch überlegen, Schwester. Du bist eine Baird und kannst ihm den Laufpaß geben."

„Das möchte ihm so passen! O nein, ich werde warten! Soll er noch einmal seine Freude haben; ich zahle es ihm heim, und er wird sie nie wiedersehen!"

Bei seinen nächtlichen Ausflügen in London konnte es nicht ausbleiben, daß Bay mit George Baird zusammentraf. Es war in einem nicht gerade erstklassigen Hotel, in dem gespielt wurde und in dem sich käufliche Mädchen aufhielten.

George hatte wieder einmal eine runde Summe am Spieltisch verloren, als er verschwommenen Blicks Bay erkannte, der seinen Mantel eben an der Garderobe ablegte. George, der kaum noch auf den Beinen stehen konnte, wankte auf ihn zu.

„Heda, Schwager! So ein Zufall... Schwa-Schwager, so darf ich doch schon sagen, wie? — Schwager, du kommst wie gerufen. Ich ha-habe nämlich totales Pech heute Abend; jawohl, tota-ta-tales Pech."

„Bleib mir vom Leib, George", knurrte Bay abweisend. „Halte deinen Schädel unters Wasser! Das hilft."

„Aber ich fühle mich wohl — bin bloß blank, Schwa-wager, und du ko-kommst wie gerufen", lallte Bay grinsend.

„Irrtum, George! Und dein Schwager bin ich noch nicht. Deine Schulden zahle ich nicht. Mach keine!"

Er tauchte ihn von sich, als ihm George wankend zu nahe kam, so daß seine Alkoholfahne Bay ins Gesicht blies.

„Verschwinde, George", fügte er dabei hinzu. „Sauf nicht so viel; dann wird man dich auch nicht so leicht ausnehmen können. Geh heim und schlaf deinen Rausch aus."

„Wie? Was? Du willst nicht?" lallte George, und die Zornesröte trat in sein Gesicht.

„So ist es, George. Folge meinem Rat und verschwinde von hier."

„Und wer bezahlt für mich, he?"

„Dein Bruder Tom vermutlich. Bleibt ihm ja wohl nichts anderes übrig."

„Tom? Tom zahlt nichts. Du zahlst — du wirst schließlich mein Schwager!"

„Tut mir leid, George. Ich bin kein reicher Baird. Ich bin nur ein Middleton."

Da lachte George: „Und die Empress läßt nichts springen? Von der kannst du doch kriegen, was du willst. Oder?"

Jetzt packte ihn Bay am Kragen.

„Noch ein solches Wort, George, und ich sorge dafür, daß du in einer Minute nüchtern bist. Stehen wirst du dann trotzdem nicht können!"

Der Wortwechsel lockte Neugierige herbei, die die beiden Männer begafften. George begriff trotz seiner Betrunkenheit, daß er dabei war, sich vor diesen Leuten zu blamieren. Ganz plötzlich griff er Bay wuterfüllt an.

Doch Middleton, der an diesem Abend noch nüchtern war, parierte blitzschnell. Eine kurze Wendung, und er hatte George rückwärts am Kragen.

„Die Tür auf!" rief er, und im nächsten Moment landete George draußen im matschigen Schnee.

Als hätte ihn dieses Erlebnis von seinem Vorhaben abgebracht, oder weil er sich um George doch kümmern wollte, verlangte Bay danach seinen Mantel wieder und ging.

Tatsächlich lieferte er George noch am gleichen Abend in dessen Quartier ab. Am nächsten Morgen fuhr Bay heim und suchte noch am gleichen Tag Charlotte auf.

Sie war überrascht über sein Kommen, denn er hatte sie bisher nicht gerade mit Besuchen verwöhnt.

„Ich habe deinen Bruder in London getroffen. Er war sinnlos betrunken und hatte wieder Geld verloren — eine ziemlich hohe Summe, wie ich aus ihm herausbekam."

„Oh", sagte Charlotte betreten.

„Die Summe übertraf meine Barschaft bei weitem. Ich habe für ihn einen Wechsel ausgestellt."

Charlotte blickte ihn entgeistert an.

„Bay", entfuhr es ihr, „warum tust du das?"

„Das war doch wohl selbstverständlich", knurrte er. „Immerhin ist er dein Bruder, Charlotte. Aber macht etwas, damit er nicht mehr spielt. Dieser Wechsel reißt ein Loch in meine Kasse."

„Aber Tom gibt dir das Geld selbstverständlich!"

„Das möchte ich nicht", schüttelte Bay den Kopf. „George ist dein Bruder. Laß mir das Gefühl, irgend etwas für einen Baird getan zu haben."

Charlotte vermochte es nicht zu fassen. Sie lief auf ihn zu und umarmte ihn. Er ließ es mit sich geschehen; er war in einer seltsam weichen Stimmung und wünschte sich, Charlotte lieben zu können, wie er Sissy liebte.

Doch es war nicht Diana, die Empress, die er in seinen Armen hielt und die ihn küßte. Wie mochte ein Kuß der Kaiserin wohl schmecken? Bay wußte es nicht. Es war ein Glück, das ihm nie widerfuhr.

„Bay", hauchte Charlotte, „versprich mir, daß du sie nie wiedersiehst!"

„Wen...?"

„Du weißt es: die Kaiserin!"

„Ich kann das nicht, Charlotte. Die Kaiserin kommt in die Midlands."

„O nein! Ist es sicher?"

„Ganz sicher. Und du weißt, daß ich das nicht absagen kann."

„Sie kann einen anderen Vorreiter nehmen!"

„Aber sie will keinen anderen. Sie will mich", erklärte Bay leise.

Da stieß ihn Charlotte enttäuscht von sich.

3. Des Frohsinns Lied

„Bevor Majestät wieder zur Jagd reisen, sollten Majestät aber doch noch die Montag anhören", meinte die Gräfin Festetics. „Seit sie geschieden ist, ist sie mit dem Logenmeister der Hofoper liiert, dem Janeczek, und der geht mich immer wieder an; die Luise möcht' gar zu gern in der Oper singen."

„Da muß sie sich an die Intendanz wenden", sagte Sissy erstaunt. „Ich habe da gar keinen Einfluß und gehe kaum in die Oper. Aber gehört hab' ich schon von der Montag, sie soll ja ein Naturwunder sein."

„Das ist sie auch, Majestät. Das kann Baron Nopsca bestätigen."

„Wieso — hat er sie denn schon gehört?"

„Er war vorige Woche beim Dreher auf der Landstraße. Sie tritt jetzt dort auf. Die Leut' stürmen den Saal, sagt er, man kriegt kaum einen Platz, und das Gulyas ist dafür jetzt doppelt so teuer, sogar das Bier hat einen Aufschlag."

„Daß der Baron solche Passionen hat, merkt man ihm wirklich nicht an."

„Der ist ein stilles Wasser, Majestät!"

„Das scheint mir auch so . . . interessant! Ich kriege direkt Lust, mir die Luise Montag auch anzuhören."

„Das ist doch ganz einfach! Wir geben dem Janeczek Nachricht, und sie kommt, wann immer Majestät es wünschen, hierher, nicht wahr?"

„O nein, das wäre ganz gefehlt. Am Ende kriegt die Arme keinen Ton heraus, wenn sie der Kaiserin gegenübersteht."

„Das glaube ich nicht, Majestät. Sie soll sehr resch und resolut sein, sagt der Baron, und obwohl sie noch so jung ist, hat sie vor dem Publikum überhaupt keine Angst."

Sissy überlegte kurz.

„Wissen Sie was, Gräfin? Wir drei, Sie, der Baron und ich, gehen ganz einfach zum Dreher. Sie braucht gar nicht wissen, daß wir ihr zuhören. Sie darf kein Wort davon erfahren. Ich will dieses Wiener Wunderkind so erleben, wie es sich jeden Abend gibt."

Die Gräfin schlug entsetzt die Hände zusammen.

„Aber Majestät — das ist doch ganz und gar unmöglich! Der Dreher ist ein — wenn auch gutbürgerliches — Bierlokal!"

„Na und?" versetzte Sissy schnippisch. „Was glauben Sie, wie oft mein Vater das Hofbräuhaus in München frequentiert hat — und das nicht einmal inkognito."

„Halten zu Gnaden, Majestät, aber Seine königliche Hoheit, der Herr Vater, war schließlich nicht die Kaiserin von Österreich", stotterte die Festetics ganz verdattert.

Sissy lachte: „Das hätt' ihm auch niemand geglaubt, wenn er sich für diese ausgegeben hätt'. Keine Angst, man wird mich nicht erkennen. Ich gehe als Gräfin Hohenembs und ziehe mir den Schleier vors Gesicht."

„Das wird auch nicht gehen, Majestät, denn beim Dreher gibt's Konsumation. Das heißt, man zahlt keinen Eintritt, dafür muß man was bestellen. Essen oder trinken, am besten beides."

„Na gut", meinte Sissy, „dann essen und trinken wir halt. Wenn ich nachher einen Diättag einschlage, merkt's niemand an meiner Figur."

„Majestät wollen tatsächlich Gulyas und Bier...!!"

„Wenn's den anderen Leuten dort schmeckt, wird's gewiß auch mir schmecken. Ich bin solche Kost von daheim, von Possenhofen, gewohnt. Meine Mama, die Herzogin, war berühmt für ihr Beuschel und ihre Knödel, die sie selber gekocht hat. Und g'schmeckt hat's uns allen — am meisten dem Papa und mir!"

Es war beschlossene Sache; Sissy wollte sich die Volkssängerin Luise Montag anhören. Die war jetzt die Sensation von Wien, ihr Name leuchtete von Plakaten und Inseraten — alles strömte in den dritten Bezirk, wo sie in dem riesigen Saal des millionenschweren Besitzers der Schwechater Brauerei Dreher auftrat — gegen ein saftiges Honorar, wie es hieß. Drehers Rechnung ging trotzdem auf; in diesem Lokal verkaufte er jetzt fünfmal so viel Bier als vorher.

Louise Montags Sehnsüchte nach den Gefilden der Oper wurden verursacht durch einen Artikel in der Presse, in der sie ein Journalist mit der berühmten Diva Adelina Patti verglichen hatte — und das nicht ohne Grund. Denn ihre Stimme kletterte vom tiefen Alt mühelos über vier Oktaven. Ohne daß sie jemals Gesangsunterricht genommen hätte. Auch glaubte sie aus einem ganz anderen Grund, auf ein Engagement in dem Musiktempel des Kaisers hoffen zu können. Ihr Vater war nämlich — Burggendarm...

Diese spezielle Aufsichtstruppe in der Wiener Hofburg genoß verschiedene Privilegien aufgrund der ständigen Nähe zu Seiner Majestät, die jeder einzelne von diesen Herren oft genug leibhaftig zu Gesicht bekam. Die Sicherheit in diesem weitläufigen Hofburg-Areal mit seinen unzählbaren Sälen, Treppen, Korridoren, Dachböden, Kellern und Personalzimmern wurde von diesen strammen, aber höflichen Herren in Uniform in Verein mit der Burgwache, welche das Deutschmeister-Regiment zu stellen hatte, so vorbildlich garantiert, daß Protektion auf anderen Ebenen wohl zu erwarten war.

Luises Mutter hingegen war ein hübsches Wiener Wäschermädel gewesen. Dieser einfache, aber mit einem ausgesprochenen Standesbewußtsein gesegnete Beruf zahlreicher Wienerinnen und „zugereister" Frauen aus den Kronländern hielt eine erstaunliche Balance zwischen Freizügigkeit und dem, was die Moral jener Tage unter „ehrenhaft" verstand. Ein Wäschermädel war jemand, und der alljährliche Zunftball dieses resoluten Gewerbes wurde selbst von hohen Herrschaften mit Besuch beehrt.

All dies ließ sich Sissy über die junge Volkssängerin erzählen, um hinreichend informiert zu sein, bevor sie zum Dreher ging.

Dem guten Baron schien dieser Besuch der Kaiserin in einem Bierlokal mehr Kopfzerbrechen zu bereiten als die bevorstehende Reise in die Midlands. Die Sorge um die Sicherheit Sissys war zwar ziemlich unbegründet — denn hätte man sie erkannt, wäre sie höchstwahrscheinlich begeistert empfangen und umjubelt worden. Dennoch war der Tisch mit ‚Geheimen' abzuschirmen, und zwar so, daß es niemand merkte — was bei der allgemein bekannten Auffälligkeit der unauffällig sein sollenden Herren schon allein höchst problematisch war.

„Die Leut' sollen halt nicht hinschauen, damit s' uns nicht sehen", meinte hiezu der für diese Aktion zuständige Hofrat Wibiral.

„Aber wenn an den Tischen rund um Ihre Majestät nur lauter Herren sitzen, fällt das doch auf!"

„Na, soll ich vielleicht den Kommissär Stoizinger als Mäderl verkleiden?" regte sich der Hofrat auf und glotzte den Baron empört an.

„Machen S' das, wie Sie wollen", wehrte der Baron den Angriff ärgerlich ab. „Aber Ihre Majestät darf nichts merken und die Luise Montag auch nicht, verstanden?"

Der Hofrat paffte dicke Wolken aus seiner Zigarre und

200

brummte: „Immer diese ausg'fallenen Ideen, die sich nicht an die Vorschrift halten!"

„Wie g'sagt — völlig unauffällig!" schärfte der Baron dem Hofrat jedoch nochmals mit Nachdruck ein. „Sie haben die Verantwortung!"

„Ich weiß es eh, Herr Baron", seufzte der Hofrat Wibiral vielsagend und fühlte sich keineswegs erleichtert, als sich die Tür seine Amtszimmers hinter Nopsca schloß.

Sissy war schon gespannt. Es war an einem Freitagabend, und um sieben Uhr abends sollte es losgehen. Viertel vor sieben fuhr Sissy, begleitet von der Festetics und dem sich in heimlichen Befürchtungen und Ängsten ergehenden Baron Nopsca, in einem gewöhnlichen Fiaker in den Hof des großen Restaurants ein, in dem es schon von Pferdegespannen wimmelte. Von der Landstraßer Hauptstraße her drängte sich ein buntgemischtes Gewimmel durch die breiten Flügeltüren zunächst in die Schank und von da weiter in den großen Saal, der dreihundert Gästen an Tischen Platz bot. Der Saal besaß eine richtige Bühne, vor welcher eine Volksmusikgruppe Platz bezogen hatte und schon die Instrumente stimmte.

Das Stimmengewirr der erwartungsfrohen Menge war so stark, daß Sissy glaubte, ihr eigenes Wort nicht verstehen zu können. Der Baron hatte einen Tisch unmittelbar vor der Bühne reservieren lassen. Zu beiden Seiten desselben und auch in Richtung zu den Lokalgästen hatten Hofrat Wibirals „Geheime" bereits Posten bezogen. Sie waren in schwarzem Gehrock und mit „Vatermördern" gekommen — das waren seltsam hohe, steife Krägen, wie sie die Männerwelt zu entsprechenden Anlässen um den gemarterten Hals zu tragen pflegte. Als Sissy kam, hatte der Baron für eine Sekunde den schrecklichen Eindruck, sie würden jetzt aufstehen und in strammer Haltung die Kaiserhymne singen. Immerhin saß an jedem der Tische auch eine Dame.

Wer mögen diese Frauen nur sein, und wo hat der Baron Wibiral sie bloß hergenommen, fragte sich Nopsca, während bereits ein diensteifriger Kellner herkam und erwartungsvoll nach dem Begehr der Gäste fragte.

Die Herren Geheimen und deren Damen hatten je ein Krügel Bier vor sich stehen; mehr war offenbar in Herrn Wibirals Budget nicht unterzubringen. Jedenfalls hatten sie noch nicht einmal davon genippt. Der Baron tat, als führe er Frau und Tochter aus, und verlangte eine Speisekarte. Die Gräfin beging einen Fauxpas: sie bestellte sich Weißwein, was für ein ausgesprochenes Bierlokal nicht ganz das Richtige war. Sissy aber verlangte tapfer ein Krügel Helles und ein Fiakergulyas. Daraufhin schlossen sich die beiden Begleiter dem an.

Es war bereits sieben, es wurde viertel und halb acht. Die Kellner flitzten durch den Saal, der sich allmählich mit dem Geruch von Bier, Speisen, Zigarren und Zigaretten füllte. Die Musikanten spielten gelegentlich einen Landler oder Walzer, und das mit ziemlichen Zwischenpausen, denn sie waren gleichfalls mit Essen beschäftigt. Nur die Herren Geheimen saßen finster vor sich hinbrütend vor ihren Biergläsern, auf denen der helle, appetitliche Schaum längst zergangen war.

„Die läßt sich aber Zeit", fand Sissy, der das Essen richtig gut schmeckte. „Öfter dürfte ich hier übrigens nicht herkommen, sonst wäre meine Figur dahin!"

„Das ist hier wohl immer so", meinte der Baron, „der Wirt muß auf seine Rechnung kommen!"

Jetzt tauchten auch noch die „Brezelbuben" auf und verkauften lautstark Salzbrezel zum Knabbern. Aber jetzt wurde auch schon das Publikum ungeduldig, was sich in gelegentlichen Pfiffen und Klatschen äußerte.

Endlich erkletterte ein Ansager die Bühne und verkündete das Auftreten des „Sternderls von Wien, des singenden Hirtenbuab'n Luise Montag!"

Ein gewaltiger Applaus setzte ein, der Vorhang öffnete sich, und die Musikanten spielten einen Tusch nach dem anderen.

Und dann kam sie. Ein geradezu frenetischer Beifall setzte ein. Luise Montag war ein knabenhaftes Persönchen, dem man es nicht ansah, daß es schon eine Ehe hinter sich und ein — außereheliches — Kind zur Welt gebracht hatte. Sie trug knappe Lederhosen, Stutzen, ein Bauernhemd und einen Steirerhut, den sie grüßend ins Publikum schwang, bevor sie sich verbeugte.

„Die sieht ja wirklich wie ein Hüterbub aus", fand Sissy.

„Ssst", zischte es ungehalten von einem der Tische her.

Sissy schwieg erschrocken still, sie war solche Zurechtweisung nicht gewohnt.

Luise sang ein Jodlerlied. Und erwies sich schon bei ihrer ersten Darbietung als naturhaftes Stimmwunder. Sie schmetterte lautstark in atemberaubenden Höhen, und im Saal hätte man dabei eine Stecknadel fallen gehört.

Sissy beugte sich zu dem Baron und äußerte ihre Überraschung und Begeisterung.

„Sssst — können S' net den Mund halten?" kam es wieder von dem bewußten Tisch herüber, diesmal mit drohendem Unterton. „Daß die Weiber dauernd reden müssen!"

Luise, oben auf der Bühne, stemmte resolut die Hände in die Hüften:

„Hören S', das bin ich aber net g'wöhnt!"

„Entschuldigung", sagte Sissy beschämt.

„Ruhe! Ruhe da vorn! s' Maul halten!" kam es jetzt von verschiedenen Seiten, und dem Baron wurde angst und bang.

Inzwischen erhoben sich zwei der Geheimen, um den anfänglichen Protestierer zurechtzuweisen. Die „Geheimen" sollten sich aber nicht als solche zu erkennen geben, und der Angesprochene wollte sich nichts gefallen lassen, fühlte er sich doch im Recht.

„Wenn ihr nicht gleich aufhört's, geh' ich heim!" schrie daraufhin die Montag in den Saal, „heut' is eh kein Montag!"

Lachen, Applaus, doch kein Ende des Wortwechsels... Jetzt erhoben sich noch mehr von Hofrat Wibirals wackeren Mannen.

„Majestät, ich glaub', es ist besser, wir gehn", bekam es die Gräfin mit der Angst zu tun.

„Das scheint mir auch so", pflichtete der Baron ihr bei, „rasch, bevor es zu spät ist — es sieht mir hier ja nach einer respektablen Rauferei aus!"

„Das möcht' ich erleben!" rief Sissy begeistert.

„Nicht doch, Majestät", bat der entsetzte Baron. „Kommen Sie, sehen Sie, wir werden womöglich gleich attakiert!"

In der Tat näherte sich der Mann, der durch seine „Pssst"-Rufe den Wirbel ausgelöst hatte — ein dickleibiger, bärenstarker, fettglänzender Mensch —, jetzt dem reservierten Tisch Sissys, wobei er gegen zwei der geheimen Herrn des Hofrates Wibiral, die ihn vergeblich zurückzuhalten versuchten, die Oberhand behielt. Und er schrie, wobei der Baron entsetzt von seinem Stuhl auffuhr und dabei sein Gulyas verspritzte:

„Leutln, halt's die Pappen und schreit's ,Hoch'! Da sitzt die Kaiserin!"

4. Der Tribut

Ihrer ersten Regung zufolge wäre Sissy jetzt am liebsten aufgestanden und davongelaufen. Wie immer, wenn sie sich von Hunderten Augen angestarrt fühlte, befiel sie so etwas wie eine heimliche Panik, die sie nur mit Mühe zu überwinden gelernt hatte. Der innerste Kreis der Menschen, der mit der Kaiserin ständig Umgang hatte, wußte aber davon.

So kam es denn auch, daß Baron Nopsca sofort mit Bestimmtheit ihr Handgelenk ergriff und ihr zuflüsterte:

„Sitzen bleiben, Majestät — nichts anmerken lassen! Wenn das Geschrei vorüber ist, müssen Sie sich erheben und nach allen Seiten hin freundlich grüßen und danken."

„Aber ich will nicht", zischte Sissy zurück, „ich will weg von hier; es ist mir doch alles wieder einmal verdorben!"

„Da kann man nichts machen, Majestät, es ist eben Pech, aber dem Wibiral werde ich meine Meinung gründlich sagen! Worauf er sich verlassen kann."

Die Gräfin hatte bereits „Maske an", wie sie es zu nennen pflegte. Sie lächelte süßsauer nach allen Seiten, hoheitsvoll gelassen, als gelte die stürmische Ovation ihr.

„Hoch! Hoch unsere Kaiserin! Dreimal hoch!" japste der Fette mit überschnappender Stimme.

„Hoch! Hoch!" donnerte es durch den ganzen Saal.

Daraufhin spielten die Wirtshausmusikanten auch noch die Hymne. Bei ihrem Ertönen mußten alle aufstehen, die bisher vernünftigerweise auf ihren Sitzen geblieben waren. Die immer noch servierenden Kellner wurden wie von Geisterhand gestoppt, als wäre Drehers Saal Dornröschens verwunschenes Schloß. Und der „Hüterbub" auf der Bühne stand stramm und schmetterte die Hymne sangesfreudig und glücklicherweise ohne anschließendem Jodler mit.

Natürlich hatten auch Sissy, die Gräfin und der Baron aufstehen müssen, und bei dieser Gelegenheit erkannte der Arme das ganze Ausmaß der Katastrophe, welche der Gulyassaft auf seinem Anzug angerichtet hatte. Was er jetzt murmelte, gehörte nicht zum Text der Hymne. Aber es herrschte eine Hochstimmung im Saal, von der er doch, ebenfalls so wie Sissy, ergriffen wurde.

„Gehen wir jetzt?" fragte sie zweifelnd, nachdem sie ihre Grußübung absolviert hatte.

„Jetzt müssen sich Majestät die Jodlerin anhören", erklärte Nopsca. „Dazu sind wir doch hierhergekommen!"

Sissy setzte sich, jetzt schon wieder besserer Laune; und während der Baron nach der Toilette entschwand, um mit einem aus der Küche besorgten Schwamm und einem Küchentuch die Gulyasflecken wenigstens notdürftig zu entfernen, stimmte Luise Montag den Erzherzog-Johann-Jodler an.

Sissy mußte sich eingestehen, daß sie ihn noch nie so gut und bravourös singen gehört hatte. Die Montag zeigte auch keinerlei Scheu vor der kaiserlichen Besucherin. Im Gegenteil: Es schien fast, als sei sie, seit sie wußte, die Kaiserin höre ihr zu, um ein paar Zentimeter gewachsen.

Nach neun Uhr abends gab es im Programm die erste Pause; die Montag hatte übrigens nicht ständig gesungen, es waren zwischendurch auch Coupletsänger, ein pfeifender Fiaker und ein Zithervirtuose aufgetreten.

„Wie lange dauert das?" fragte Sissy.

„Na, sicher bis Mitternacht, vielleicht gar bis zur Sperrstund'", antwortete der Baron. „Und die ist um vier Uhr früh."

„Um Himmels willen", rief Sissy erschrocken. „So lange halten die Künstler durch?"

„Nun, die wechseln ja ab. Es steht sogar der Chor eines Gesangsvereins auf dem Programm, ein Damenimitator soll auch noch kommen, hab' ich auf dem Plakat gelesen."

„Trotzdem bleiben wir nicht bis zum Schluß."

„Natürlich nicht. Die Pause ist der rechte Zeitpunkt zu gehen."

„Gut; aber was soll ich denn jetzt zu den Leuten reden?"

„Machen Sie's doch einfach genauso wie seine Majestät. Der Kaiser sagt immer: ‚Es war sehr schön, es hat mich sehr gefreut.' — Was soll er auch sonst sagen? Sogar wenn's ihn nicht gefreut hat. Das kann er ja gar nicht, es tät' die Leut' kränken."

„Aber das will ich nicht. Man soll der Frau Montag meinen Dank und meine Grüße bestellen, und dem Koch meine Anerkennung für das Gulyas."

„Die meine auch", brummte der Baron ziemlich ratlos, „vorausgesetzt, man kriegt die Flecken aus meinem Anzug 'raus!"

„— und im übrigen gehen wir jetzt einfach", entschied Sissy.

So erhob sich denn die ganze Gesellschaft und strebte zwanglos dem Ausgang zu, von den nun nicht mehr geheimen Herren des Hofrats Wibiral respektvoll gegen die Menge abgeschirmt. Dieser Auszug ging klaglos vonstatten. Sissy hatte kein Sprücherl aufgesagt; das lag ihr nicht. Sie hatte nur einige Respektsbezeugungen mit höflichem Kopfnicken beantwortet.

Draußen, im Hof des Restaurants, umfing sie die frische Nachtluft, eine Wohltat nach der düfteschweren, von Alkohol und Tabak angereicherten Atmosphäre im Saal.

Im Fiaker atmete Sissy erleichtert auf.

„Das ist ja noch einmal gut abgegangen", fand sie. „Daß

ich doch nie wie jede andere irgendwo hingehen und meinen Spaß haben kann!"

„Der Krone, Majestät, entrichtet eben jeder seinen Tribut", meinte die Festetics, „der Untertan wie auch der Kaiser und die Kaiserin. Der eine, indem er Steuern zahlt, und der andere, indem er seine Freiheit opfert."

„Das ist es", nickte Sissy, „niemand ist frei — nicht die unten, und wir von oben schon gar nicht! Im übrigen, fürchte ich, wird mein Ausflug zu dieser Volkssängerin noch ein Nachspiel haben. Mein Mann wird davon erfahren, das kann gar nicht ausbleiben. Und dann setzt es sicher Vorwürfe. Er wird mir vorhalten, was ich alles falsch gemacht habe und anders hätte tun und lassen sollen. Nein, Sie haben recht, Festetics: Freiheit ist das keine!"

Sissy behielt recht. Zur selben Stunde, in welcher Baron Nopsca dem Hofrat Wibiral die Leviten las, mußte auch Sissy eine kaiserliche Standpauke über sich ergehen lassen. Und Franzl verstand es dabei ausgezeichnet, einen feinen Unterschied zur Geltung zu bringen. Er war, indem er jetzt sprach, ihr gegenüber der Kaiser und nicht der Ehemann.

„Was hast du dir dabei gedacht? Du hättest diese Volkssängerin doch in die Hofburg kommen lassen können. So ein Aufsehen! Die Zeitungen schreiben darüber!"

„Aber doch nichts Schlechtes, will ich hoffen?"

„Das nicht; aber was soll's? Eine Kaiserin hat in so einem Biertempel nichts zu suchen."

Sissy hatte das Empfinden, als stünde jetzt unsichtbar seine Mutter, Erzherzogin Sophie, hinter ihm und läge ihm die Worte in den Mund, während seine graublauen Augen sie streng anblickten. Sie kam sich — wieder einmal — vor wie ein Kind, das ungerechtfertigte Schelte erhält, und empörte sich darüber.

„Franzl, so kannst du nicht mit mir reden! Ich bin nicht mehr fünfzehn."

„Aber du benimmst dich, als wärest du's noch", versetzte er zornig. „Und ich verstehe auch den Baron nicht, daß er nicht imstande war, dir diese Exkursion auszureden!"

„Aber was habe ich denn schon getan? Ich wollte eine Volkssängerin, die in Wien jetzt in aller Munde ist, in ihrer Umgebung singen hören. Das ist doch wohl kein Verbrechen oder? Sie in der Hofburg singen zu lassen wäre kaum lustig gewesen."

„Es wird von den linken wie auch den rechten Parteien als ein Versuch des Kaiserhauses ausgelegt, nach Popularität zu haschen. Dadurch wird das Erzhaus in die Tagespolitik gezogen. Das darf nicht sein! Der Kaiser und seine Familie stehen über den Parteien und ihrem Gezänk. Wir kommen, wenn man uns ruft — und das passiert ohnedies öfter, als mir lieb ist. Mein Visitenprogramm ist von der Hofkanzlei auf Monate hinaus ausgebucht und festgelegt. Denkmalsenthüllungen, Ausstellungseröffnungen, Staatsbesuche, die Manöver, militärische Feiern, ja sogar der Fronleichnamszug von Sankt Stephan stehen da drin! Das langt! Aber du, Sissy, kommst kaum je solchen Verpflichtungen nach. Deine Sekretäre erfinden jahraus, jahrein immer neue Ausreden, um den Leuten begreiflich zu machen, weshalb du nicht kommst. Es heißt, du seist leidend oder rekonvaleszent, gerade auf Kur oder was weiß ich sonst noch. Und nun, auf einmal, tauchst du ungerufen beim Dreher auf, hörst dir die Montag an und läßt dir ein Gulyas schmekken!"

„Sogar das hat man dir berichtet!" empörte sie sich. „Aus so einem simplen Abendausgang will man einen Skandal konstruieren? Ja, schämt sich denn gar niemand — auch du nicht, Franzl? Was bin ich denn?! Ein Hampelmann? Eine Kleiderpuppe, die man nach Belieben ins Schaufenster stellen und wieder herausnehmen kann?"

Franzl kam nicht mehr dazu, seine Strafpredigt fortzusetzen. Sissy zerknüllte ihr Taschentuch und warf es wütend auf den Teppich. Dann drehte sie sich mit einer heftigen Bewegung um und entschwand durch die Tapetentür aus Franzls Arbeitszimmer. Er hörte noch, wie ihre Schuhe über die alten Steinfliesen klapperten; es klang wie eine Flucht, und das war es wohl auch.

Seufzend hob er Sissys Taschentuch vom Boden auf. Als er das feine Batistgewebe zwischen den Fingern hielt, spürte er, daß es von Tränen feucht war.

Sie hatte geweint: Zornestränen und Tränen der Trauer, der Sehnsucht nach Freiheit, weil sie sich wieder einmal wie ein im goldenen Käfig gefangener Vogel vorkam. Wollte dieser Zwang denn niemals ein Ende nehmen? Was sie hier in Wien sagte und tat, wurde auf eine Goldwaage gelegt und aus der Perspektive von Lobbies bewertet; niemand aber fragte danach, was sie eigentlich wollte, mochte und nicht mochte und bei all dem empfand...

Damals in Ischl, als sie Franzl ihr Jawort gab, hatte sie sich von einem anderen Glanz blenden lassen: vom trügerischen Schimmer der Kaiserkrone und des Kaiserhofs. Und daran hatte sie sich ihre Flügel verbrannt.

Es fehlte nicht viel, und sie wäre mit Fürst Montenuovo zusammengerannt, der eben dorthin wollte, woher sie kam: in das Arbeitszimmer des Kaisers. Der Fürst trat höflich zur Seite und ließ ein Kopfnicken erkennen; sie antwortete ihm kaum. Verbissen lief sie weiter, erreichte ihre Zimmerflucht und warf sich in ihrem Boudoir auf ein Sofa. Dort ließ sie ihren Tränen freien Lauf...

„Gut, daß Sie kommen", begrüßte Franzl Montenuovo. „Sissy macht schon wieder Schwierigkeiten."

„Wegen des Besuches beim Dreher?" war der Fürst voll informiert — nicht umsonst war er als „Graue Eminenz" verschrien und auch von Sissy gefürchtet.

„Daß jetzt der Dreher kommt und sein Lokal als ein ‚k.u.k. Hofgasthaus' apostrophiert sehen will, ist ja wohl das Mindeste."

Montenuovo wußte Rat.

„Der Dreher möchte doch gern Baron werden. Dafür wird er gern auf das ‚Hofgasthaus' verzichten."

„Eine gute Idee! Ich glaub', den ‚Baron' hat er sich wirklich verdient. Hat die ganze Bierindustrie so richtig in Schwung gebracht, exportiert sogar nach Übersee, hab' ich mir sagen lassen!"

„Stimmt, Majestät", nickte der Fürst.

„Am End'", meinte Franzl stirnrunzelnd, „kommt aber auch noch die Montag mit einem Gesuch; ich kann sie doch nicht zur ‚Hofjodlerin' ernennen!"

Das entlockte selbst dem Fürsten ein Lächeln.

„Seit sie mit dem Janeczek liiert ist, möcht' sie halt an die Oper. Sie denkt, sie als Sängerin auf der Bühne und er als Oberaufseher der Logen, das wär' halt eine feine Partie."

„Die Idee kommt womöglich gar nicht von ihr, sondern vom Janeczek", meinte Franzl. „Was die Leut' sich bloß denken! Das gäb' doch einen Aufstand! Das müssen sich die beiden aus dem Kopf schlagen, ganz gründlich."

„Ich würde vorschlagen, daß der Janeczek einen Orden und die Montag ein Handschreiben von Ihrer Majestät bekommen."

„Nun, das könnte eine Lösung sein", brummte Franzl.

„Finanziell geht's ihr blendend", erzählte der Fürst weiter, „erst neulich hat sie sich eine Villa im noblen Döblinger Prominentenviertel gekauft. Aber ehrgeizig ist sie halt; will noch höher hinaus und erkennt nicht, daß ihr Erfolg genau dort liegt, wo sie jetzt etabliert ist. Nämlich im Wirtshaussaal und auf der Pawlatschen, den Brettln in der Vorstadt, halt. Und leider gibt sie ihr Geld auch gar zu leicht aus. Das kann noch einmal ein böses End' nehmen! Aber das ist ihr Problem."

„Da haben Sie recht. Wir haben andere", nickte Franzl vielsagend.

5. Der Vogel breitet die Flügel

Die Affäre um Sissys Besuch in Drehers Lokal zog glücklicherweise nicht die von Franzl befürchteten Kreise, sondern hielt sich in Grenzen. Aber sie hatte zur Folge, daß Sissy mit noch mehr Eifer ihre Vorbereitungen für die Abreise nach den Midlands betrieb.

„Ich will raus hier, nichts als fort und in die Welt hinaus", äußerte sie sich. „Es ist wieder soweit — hier kann ich nicht frei sein. Im Sattel aber bin ich's. Da vergesse ich alles, da muß ich es einfach, wenn ich ohne Sturz über die Hürden will."

Und sie schrieb an Bay Middleton und fragte ihn, wie weit er mit seinem Arrangement bereits wäre.

Die Antwort ließ auf sich warten und war enttäuschend. Middleton teilte ihr mit, daß er aufgrund der Vorbereitungen zu seiner Hochzeit und der Rücksichten auf seine Braut nicht so richtig weiterkomme. Danach tue er alles in seiner Macht stehende, um den geplanten Termin einzuhalten; er habe Sissys Pferde bereits aus Irland in seine Ställe geholt.

Und ob Sissy noch andere Tiere aus Gödöllö mitbringen werde, wollte er wissen.

Sissys Sekretariat arbeitete indessen bereits eine Liste der zur Jagd in England einzuladenden Gäste aus. Es waren wieder die üblichen Namen: Kinsky, Liechtenstein, Larisch, Baltazzi sowie Gutsbesitzer aus dem englischen Adel, vornehmlich aus der Umgebung des Jagdgebiets.

Die Hin- und Rückfahrt samt Gefolge und Pferden, das Mieten eines Dampfschiffs, der Sonderzug in England, das Haus, die Stallungen, die Bewirtung der Jagdgäste — das alles würde wohl wieder ein Vermögen verschlingen. Aber es verhieß Freiheit. Freiheit und ein Wiedersehen!

Ein Wiedersehen mit dem schlaksigen Reiter Bay, dessen Charme auch Sissy besiegte.

Bei aller Vorfreude auf die Midlands war diese freudige Erregung doch auch immer wieder von tristen Gedanken getrübt, die Sissys Umgebung nicht verborgen blieben.

„Wahrscheinlich", sagte sie eines Tages zu Frau Feifal, als diese wieder einmal mit Routine Sissys reiche Haarfülle über einen mit Leintüchern bedeckten Billardtisch bürstete, „wahrscheinlich ist dies unsere letzte Jagd da drüben. Die Queen sieht es nicht gern, wenn ich komme, sie ist eifersüchtig auf die Zuneigung, die mir die Engländer entgegenbringen. Und mein Middleton will heiraten; damit geht mir mein bester Vorreiter verloren. Denn dann hat er wohl für unser Vergnügen nicht mehr viel Zeit."

„Nun, das muß ja nicht sein", meinte die Feifal.

„Aber es wird so kommen, seien Sie versichert, daß ich recht haben werde. Seine Frau, sein Gutsbesitz, seine neue Verwandtschaft werden ihn mit Beschlag belegen."

„Aber Majestät können doch einen anderen Vorreiter wählen."

„Einen anderen als Middleton? Sie sind keine Reiterin, Feifal! Sie verstehen das nicht. Middleton ist der Beste. Nur nach ihm komme ich heil über die Banks. Er kennt jeden Strauch und jeden Wasserlauf wie den Inhalt seiner Taschen. Bei dem Tempo, das wir manchmal vorlegen, um die Spitze zu halten, ist das wichtig; da brauchen Pferd und Reiter Sicherheit! Und das Gefühl dieser Sicherheit gibt er mir."

„Ich mache mir nichts aus Pferden, Majestät, und verstehe davon wirklich nichts. Ja, ich bin froh darüber, da nicht mitmachen zu müssen. Vermutlich bräche ich mir schon bei der ersten Jagd den Hals oder zumindest etliche Knochen. Und ich weiß, daß es den Gräfinnen auch so geht, Majestät. Die Gräfin Festetics sagte einmal zu mir, sie hätte keine ruhige Minute wegen Eurer Majestät, aus Sorge, daß Sie auch heil und gesund wiederkommen würden."

Sissy lachte amüsiert.

„Bis jetzt bin ich das noch immer, was man von den anderen aus der Jagdgesellschaft nicht behaupten kann. Kinsky brach sich schon die Knochen, und Liechtenstein war auch schon arg blessiert. Meine Nichte Larisch hat sich bei einem bösen Sturz arge Prellungen zugezogen, und ihr Pferd brach sich ein Bein und mußte erschossen werden."

„Das arme Tier! Sowas könnte ich nicht mitansehen!"

„Es war nicht mehr zu retten. Die beiden haben einen Graben nicht geschafft, meine Nichte ist zu kurz angeritten. Bei meiner letzten Jagd in Irland hatte der Doktor eine Menge zu tun mit solchen Patienten! Umso größer war mein Triumph; ich hatte nicht einmal eine Schramme!"

„Majestät gelten auch als die beste Reiterin, man singt Lieder auf Sie."

„Vieles davon verdanke ich Middleton. Ohne ihn wäre

214

ich halb so gut, und es würde mir auch keinen Spaß mehr machen."

Briefe gingen zwischen Bay und Sissy hin und her. Linger war auch schon bald soweit. Er hatte einen prächtigen, alten Herrensitz gemietet, und nun konnten auch die Einladungen hinausgehen, denn es war ja jetzt sicher, wo man einander treffen und wo man wohnen sollte.

So bekamen denn Fürst Nikolaus Eszterhazy, Prinz Liechtenstein, Graf und Gräfin Larisch, Alexander und Hector Baltazzi und Fürst Karl Kinsky ein Brieflein mit Sissys Krone darauf: ihre Einladung. Sie hatten sie bereits erwartet. Der Termin war schon lange bekannt, die näheren Umstände wurden nun durch das Sekretariat der Kaiserin mitgeteilt. Und alle freuten sich bereits auf England.

Diese Freude teilten in England jedoch nicht die Bairds, Charlotte, Bays Braut, am allerwenigsten. Sie fürchtete neuerliches Gerede und war, obwohl jünger als Sissy, auf diese eifersüchtig, was sie auch rückhaltlos eingestand. Sie sah keine Möglichkeit, dieses Zusammentreffen zu verhindern, und war nur fest entschlossen, daß diesem keines mehr folgen sollte.

„Ich komme mit", verlangte sie und ließ erkennen, ihn nicht aus den Augen lassen zu wollen.

„Das ist unmöglich, Charlotte. Du bist nicht eingeladen", wehrte er ab.

„Und wenn du mich einfach mitnimmst und als deine Braut vorstellst?" forschte sie.

„Charlotte — das ist eine exklusive Gesellschaft, du verstehst das nicht."

„Du willst damit sagen, ich sei nicht von Adel. Aber das bist doch auch du nicht, und es macht ihr nicht das geringste aus!"

„Ihr nicht, aber den anderen… Ihr Sohn hat mich in Gödöllö glatt geschnitten. Du kennst diese Leute nicht, Charlotte. Sie meinen es nicht böse, sie sind einfach so erzogen
und denken sich dabei nichts. Ich fürchte, man ließe dich
nicht einmal ein!"

„In deiner Begleitung, Bay? Das ist doch wohl nicht
wahr. Du schwindelst! Das glaube ich nicht."

„Das kannst du aber. Im übrigen ist das bei mir anders;
ich werde von der Kaiserin gebraucht, du aber nicht."

„Das glaube ich dir aufs Wort", versetzte Charlotte bitter. „Aber du bist mein Bräutigam. Und sie könnte wohl danach fragen, ob es mir paßt, dich zu dieser Jagd überhaupt
herzugeben. Man hört ja von wahnsinnig waghalsigen Ritten. Was ist, wenn dir etwas passiert? Wenn du umkommst
oder zum Krüppel wirst? Fragt sie danach, was dann aus
mir wird? — Es ist ihr egal, aber mir nicht, Bay! Du solltest
ihr klarmachen, daß ich gewisse Rechte habe."

Diesen Standpunkt Charlottes hatte Bay Middleton bisher noch nie in seine Überlegungen mit einbezogen; er mußte sich aber eingestehen, daß daran etwas Wahres sei, und
war im Augenblick um eine Antwort verlegen.

„Ich werde", erklärte Charlotte fest, „jeden Tag mit dem
Wagen hinfahren. Und ich möchte den sehen, der mir das
verbieten will. Das kann nicht einmal deine Empress — ich
würde ihr auch gehörig meine Meinung sagen!"

„Das wirst du nicht tun, Charlotte", widersprach er erregt.

„Doch, das werde ich", versicherte sie blitzenden Auges.
„Damit ich gleich zur Stelle bin, falls meinem Bräutigam
Gefahr droht — wodurch auch immer!"

Er hatte den Doppelsinn dieser drohend ausgerufenen
Worte wohl verstanden, und sein Blick verdunkelte sich.

216

„Charlotte", sagte er streng, „du blamierst uns, wenn du das tust. Du solltest dich schämen."

„Nein — sie sollte es", versetzte Charlotte giftig, „und du auch! Aber ich bin eine Baird. Und bleibe es, auch wenn ich eines Tages deinen Namen trage. Und ich rate dir, Bay Middleton: sei vorsichtig!" Und damit ließ sie ihn stehen. Bay hatte das Gefühl, sie ernst nehmen zu müssen. Und diese Jagd schien ihm unter keinem guten Stern zu stehen.

Unterdessen war Sissy bereits von Wien nach England unterwegs. Ihre Reisegesellschaft war diesmal klein: sie hatte nur die Ferenczy und die Festetics, die Feifal als Friseuse und zwei Kammerfrauen zur Bedienung sowie ihren Sekretär und Reisemarschall Linger mitgenommen. Wie auch Baron Nopsca selbstverständlich, der das Unternehmen leitete. Zwei Pferde kamen aus Kisber bzw. Gödöllö auch noch mit sowie deren Bereiter. Damit war die ganze Gesellschaft vollzählig.

Franzl konnte sich natürlich wieder einmal keinen Jagdurlaub in England gönnen, obwohl er ein passionierter Reiter war und es ihm sicherlich gut getan hätte, die stickige Luft der Hofburg mit dem Duft der Wälder in den Midlands für ein paar Tage zu vertauschen. Es ging aber nicht. Wie immer standen die Probleme der Innen- und Außenpolitik des mächtigen, alten Habsburgerreiches im Vordergrund seiner Mühen und Interessen.

Sissy dachte flüchtig an ihn, als das Schiff zur Landung in dem kleinen, altertümlich anmutenden, aber romantischen Hafenort an der Küste anlegte. Die Anker fielen — und auf dem Kai stoben die Möwen erschrocken auseinander und flatterten kreischend empor; denn eine fast tausendköpfige Menschenmenge drängte sich da, um die Empress of Austria jubelnd zu empfangen. Und dabei kam Sissy ja gar

nicht als Empress, sondern ganz privat, als Gräfin Hohenembs...

Aber danach fragte hier niemand. Die lokalen Blätter
hatten ihren Besuch schon gemeldet, die Reporter und
Fotografen waren ausgerückt und umschwirrten den von
Polizei abgeriegelten Kai; hinter dem Kordon drängte die
jubelnde Menge nach vorn, wo der Bürgermeister und die
Herren Honoratioren in Frack und Zylinder bereit zur
Begrüßung standen.

Es ist immer wieder dasselbe, sagte sich Sissy, wo immer
ich auch hinkomme. Im Grunde ist es nicht anders als an jenem Abend beim Dreher in Wien. Die Queen wird wieder
böse auf mich sein, sie hat, wie ich sehe, Fahnen und Trans-
parente verbieten lassen. Nun haben die Leute statt dessen
Stangen mit Reisiggirlanden aufgestellt. Anscheinend
braucht die Menge so ein Schauspiel und kann absolut nicht
begreifen, daß unsereins auch einmal bloß Mensch sein
will!

Sissy schritt grüßend die Landebrücke hinab und betrat
wieder einmal den Boden Englands. Sie hatte sich hier stets
wohl gefühlt und hoffte, daß dies auch diesmal wieder so
sein werde, sobald der Rummel vorüber wäre.

Und während sie die Begrüßungsworte über sich ergehen
ließ und beantwortete, schweifte ihr Blick suchend über die
Menge. War Bay nicht gekommen? Gerade ihn hatte sie
heute und hier erwartet. Nein, er war nirgends zu sehen.
Enttäuschung bemächtigte sich ihrer. Aber dann würde er
sie wohl in Woodland-House erwarten, das sie gemietet hatte... Und es drängte sie dorthin.

Doch als sie die wartende Kutsche bestieg, saß er bereits
darin! Auf dem Sitz ihr gegenüber hatte er still gewartet...

„Bay!" rief Sissy überrascht und entzückt.

„Madam", sagte er einfach auf seine gewohnte Weise, umfing sie mit seinem liebevollen Blick und lächelte.

Natürlich bekam die Queen bald genug Nachricht von dem Empfang, den man der „Gräfin Hohenembs" ganz gegen ihre Weisung bereitet hatte.

„Man ist versucht zu wünschen, daß sie sich den Hals bräche", murmelte die alte Königin böse.

6. Die Not der Pächter

Ein Teil der Gäste war bereits anwesend und hatte sich im Woodland-House häuslich niedergelassen; nach und nach erschienen auch noch die übrigen Jagdteilnehmer, zuletzt die aus der Umgebung, die vielfach zwischendurch auf ihre eigenen, nahegelegenen Besitzungen zurückzukehren gedachten und nicht im Woodland-House übernachten wollten. Obwohl das prächtige, alte Haus genügend Platz für alle bot.

Wie gewöhnlich unternahmen Bay und Sissy schon am ersten Tag Ausritte in die Umgebung. Sissy wollte das Terrain kennenlernen und vor allem ihre beiden mitgebrachten Pferde erproben, die ein solches Gelände, wie sie es hier vorfanden, nicht gewohnt waren. Es stellte für sie eine erhebliche Herausforderung dar, doch es zeigte sich, daß Sissy die Tiere gut im Griff hatte und sich auf sie verlassen konnte.

Es fiel auf, daß sie und Bay es diesmal vorzogen, bei diesen Ausritten unter sich zu bleiben. Hatten sie bisher immer einen oder mehrere der Reiter mitgenommen, so verzichteten sie nun darauf. Es war offensichtlich, daß sie einander viel zu erzählen hatten. Dabei fragte ihn Sissy auch nach Charlotte; sie war neugierig, sie kennenzulernen. Bay hingegen brachte diese Frage in trübselige Stimmung. Denn es wurde ihm bewußt, daß jede Stunde, die verrann, den Abschied näher brachte. Charlotte kannte Sissy nur aus Bildern von Illustrierten, und die in den Midlands kursierenden Geschichten machten Sissy zu etwas, was sie gar nicht war: zu einem männerbetörenden Vamp. Man kann sich vorstellen, daß dies nicht dazu angetan war, Charlottes Gemütszustand zu beruhigen. So sann sie denn auf Mittel und Wege, das Zusammensein der beiden zu stören und Sissy den Aufenthalt zu verleiden. Und es fiel ihr auch etwas ein.

Als die beiden gemächlich einen Waldweg entlangritten und gedankenverloren vor sich hin schwiegen, anstatt in wildem Lauf Hecken und Gräben zu nehmen, wurde mit einem Mal vor ihnen Stimmengewirr laut, und dann bemerkten sie eine Ansammlung ärmlich gekleideter Menschen, die ihnen entgegenkam und stehen blieb, als die Leute die beiden Reiter sahen. Sie füllten die ganze Breite des Weges, so daß ein Weiterreiten unmöglich war.

„Wer sind diese Menschen?" fragte Sissy überrascht.

„Wir werden es gleich erfahren", brummte Bay, „ich frage sie einfach, was sie hier suchen und wollen. Ich habe das Gefühl, sie sind unseretwegen hier, und ihrem Aussehen nach könnte es sich um Pächter handeln; die Bairds haben wieder einmal Kündigungen ausgesprochen. Es könnten die davon Betroffenen sein."

Während er Sissy ein Zeichen gab, zurückzubleiben, reckte er sich im Sattel auf und ritt auf die Gruppe zu. Er wurde mit lebhaften Gesten und Klagegeschrei empfangen.

Sissy konnte sich nicht enthalten, auch heranzureiten, da sie das Gefühl hatte, daß diese armen Teufel etwas von ihr wollten; und falls Bay Middleton mit seiner Vermutung recht hatte, dann war nicht schwer zu erraten, was.

„Es sind tatsächlich die Baird-Pächter", empfing sie Bay stirnrunzelnd, „und sie bitten um Hilfe. Da, hören Sie nur, Madam!"

„Oh, Majestät", wagte sich ein alter, grauhaariger Mann vor, der offenbar zum Wortführer bestimmt worden war. „Oh, Majestät, die schlechten Ernten, die fallenden Preise, Krankheiten und der hohe Pachtzins haben uns an den Bettelstab gebracht. Man hat uns bereits unsere Ziegen weggeführt, so daß wir nicht einmal mehr Milch für unsere kleinen Kinder haben. Und nun sollen wir auch noch das Letzte verlieren — man vertreibt uns von Haus und Hof. Aber für Majestät wäre das eine Kleinigkeit, wenn Sie Ihr gutes Herz sprechen ließen. Die Kosten nur eines einzigen Tages Ihrer Jagd würden genügen, uns zu retten, uns alle, die wir hier sind!"

Sissy war irritiert.

„Gewiß doch", sagte sie unbesonnen, „ich will ja helfen. Aber ich habe nie Geld bei mir. Ich kann euch jetzt nichts geben, geht nach Woodland-House und wendet euch an meinen Verwalter, Herrn Linger."

„Tausend Dank, Majestät! Tausend Dank! Hoch die Empress! Wir sind gerettet!" jubelten alle durcheinander.

Sissy ahnte nicht, was sie damit heraufbeschworen hatte. Herr Linger nämlich sah sich ganz außerstande, die versprochene Hilfe auch tatsächlich zu leisten. Und dies keineswegs aus budgetären Gründen; vielmehr waren politische Rücksichten dafür ausschlaggebend.

Die Baird-Pächter waren Untertanen der Königin von England. Die ohnehin bereits herrschende Mißstimmung zwischen der Hofburg und dem Buckingham-Palast hätte sich noch weiter verschärft, wenn die fremde Potentatin in einer Angelegenheit eingegriffen hätte, in der britische Stiftungen und soziale Hilfswerke — bis hin zu einem Gesuch an die Königin selbst — hätten Abhilfe schaffen können. Es wäre als ein weiterer Versuch gewertet worden, sich beliebter als die Königin zu machen und dadurch gewissermaßen einen Keil zwischen das Volk und die Landesmutter Victoria zu treiben.

Das hatte Charlotte Baird vorausgesehen. Die Sache mußte auf jeden Fall für Sissy nachteilige Folgen haben, falls die Pächter ihren Rat befolgten und sich um Unterstützung an die Kaiserin von Österreich wandten. Sagte Sissy Hilfe zu, dann würde die Königin in Wien protestieren und der Kaiser Sissy abberufen. Verweigerte sie jedoch das Geld, dann war damit zu rechnen, daß die Bauern hiefür kein Verständnis haben würden. Es mochte Proteste und Krawalle geben; die so beliebte Sissy würde mit einem Schlage unbeliebt sein und, wenn es gar zu Ausschreitungen kam, nicht länger bleiben.

Dann war Charlottes Ziel erreicht... und ihre Beziehung zu Bay war durch diese fremde, hochmütige Frau — als solche dachte sie sich Sissy — nicht länger gefährdet.

Bay durchschaute nach wenigen gewechselten Worten die ganze Intrige. Während sich die Pächter in der Hoffnung wogen, daß die nächste halbe Stunde ihrer Not ein Ende bereiten würde, und frohen Mutes nach Woodland-House zogen, wandte er sich an Sissy und sagte bitter und voll Zorn:

„Das ist ihr Werk! Das hat uns Charlotte eingebrockt. Und ich fürchte, es wird ein böses Nachspiel haben."

„Aber, wieso denn?" fragte Sissy ahnungslos.

„Sie hat den Pächtern geraten, hierherzukommen und die Empress um Hilfe zu bitten. Geschieht es, so hat sie auf alle Fälle ihre Pacht, aber Sie, Madam, kriegen Unannehmlichkeiten mit der Queen. Womöglich greifen die Zeitungen den Fall auf und irgendein Abgeordneter bringt ihn auch noch ins Unterhaus. Geschieht es aber nicht, dann wird man Sie, Madam, hassen. Denn die Zeitungen haben bereits darüber berichtet, was hier an Geldern ausgegeben wird, und es als Verschwendung bezeichnet."

„Nein", rief Sissy, sich jetzt der Gefahr bewußt werdend, „hört denn das niemals auf? Was immer ich auch tue und wo ich auch bin? Kann man mich denn nicht einmal hier, in den Midlands, in Ruhe lassen?!"

„Kehren wir um", schlug Bay vor, „und sehen wir, wie Linger sich entscheidet. Vielleicht gibt es einen Ausweg."

Doch Linger wußte sich nicht anders zu helfen, als den Baird-Pächtern zu erklären, daß er für deren Probleme nicht zuständig sei. Er gab den Leuten gute Ratschläge, aber kein Geld. Er bedauerte aufrichtig, den Pächtern nicht helfen zu können; aber er war dem Kaiser verantwortlich und wollte nichts riskieren, was er dann womöglich hätte selbst ausbaden müssen.

Als Sissy und Bay Middleton sich dem Landsitz näherten, kamen ihnen die Pächter bereits unverrichteter Dinge entgegen. Sie hatten zornige, schmerzliche, wutverzerrte Gesichter, in denen die schwere Enttäuschung zu lesen war. Und sie ballten gegen das alte Herrenhaus die Fäuste. Als sie Sissy angeritten kommen sahen, in ihrem schmucken Reitdreß das Bild eines Menschen bietend, der solche Sorgen nie gekannt hat, steigerte sich ihr Zorn zu einem Wutgeheul.

„Da haben wir es", brummte Bay. „Linger hat nichts tun können; da, sehen Sie selbst, Madam!"

Die Leute rannten auf die beiden Ankömmlinge zu und umringten sie. Aber da kamen auch schon berittene Constabler angesprengt, welche für die Sicherheit Sissys zu sorgen hatten.

„Nein, nicht — was tun sie!" rief Sissy, als sie sah, daß die Polizisten die Menge roh auseinandertrieben. Schreiend flüchteten die Baird-Pächter in den Wald.

„Halt! Bleiben Sie hier!" rief Bay, als Sissy ganz einfach losritt und impulsiv den armen Teufeln folgte.

Ohne zu überlegen, ritt er ihr nach. Sissy hatte nach wenigen Minuten die Pächter im dichten Unterholz eingeholt.

„Da — nehmt", rief sie und zog einen kostbaren Ring vom Finger. „Wenn ihr das verkauft, wird es wohl reichen!"

Doch nur ein Hohngelächter war die Folge.

„Man sieht, daß Sie von unserem Leben keine Ahnung haben", meinte der Alte, der schon vorher der Wortführer gewesen war. „Wenn wir mit einem solchen Ring irgendwo hinkommen und den Versuch wagen würden, ihn gegen Geld loszuschlagen, hielte man uns für Diebe und steckte uns ins Gefängnis."

„Aber ich könnte doch —"

„Nein, nein", wehrte der Alte traurig ab, „Sie stecken in einer anderen Haut als wir. Und wir alle können aus unserer Haut nicht heraus. Das ist es. Sie mögen es gut meinen — aber es wird eben nichts daraus. — Kommt, Leute, wir haben hier nichts verloren!"

Traurig und bedrückt folgten sie dem Alten, um eine Hoffnung ärmer. Und als Sissy ihr Pferd umwandte, erlitt sie gleich einen neuen Schreck. Bay lag im Gebüsch und stöhnte, während sein Pferd offenbar verletzt umherhumpelte.

„Bay — wie ist denn das passiert!" rief Sissy und beugte sich zu ihm nieder.

„Ach, verdammt — Verzeihung, Madam. Diese dumme Hecke… Und das muß ausgerechnet mir passieren!"

Stöhnend kam er hoch und befreite sich von den Dornen. Ein Hindernis, so simpel, daß er gar nicht darauf geachtet hatte, es hatte den besten Reiter Englands zu Fall gebracht.

„Auch das noch!" jammerte Sissy. „Es ist ja wie verhext. Schnell ins Haus, um kalte Umschläge zu machen."

„Hoffentlich hilft das auch", brummte Bay zweifelnd. „Es schmerzt nämlich teuflisch. Ich fürchte, ich muß das Amt des Vorreiters abgeben."

Der Verdacht, er hätte diesen Sturz absichtlich inszeniert, um Charlotte keinen Anlaß mehr zu weiteren Intrigen gegen Sissy zu geben, kam ihr erst später.

„Nein", rief sie, „ich und ein anderer Vorreiter? Bay, das können Sie mir doch nicht antun!"

„Es ist ein Fall von höherer Gewalt", lächelte er schmerzlich. „Ich fürchtete, man könnte Sie womöglich attackieren. Sind diese Leute in Wut, ist ihnen einiges zuzutrauen. Und da sah ich diese dumme Hecke nicht."

„Kommen Sie, stützen Sie sich auf mich. Und nehmen Sie mein Pferd, das Ihre humpelt ja beinahe noch mehr als sein Herr!"

„Sehen Sie doch — es ist ein Malheur passiert!" rief die Ferenczy entsetzt, als sie Sissy und Bay auf so traurige Weise daherkommen sah. Und auf ihr Geschrei hin kamen auch die anderen herbeigelaufen. Man hob Middleton vom Pferd; er sah tatsächlich ein bißchen ramponiert aus.

„Schnell, den Arzt", verlangte Sissy. „Mr. Middleton ist gestürzt und hat sich verletzt!"

Middleton wurde ins Haus gebracht. Ihre Blicke begegneten einander noch einmal flüchtig; dann kümmerten sich die anderen um ihn, während Sissy Herrn Linger aufsuchte.

Er versuchte ihr sofort seine Handlungsweise auseinanderzusetzen, doch Sissy winkte ab.

„Es ist gut, Linger", sagte sie, „Sie konnten nicht anders handeln, ich weiß. Aber diese Menschen tun mir trotzdem leid, und ich möchte ihnen helfen."

„Man könnte — eine Spende an den örtlichen Hilfsverein vielleicht —"

„Und wer steht diesem vor?"

„Miß Baird, soviel mir bekannt ist."

„Dann", sagte Sissy nach kurzem Überlegen, „wollen wir es lieber bleibenlassen."

Verbittert zog sie sich auf ihr Zimmer zurück. Nach etwa einer Stunde wurde ihr mitgeteilt, daß Bay Middleton sein Amt als Vorreiter der Gräfin Hohenembs an den Sohn eines Landadeligen abgegeben habe, von dem es hieß, daß er sich als guter Reiter schon einige Male hervorgetan habe.

„Dann", sagte sie, „hätte ich erst gar nicht hierherzukommen brauchen."

Und wäre es nicht der anderen Gäste wegen gewesen, sie wäre tatsächlich am liebsten wieder abgereist. Aber das war natürlich ganz unmöglich.

„Mr. Middleton bleibt doch wenigstens hier?" fragte sie. „Oder will er uns etwa verlassen?"

Sie bekam zu hören, daß Bay ans Abreisen denke. Sofort suchte sie ihn auf. Er saß in einem Stuhl, das verletzte Bein von sich gestreckt, rauchend und eine angebrochene Whiskyflasche neben sich. Er war offensichtlich von einer Art Katzenjammer befallen.

„Bay", bat sie, „das ist doch nicht wahr, daß Sie jetzt abreisen wollen, kaum, daß wir uns wiedergesehen haben!"

„Aber was soll ich denn noch hier?" gab er wütend zurück. „Reiten kann ich nicht, und zusehen mag ich nicht. Und überhaupt — ich habe daheim eine Menge Arbeit."

Sissy wurde blaß, bemühte sich aber, es zu verbergen.

226

„Na, dann gut", sagte sie scheinbar leichthin und verließ gekränkt sein Zimmer.

7. Es gab kein Wiedersehen

Mit dem „Neuen" machte es Sissy nicht mehr viel Spaß. Einmal sprang sie sogar nach einem Wall in eine Meute hinein, die sich um ein Fuchsloch versammelt hatte. Der Master schimpfte nicht schlecht, da auch nachfolgende Reiter mit der Meute in Konflikt kamen und dabei Hunde verletzt wurden. Es gab an diesem Tag eine Menge Ärger.

Als man nach dieser unglückseligen Fuchsjagd nach Woodland-House zurückkehrte, verschwand Sissy für längere Zeit in Bay Middletons Rekonvaleszentenstube. Sie erzählte Bay verärgert von dem Vorfall, der mit ihm gewiß nicht passiert wäre. Bay zuckte bedauernd die Schultern; sein Bein war angeschwollen, und trotz der ärztlichen Hilfe, die ihm zuteil wurde, hielte es ihn hier nicht länger, behauptete er. Doch man konnte ihm anmerken, daß ihm diese Bemerkung einige Mühe kostete.

Auch an den beiden folgenden Tagen gab es in Bays Zimmer längere Gespräche zwischen Sissy und ihm. Es ging jetzt um den Verkauf ihrer in England stationierten Pferde. Bis auf zwei, die mit nach Gödöllö genommen werden sollten, wollte Sissy die Tiere alle wieder verkaufen, und sie bat Middleton, das für sie durchzuführen.

„Ich bin hier in England nicht willkommen", stellte sie fest, „also werde ich auch nicht mehr hierher zurückkehren. Die Queen braucht sich künftig keine Sorgen zu machen um ihre Popularität, und Ihre Charlotte hat dann auch keinen Grund, eifersüchtig zu sein. Es ist das beste, daß ich nach dieser letzten Jagd in England keinen Stall mehr unterhalte. Ich werde hier ja doch nicht mehr reiten. Also — wozu?"

„Demnach werden wir einander also nicht wiedersehen", nickte Bay schmerzlich-bitter.

„Sie sind in Gödöllö stets gerne mein Gast — und können auch Ihre Frau mitbringen", gab sie zurück, und es klang ein bißchen reserviert.

„Ich danke freundlichst, Madam; aber Charlotte meint, der Gutsbesitz würde mich künftig mehr in Anspruch nehmen als früher. Und vielleicht haben wir auch eines Tages Kinder."

„Mit einem Wort: das freie Leben ist zu Ende", sagte Sissy verstehend.

„So ist es, Madam", nickte Bay ernsthaft. „Aber — nun ja, ich habe es lange genug genossen, und einmal muß der Mensch beginnen, vernünftig zu werden."

„Was ist das: vernünftig?" fragte Sissy. „Sich den Zwängen der Gesellschaft zu fügen? Sind wir dazu geboren?"

„Vielleicht nicht geboren, aber doch wohl erzogen", fand Bay. „Und wer es wagt, sich darüber hinwegzusetzen, muß damit rechnen, daß man ihn zur Räson ruft. Und mit den Mitteln hierzu ist man meist nicht sehr wählerisch."

„Aber ein Bay Middleton war doch niemals feige", rief Sissy kopfschüttelnd. „Und ich — eine Frau! Frauen, sagt man, haben es diesbezüglich doch noch viel schwerer! Dennoch beuge ich mich nicht."

„Das ist klar", sagte Bay mit bewunderndem Lächeln, „Sie sind die Empress, die Göttin — eine solche kann sich das erlauben. Nicht aber ein einfacher Bay Middleton. Sehen Sie, Madam, wir sitzen hier beisammen und sind doch meilenweit voneinander entfernt. Ich war zwar Ihr Vorreiter, aber in Wirklichkeit waren immer Sie voran — selbst der beste Reiter der Welt könnte den Vorsprung nicht einholen, den Sie vor ihm voraus haben, es sei denn, er wäre von Ihrem Geblüt. Sie und ich — wir haben beide das, was man einen ‚Pferdeverstand' nennt. Wir verstehen uns aufs Blut und die edle Rasse. Das läßt sich auch auf Menschen übertragen. Und dann wären Sie wohl sowas wie einer von euren edlen Lipizzanern in Wien und ich daneben ein schottischer Ackergaul. — Jetzt lachen Sie, wenigstens etwas, was mir heute noch gelungen ist. Denn ich möchte nicht, daß wir mit Leichenbittermienen voneinander Abschied nehmen."

Er sprach in betont forscher Manier, als fiele ihm leicht, was er sagte. Doch das stimmte nicht, und Sissy fühlte es.

„Ach, Bay", sagte sie. „Was reden Sie nur für Unsinn. Habe ich Ihnen je Anlaß gegeben zu glauben, daß mir Standesunterschiede etwas bedeuten?"

„Ihnen vielleicht nicht, Madam. Dafür aber anderen umso mehr. Und mit diesen anderen müssen wir nun einmal beide leben. — Ich werde Ihre Pferde zu besten Preisen an den Mann bringen, das verspreche ich Ihnen. Und ich werde Herrn Linger auf dem laufenden halten."

Nach kurzem Überlegen zog Sissy einen Ring von ihrem Finger — denselben, den sie für die Baird-Pächter hatte opfern wollen.

„Da — nehmen Sie, Bay", bat sie und erhob sich, „und behalten Sie ihn als Andenken."

Sie verließ sein Zimmer in erregter, trauriger Stimmung und bemüht, sich diese Verfassung nicht anmerken zu lassen. Dieses kurze Gespräch sah so sehr nach einem endgültigen Abschied aus, und doch konnte davon noch keine Rede sein. Die Jagd war nicht zu Ende, das Halali noch nicht erklungen und Bay ja noch anwesend im Woodland-Haus.

Bay aß auf seinem Zimmer und betrachtete dabei Sissys Ring. Er hatte ihn oft an ihrer schmalen Hand bewundert. Dieses Zeichen ihrer Gunst schien ihm ein Stück von ihr, das bei ihm blieb, um ihn auf seinem ferneren Lebensweg zu begleiten. Von diesem Ring wollte er sich niemals trennen. Nie...!!!

Es klopfte leise an seine Zimmertür. Wie ein ertappter Dieb griff Bay nach dem funkelnden Schmuckstück und ließ es in der Lade seines Nachttisches verschwinden; denn niemand sollte erfahren, daß sich dieses Kleinod aus Sissys Besitz in seinen Händen befand, weil das doch nur Anlaß zu neuem Gerede gegeben hätte.

„Herein", sagte Bay und schob rasch die hölzerne Lade zu.

Ein Stallbursche trat ein, näherte sich Middleton vertraulich und berichtete mit gesenkter Stimme:

„Ich war im Baird-House, Sir. Ich habe den Brief für Miß Charlotte abgegeben."

„An sie selbst, wie ich es wünschte?"

„Gewiß, Sir. Als ich ihr melden ließ, ich käme in Ihrem Auftrag, hat sie mich sogleich vorgelassen."

„Und? Hat Sie den Brief gelesen?"

„In meiner Gegenwart nicht, Sir. Sie sah sich nur den Umschlag an, erkannte ihre Handschrift und sagte, daß es gut sei. Dann gab sie mir noch ein Trinkgeld und entließ mich."

„Gut", lobte Bay, „hier hast du auch noch eines von mir. — Hat man dich hier, auf Woodland-House, fortreiten sehen?"

„Ich glaube nicht, Sir. Ich bin jedenfalls so, wie Sie sagten, rückwärts bei den Ställen raus."

„Schön; da hast du", nickte Bay und zückte seine Börse.

„Hier, nimm, du hast es verdient. Und laß mich jetzt allein."

„Danke, Sir. Stets gerne zu Diensten", versicherte der Bursche höflich, der zufrieden über die Gabe schmunzelte.

Das Licht hinter seinem Fenster schimmerte in dieser Nacht nicht mehr lang durch die Vorhänge. Bay lag mit offenen Augen und starrte zur dunklen Zimmerdecke; noch einmal ließ er die herrliche, aber doch so kurze und vergängliche Zeit an Sissys Seite vor seinem Gedächtnis Revue passieren.

Sie hatte ihm freudvolle Stunden gebracht, Stunden befriedigten Ehrgeizes, heimlicher Erregung, verborgener Eifersucht und auch manchmal solche voll beleidigtem Stolz. Besonders in Gödöllö war dies der Fall gewesen. Denn viele der Leute dort hatten keine Ahnung, was ein Bay Middleton — auch ohne Adel, aber als gesuchter und gefeierter Reiter — in seiner englischen Heimat wirklich war: einer, dessen Bild in den Zeitungen erschien, der im Reitsport wie auch im Gesellschaftsteil des britischen Blätterwalds von sich reden machte. Der Kronprinz hatte ihn für eine Art Zureiter angesehen, und selbst der Kaiser wußte nichts mit ihm anzufangen. Wie anders wäre es sonst zu verstehen gewesen, daß man ihn, Bay, von der Hoftafel ausschloß!

Diese Demütigung hatte er Sissys wegen ertragen. Sonst wäre er unverzüglich abgereist. Denn in England war dies anders. Middleton war in den feinsten Clubs gern willkommen und geachtet, und in den Herrenhäusern freute man sich auf ihn als Gast. Dies war ein Zug an der britischen Gesellschaft, den Sissy schätzte, ihr Gatte jedoch bemängelte. Arme Sissy, dachte Bay, diese beiden lieben einander, doch im Grunde verstehen sie einander nicht, als lebten sie auf zwei verschiedenen Welten.

Endlich schlief er ein. Er war bereit, das Woodland-House von einer Viertelstunde zur andern zu verlassen. Sissys Ring lag in der Lade auf einem Brief an sie, den er schon am Nachmittag geschrieben hatte. Noch vor dem Schreiben an Charlotte, das am Abend durch den Stallburschen befördert worden war.

Am anderen Morgen sah er von seinem Fenster aus die Meute an der Koppel gehen und die Reiter aufsitzen. Er schaute hinab, und sein Blick begegnete dem der Kaiserin.

Sie sah Bay am Fenster stehen und gab ihm mit der Gerte ein Zeichen. Auch er hob die Hand noch einmal zu einem letzten Gruß.

Dann zog der Master mit der Meute ab, wenig später folgten die Reiter; danach kam der Arzt mit seinem Medizinkasten, gleichfalls zu Pferd, und schließlich fuhr auch noch die Gräfin Festetics in einem Wagen dem verhallenden Lärm nach, um in der Nähe der Kaiserin zu sein.

Mit einer müden Bewegung schloß Bay das Fenster.

Als die Jäger gegen Mittag abgehetzt nach Woodland-House zurückkehrten, sahen sie gerade noch einen offenen Wagen davonhetzen, auf dessen Bock eine blonde, junge Frau saß. Im Fond aber erkannte man Bay Middleton, der sein verletztes Bein steif von sich streckte.

„Er wurde abgeholt", berichtete man Sissy. „Und er hat einen Brief für Majestät hinterlassen."

Abgeholt? — Von wem, und wieso? Sissy war überrascht, verstört, betreten. Er hatte kein Wort davon gesagt. Aber ihr Gefühl hatte sie gestern abend anscheinend nicht betrogen, jenes Gefühl des Abschieds, das sie so traurig gestimmt hatte, daß sie für Stunden den Schlaf nicht fand. Sissy lief auf ihr Zimmer und fand den Brief auf einer Spiegelkonsole. Sie öffnete den Umschlag und las:

Ich will dem Schmerz in meinem Bein nicht noch andere, viel schlimmere, hinzufügen. Seien Sie gnädig, Madam, und lassen Sie den armen Reiter ziehen.
Mit tiefem Dank für jede Stunde

Ihr

Bay Middleton

Sissy warf den Brief beiseite und lief die Treppe zur Halle hinab.

„Ein frisches Pferd!" rief sie. „Ich brauche sofort ein frisches, gesatteltes Pferd!"

Ich muß ihm nach! Dieser Gedanke erfüllte sie, und es war ihr gleichgültig, was die anderen denken mochten. Wenig später saß sie im Sattel und jagte dem Baird-Wagen nach, den Weg einschlagend, den dieser ihrer Meinung nach genommen haben mußte. Sie spornte ihr Pferd, daß es schmerzlich wieherte und ihr das Tier leid tat. Obwohl sie müde von der Jagd war, war ihr schlanker, geschmeidiger Körper fast eins mit dem Rappen. Sie flog auf seinem Rücken förmlich dahin — Diana, die Göttin, die beleidigt worden war.

Aber auch Charlotte Baird hatte ihr Gespann nicht geschont. Sie folgte einem Waldweg. Die Zweige hingen hier oftmals so tief herab, daß sie sich auf dem Kutschbock bükken mußte, um unverletzt darunter durchzukommen. Und obwohl es heller Mittag war, herrschte in dem dichten Gehölz zeitweilig fast Dämmerlicht.

„Du kamst ein bißchen spät, Charlotte", rügte Bay. „Ich hatte gehofft, daß du schon am Morgen kommen würdest. Nun ist unsere Abfahrt gesehen worden."

„Das ist genau das, was ich wollte, Bay", versetzte Charlotte und hielt zu Bays Überraschung plötzlich das Gefährt an. „So, mein Herr Verlobter; wir befinden uns jetzt auf dem Boden der Bairds. Dieser Stein am Wegrand trägt die Markierung. Nun komm nach vor, setz dich auf den Bock und fahre alleine weiter. Und gib acht, daß du dabei die Richtung nicht verlierst."

„Was soll das, Charlotte?" fragte er verdutzt.

„Jetzt komm und tue, was ich gesagt habe. Ich will sie hier erwarten und unter vier Augen mit ihr reden — von Frau zu Frau. Dich könnte ich am allerwenigsten dabei gebrauchen. Also fahr endlich!"

Sie wußte, daß ihr nicht viel Zeit zu ihrem Vorhaben blieb. War die Kaiserin so, wie sie annahm, dann würde sie hier bald genug auftauchen. Kaum also hatte Bay protestierend auf dem Bock Platz genommen, als sie auch schon, ohne auf seine Vorstellungen zu hören, zur Peitsche griff und auf die Tiere einschlug, so daß Bay fluchend gerade noch die Zügel erhaschte, bevor sie ihm aus der Hand gerissen wurden.

Charlotte aber setzte sich in fiebernder Erregung auf den Markstein, der den Beginn des den Bairds gehörenden Landbesitzes anzeigte, und wartete.

Sie hörte, wie sich das Gerassel des Gefährts, das nun von Bay gelenkt wurde, entfernte, und dann umfingen sie für eine Weile nur die Laute des Waldes. Endlich aber vernahm sie dumpfen Hufschlag, der sich ihr in rasendem Laufe näherte.

Dann tauchte Sissy auf, und Charlotte erschrak beim Anblick dieser verwegenen Reiterin. Aber sie nahm ihre Willenskraft zusammen. Auf diesen Augenblick hatte sie ja gewartet.

Sie erhob sich mutig und stellte sich mitten auf den Waldweg; die Kaiserin hätte sie niederreiten müssen, hätte sie jetzt an ihr vorbeigewollt.

Sissy sah plötzlich die Gestalt der Fremden vor sich. Das Pferd war kaum zu halten, eine weniger gute Reiterin wäre aus dem Sattel geworfen worden und vielleicht mit gebrochenem Genick auf dem Boden gelandet.

„Sind Sie wahnsinnig?!" schrie Sissy, „wer sind Sie und was wollen Sie?"

„Mit Ihnen sprechen", antwortete die Fremde zitternd, aber fest. „Ich bin Charlotte Baird, Madam! Ich habe hier auf Sie gewartet."

8. Das letzte Halali

„Ich hatte ohnedies den Wunsch, Sie kennenzulernen, wenn auch auf andere Weise", erklärte Sissy und klopfte dem erregt sich aufbäumenden und nervös wiehernden Rappen beruhigend den Hals.

„Das kann ich mir denken, Madam", erwiderte Charlotte feindselig. „Aber heute konnte ich die Spielregeln bestimmen, nach denen diese Begegnung stattfindet. Sehen Sie diesen Grenzstein hier? Sie befinden sich auf Baird-Land, Madam, auf dem Grund und Boden meiner Familie. Der Herr hier bin ich."

„Ich habe nie daran gedacht, Ihnen Ihr Besitzrecht streitig zu machen", versetzte Sissy amüsiert.

„Doch, das haben Sie. Zwar nicht in bezug auf mein Land, jedoch auf Bay Middleton. Und deshalb stehe ich hier. Ich will nicht, daß Sie ihm nachreiten, ich verbiete Ihnen, das Baird-Land und das Baird-Haus zu betreten. Er will Sie nicht wiedersehen, und falls Sie es dennoch versuchen sollten, dann werde ich es verhindern."

„Mister Middleton stand und steht noch in meinem Dienst, Miß Baird", erklärte Sissy wütend. „Ich habe ihn noch nicht entlassen!"

„Das ist auch nicht nötig; er ist ein freier Mann, Madam, und hat sich selbst verabschiedet. Das müssen Sie zur Kenntnis nehmen, ob es Ihnen nun paßt oder nicht! Mein Verlobter und ich haben dies aus guten Gründen für ratsam gehalten. Daran ist nichts zu ändern. Versuchen Sie nicht, weiterzureiten, Madam, ich würde es nicht gestatten. Tun Sie es doch, verstoßen Sie gegen unsere Gesetze, und dann würde sich wohl — mit all seinen Folgen — ein Skandal nicht vermeiden lassen."

„Sie sind sehr mutig, Miß Baird", stellte Sissy nicht ohne Bewunderung fest. „Und Sie hassen mich, nicht wahr? — Das ist schade; im allgemeinen schätze ich Leute, die mir gegenüber aufrichtig sind."

„O nein, Madam, nach mir werfen Sie Ihren Köder nicht auch noch aus! Es genügt doch, daß Sie Bay damit umgarnt haben."

„Umgarnt…?!"

„Ja, was denn sonst? Ist es wirklich nötig, daß wir dieses Gespräch noch fortsetzen? Soll ich denn tatsächlich noch deutlicher werden? Soll ich Ihnen sagen, was man sich über die Vorgänge in Woodland-House in der ganzen Grafschaft hinter vorgehaltener Hand erzählt? Können Sie es nicht selbst erraten? Ich bin eine Baird, Madam, und ich möchte Middleton heiraten. Aber ich kann nicht dulden, daß man behauptet, ich hätte ihn aus zweiter Hand!"

Sekundenlang sah Sissy schwarz vor Augen. Sie hob ihre Reitgerte, um dem Mädchen die gebührende Antwort zu erteilen — aber dann beherrschte sie sich doch. Vor allem, als sie sah, daß Charlotte nicht von der Stelle wich.

„Es wird Ihnen nicht gelingen, mich zu provozieren, Miß Baird", erklärte sie, bemüht, ihre Fassung wiederzuerlangen. „Nur soviel möchte ich Ihnen noch sagen: In meinem Land gibt es ein Sprichwort: ,Wie der Mensch ist, denkt er von anderen.' Dies zu den angeblichen Vorfällen auf Woodland-House. Ich bin eine verheiratete Frau, Miß Baird, und habe erwachsene Kinder. Ich habe mir in meinem Verhalten zu Mr. Middleton nichts vorzuwerfen. Aber einen Rat möchte ich Ihnen doch noch geben, bevor ich zurückreite: Betrachten Sie Ihren künftigen Gatten nicht als Besitzstück wie den Boden, das Haus oder ein Pferd! Und begreifen Sie Liebe nicht als etwas Nur-Körperliches. Körper, Seele und Geist machen den Menschen aus! Selbst wenn Sie Bay mit tausend Ketten an sich binden würden, wären sein Geist, seine Seele nicht zu halten... Arme Charlotte Baird! Sie können mir leid tun. Was zwischen Bay und mir ist, können Sie niemals begreifen, nur abwertend mißdeuten. Und Sie scheinen auch gar nicht zu wissen, was Liebe ist. Liebe stellt keinen Besitzanspruch, sie fordert nicht, will nur geben. Sie sucht nicht zu verändern, sondern akzeptiert. Sie gilt dem ganzen Wesen, Miß Baird, und nicht der Oberfäche, die heute jung und schön, morgen jedoch schon entstellt sein kann. Dies sollten Sie überlegen, bevor Sie mit Bay vor den Altar treten. Leben Sie wohl!"

Sie riß ihr Pferd auf der Hinterhand herum und sprengte davon, ohne sich noch einmal umzuwenden.

Charlotte stampfte zornrot mit ihren Schuhen auf; nein, dies war kein Sieg, wie sie ihn erhofft hatte. Sie sah Sissy hocherhobenen Hauptes davonreiten und behielt dieses Bild von ihr im Gedächtnis; sie begegnete ihr niemals wieder.

Dann machte sie sich auf den mühsamen Fußmarsch nach Hause, wo Middleton inzwischen schon angelangt war. Er schickte ihr mit einem Knecht den Wagen entgegen, der sie auf halbem Wege antraf. Müde und verärgert nahm sie in dem Gefährt Platz und ließ sich heimkutschieren.

Sie hatte von dem, was ihr Sissy entgegnet hatte, vor allem eines verstanden: Es bestand eine geistige Beziehung, auf die Einfluß zu nehmen ihr, Charlotte, nie möglich sein werde und welche die Zeiten überdauern würde. Doch sie stellte einen totalen Besitzanspruch. An das Gerede von Liebe, das Sissy geäußert hatte, glaubte sie nicht. Ihre Welt war handfest und greifbar; einen häßlichen oder gar verstümmelten Bay Middleton hätte sie niemals lieben und heiraten können. Und sie tröstete sich schließlich damit, daß sie Sissy für eine Spinnerin erklärte.

Nach Abschluß der Jagd, die infolge all dieser Ereignisse eher unerquicklich verlaufen war, gab es noch ein großes Diner, zu dem Bay eingeladen wurde. Er kam aber nicht. Linger begann mit der Auflösung des Haushalts auf Woodland-House. Am Morgen ihrer Abreise beschenkte Sissy die Dienerschaft und nahm Abschied. Eine Menge Neugieriger und Journalisten hatte sich eingefunden. Sissys Blicke suchten Middleton vergeblich; umso überraschender war es ihr, ihn am Kai zu sehen, als sie das Schiff bestieg, das sie zum Festland bringen sollte. Er stand in der Menge, grüßte und winkte heftig in seiner burschikosen Art. Charlotte Baird war nicht zu sehen. Sissy grüßte lächelnd zurück. Sie sahen einander noch, als der Dampfer schon langsam abfuhr und die auf dem Kai versammelte Menge noch einmal Ovationen darbrachte.

Im Oktober erhielt Sissy dann die Nachricht von Bays Heirat. Danach gingen zwischen ihnen noch manche Briefe hin und her, in denen es um Rennen, Jagden, Pferde und gemeinsame Bekannte ging. Middleton erledigte auch den Auftrag der Veräußerung der kaiserlichen Pferde. Das Reiten mache ihm keinen rechten Spaß mehr, schrieb er, doch das Grand National wolle er noch mitmachen und siegen.

***

Im Frühjahr 1892 befand sich Sissy auf Korfu, als sie von Marie Sophie aus Dublin die Nachricht erhielt:

BAY MIDDLETON BEIM GRAND NATIONAL TÖDLICH VERUNGLÜCKT

Er sei, schrieb sie später noch ausführlich, beim Sprung über eine Hecke mit seinem Pferd zum Sturz gekommen — kurz vor dem Ziel. Durch eine heftige Bewegung des Tieres, das sich wieder aufrichten wollte, hätte der Kopf so schrecklich gegen sein Kinn geschlagen, daß Bay das Genick gebrochen worden sei. Mrs. Middleton, die stets und vergeblich gegen die Teilnahme ihres Gatten an solchen Bewerben aufgetreten sei, wäre untröstlich; Bay wäre unter Reiterehren in seinem Dreß und unter allgemeiner Anteilnahme der britischen Sportswelt im Familiengrab der Middletons beerdigt worden.

„Nun ist er wieder frei", stellte Sissy fest, nachdem sie diesen Brief mit bewegter Miene gelesen hatte.

Und in diesem Sinne schrieb sie auch ein paar Zeilen an Franzl, der diese Neuigkeit aus England vielleicht noch nicht gehört hatte.

Doch der Kaiser hatte damals andere Sorgen, als der Mitteilung vom Tode eines Mannes, den er nicht sonderlich gekannt hatte, Bedeutung beizumessen. Die Erinnerung an den schlaksigen Engländer und unzertrennlichen Jagdgefährten seiner Sissy kam ihm erst wieder, als Marie Larisch ihm aus München Briefe schrieb, in denen sie mit „Enthüllungen" drohte. Und Marie war damals in England „mit dabei" gewesen. Und dann wurde ihm auch bewußt, daß es dort ein Gerede gegeben hatte um Sissy und diesen Mann, ein Gerede, das auch durch spekulative Artikel in der Sensations- und Wochenpresse Nahrung erhielt.

Natürlich hatte es solches Geschmiere schon immer gegeben. Und natürlich auch hatte Sissy sein volles Vertrauen. Er glaubte davon kein Wort. Sein vornehmer, aufrechter Charakter ließ anderes auch gar nicht zu.

Und doch —?

Wußte er wirklich alles über Sissy? Hatte sie ihm nicht selbst eines Tages lachend gestanden, Graf Julius Andrassy, der „fesche Julius", habe ihr eine Liebeserklärung gemacht?! Er hatte es für einen guten Witz genommen. Seiner Kaiserin machte man so eine Erklärung nicht. Doch die Kaiserin war auch eine begehrenswert schöne Frau…

Daß sie es war, die seine nun in die Brüche gegangene Freundschaft zu Kathi eingefädelt und gefördert hatte, konnte, so fand er, auch in einem ganz anderen Licht gesehen werden, als er dies bisher getan hatte. Hatte sie sich damit etwa eine Art Freibrief verschaffen wollen?

Es war seltsam, daß nach so vielen Jahren Ehe nun plötzlich ihre Eifersucht auf Kathi zu einem Eklat führen konnte, während Sissys Vergangenheit davon im wesentlichen verschont geblieben war.

Doch wurde diese ihre Vergangenheit nun zu einer Gefahr? Drohte sie, das Kaiserhaus einzuholen? — Dem mußte man, wenn möglich, begegnen. Vielleicht besaß Bay

Middletons Witwe irgendwelche Briefe, die von Sissy stammten und unter Umständen eine Quelle von Unannehmlichkeiten werden konnten! Sein Entschluß, lang überlegt und hinausgezögert, war jetzt endgültig geworden.

„Nicht länger zuwarten", sagte er sich.

Aus Lingers Kanzlei erfuhr er innerhalb von zehn Minuten, daß Mr. Middleton außer seiner Besitzung in den Midlands auch noch eine Wohnung in London unterhalten hatte. Über die Adresse dieser Wohnung seien zahlreiche Korrespondenzen in geschäftlichen Angelegenheiten abgewickelt worden. Middleton hatte die Wohnung auch nach seiner Heirat für seine Aufenthalte in der Hauptstadt noch behalten. Auch diente sie ihm offenbar als Briefadresse in Angelegenheiten, die er vielleicht vor den Augen seiner Gattin nicht ausgebreitet wissen wollte.

Franzl ließ einen Ressortbeamten des Außenamtes in seine Kanzlei bitten.

„Man mag sich mit unserer Botschaft in London in Verbindung setzen", verlangte er. „Dort soll man einen geeigneten Mann damit beauftragen festzustellen, ob sich im Nachlaß des Mr. Middleton Briefe meiner Frau befinden."

„Sehr wohl, Majestät."

„Sind solche Briefe noch vorhanden, dann sind sie in unseren Besitz zu bringen. Es ist möglich, daß die Witwe Middletons Geld dafür verlangt. Es ist nicht zu handeln. Man bewillige ihr die Summe, die sie verlangt! Aber ich möchte alles haben, verstehen Sie, jede Zeile!"

„Majestät, es wird unverzüglich in die Wege geleitet."

„Die Briefe sind dann mittels Kurierpost an mich zu befördern. Hier haben Sie die Londoner Privatanschrift von Middleton; doch ich weiß nicht, ob diese Adresse nicht inzwischen aufgelassen ist. In London hat man sicher die

Adresse in den Midlands. Man soll auch auf dem Besitz der Bairds Nachforschungen anstellen; Mrs. Middleton ist eine geborene Baird, und es könnte sein, daß sich in Verwahrung ihrer Brüder befindet, was wir suchen."

„Selbstverständlich, Majestät, es wird alles berücksichtigt."

„Gut; dann gehen Sie und geben Sie mir baldmöglichst Nachricht über diese Aktion."

Franzl gab das Entlassungszeichen. Als der Beamte gegangen war, dachte Franzl plötzlich an Kathi. Wenn sie sich doch wieder einmal melden würde... Nach außen hin schien ja durch Sissys Eingreifen nun wieder alles in Ordnung und den Klatschmäulern ein Strich durch die Rechnung gemacht.

Hier Tratsch — dort Tratsch! Hier war es ein Reiter namens Middleton und hier wiederum eine Schauspielerin namens Schratt. Und an beiden sogenannten „Affären" war nichts! Gerade, damit die Leute in den Kaffeehäusern etwas zu lesen und zu plaudern hatten, schoß es Franzl ärgerlich durch den Kopf.

Und Sissy? — Sie mußte natürlich wieder zu den Feiertagen nach Biarritz, anstatt mit ihm nach Gödöllö zu fahren. Warum bloß? Konnten sie nicht beisammensein wie jedes andere vernünftige Ehepaar? Dann gäbe es ihn doch gar nicht, diesen Klatsch! Er, der Kaiser, hatte keine Zeit, sich den Kopf darüber zu zerbrechen, wer wohl gerade mit wem liiert sei und wer nicht. Aber die lieben Wiener und nicht nur sie! In London blühte der Klatsch genauso. Es war wohl überall so auf der Welt.

Middleton war tot, hatte sich das Genick gebrochen. Und von all dem, was man sich über ihn erzählt hatte, blieb nichts mehr — außer vielleicht diesen Briefen!

Sie werden mir bald kein Kopfzerbrechen mehr machen, sagte er sich, zündete sich eine Zigarre an und nahm sich den nächsten Akt vor, der auf seine Erledigung wartete.

ENTLASSUNGSGESUCH VON FRAU KATHARINA SCHRATT, verehel. BARONIN KISS v. ITTEBE

las er zu seiner Verwunderung.

Was war denn das nun wieder?! — Ihn durchfuhr ein leichter Schreck. Und dann las er, daß Frau Schratt aus gesundheitlichen Gründen aus dem Verband des Burgtheaters entlassen zu werden wünsche.

Da schwoll ihm der Kamm.

„Das ist denn doch die Höhe", rief er wütend. „Aber gut — wenn sie denkt, daß ich zu Kreuze krieche, dann hat sie sich in mir geirrt!"

Und zornig kritzelte er unter das Gesuch: „Genehmigt!"

9. Was blieb, war nur Rauch

Der aus Polen stammende Ministerpräsident Graf Kasimir Badeni war ein Mann von sympathischem Äußeren und diplomatischem Geschick. Als Gouverneur von Galizien hatte er eine gute Hand bewiesen. Franzl sah in ihm einen Mann, der es verstehen könne, durch seine Art und seine Ideen die von den einzelnen Machtlobbies geschürten nationalen Gegensätze zu überbrücken und ein gefährliches Feuer zu löschen, das immer wieder entfacht wurde von Elementen, die ihre eigenen lokalpolitischen Interessen, aber nicht jene der Gesamtmonarchie im Auge hatte.

Im Jahre 1897 saßen im schönen, neuerbauten Reichsratsgebäude am Ring — dem heutigen republikanischen Parlament — sechsundzwanzig christlichsoziale Abgeordnete, fünfzehn der sozialdemokratischen Partei, einundvierzig Abgeordnete der Deutschen Volkspartei, fünf radikale „Alldeutsche" (die Partei des Ritters von Schönerer), fünfunddreißig Katholisch-Konservative, einunddreißig deutschkonservative Katholiken, sechs Mandatare des Zentrums und sechzig der Nationalböhmischen Partei. Die Katholisch-Konservativen vertraten die Interessen der Slawen gleichfalls, die Deutsch-Katholiken pflegten mit den Schönerianern zu stimmen, welche die deutschsprachigen Gebiete Österreich-Ungarns mit dem Hohenzollernreich vereinigt sehen wollten (und auch von diesem finanziert wurden). Die achtundsiebzig liberalen Abgeordneten wurden oft zum Zünglein an der Waage. Vielfach unterstützten sie aber auch das Häuflein der Sozialdemokraten.

Die größten Schwierigkeiten aber entstanden durch den Interessengegensatz zwischen den Deutschnationalen und den Tschechen. Hier offenbarte sich oft blanker Haß. Einmal zerschnitt Schönerer nach einer Rede eines tschechischen Abgeordneten vor Wut die Lederbezüge seines Stuhls und rief seine Anhänger auf, das Reichsratsgebäude zu demolieren; ein andermal wieder kam es zu regelrechten Prügeleien auf den Gängen, als die Tschechen nicht ohne Grund verlangten, man möge endlich ihre Muttersprache in ihrem Kronland auch als Amtssprache zulassen, welche nämlich mit Ausnahme von Ungarn im gesamten Gebiet der Monarchie deutsch war.

Badeni hoffte die Situation zu befrieden, indem er eine Sprachenverordnung vorlegte, die Franzl guthieß. Doch anstatt der erhofften Beruhigung trat das Gegenteil ein. Aufgestachelt durch die Führer der deutschnationalen Richtung

und die der Tschechen erhob sich ein Volkssturm der Entrü-
stung, der von Prag bis Graz tagelang zu Ausschreitungen
führte.

Die Sprachenverordnung hatte nichts anderes im Sinn,
als neben der deutschen auch die tschechische Sprache im
Bereich von Böhmen und Mähren anzuerkennen, was ja
nur recht und billig war. Doch mit einem Federstrich auf einem Aktenstück war die Sache nicht abgetan. Die gesamte
Beamtenschaft bis hin zum Gerichtsdiener hätte in allen
Schulen, Ämtern und Behörden plötzlich auch eine zweite
Sprache beherrschen müssen, perfekt in Wort und Schrift,
wie es das neue Gesetz verlangte, und das war praktisch un-
durchführbar — zumindest nicht von heute auf morgen.
Auch wollte sich Schönerer, der vorgab, die Interessen der
deutschen Grundbesitzer in Böhmen und Mähren und im
Sudetenland zu vertreten, nicht den Wind aus den Segeln
nehmen lassen. Mit dem Schlachtruf, er und seine Anhänger würden sich niemals unter ein Slawenjoch beugen, ging
er auf die Straße.

Seinen Spazierstock schwingend, marschierte er seinen
aufgewiegelten Studenten voran, die sich vor dem Universi-
tätsgebäude formiert hatten und von vielen Seiten Zuzug er-
hielten. Der Protestzug wollte vor den Reichsrat und die
Hofburg ziehen, kam aber nicht so weit. Ein erstaunlicher
Prozentsatz der Einwohner Wiens waren Handwerker,
kleine Unternehmer und vor allem Dienstpersonal aus Böhmen und Mähren. Die griffen ihn an.

Der Lärm des Krawalls drang bis zu den Fenstern der
Hofburg und erreichte auch Franzl in seinem Arbeitszimmer; auf dem Ballhausplatz, wo Badeni eine Sondersitzung
abhielt, bekamen die Herren rote Köpfe. Man wollte den
Weihnachtsfrieden und hatte statt dessen offenen Krieg.

Auch Franzl war eben dabei, für ein paar Tage seine Amtsgeschäfte ruhen zu lassen, um nach Gödöllö aufzubrechen. Und nun kam das. Er ließ sich berichten und erfuhr, daß die Randalierer auch in anderen Städten am Werke waren, vor allem in Prag, Brünn, Mährisch-Ostrau, Linz und Graz.

Es war nicht die Revolution von 1848, die ihn vor nunmehr bald fünfzig Jahren ans Staatsruder gebracht hatte — dieses Jubiläum stand ihm auch noch ins Haus. Aber die Situation war jedenfalls so, daß man ernstlich eingreifen und die Schreier zum Schweigen bringen mußte.

Die Husaren des fünfzehnten Regiments wurden aufgeboten. Mit blankem Säbel ritten sie gegen die Demonstranten. Protestierer und Scharen von Neugierigen auf dem Ring flüchteten vor den ungarischen Reitern. Männer, Frauen, Kinder, Arbeiter, Bedienstete und Kavaliere samt ihren Damen retteten sich in den Volksgarten und hinter das neue Burgtheater, wo sich neuerlich Protestierergruppen formierten und lautstark ihr „Germania hoch!" in die kalte Spätherbstluft hinausbrüllten.

Franzl schickte in die Präsidentschaftskanzlei und ließ sich Badeni kommen. In dieser Situation hatte in seinem Kopf nur Ordnung und Ruhe für sein Reich Platz, die unverzüglich herzustellen waren. Vergeblich hatte Badeni im Reichsrat an Vernunft und Toleranz appelliert. Er war ein rechtschaffener Mann und wollte das Beste. Das wußte Franzl, und obwohl er persönlich Wertschätzung und Sympathie für den polnischen Grafen empfand, hielt er es doch für nötig, Badenis Rücktritt anzunehmen.

Das rasche und entschlossene Eingreifen der Husaren hatte immerhin eine größere Demonstration verhindert und die baldige Wiederherstellung der Ruhe in Wien zur Folge.

In den böhmischen Städten aber war ein noch energischeres Durchgreifen erforderlich.

Erzherzog Franz Ferdinand erschien aus seiner Militärkanzlei im Belvedere in der Hofburg. Er war wie meistens schlechter Laune. Zornbebend ließ er sich vom Adjutanten beim Kaiser melden. Die Spitzen seines schwarzen Schnurrbarts bebten, und seine Augen blickten drohend, als ob der Adjutant persönlich für die Wirren verantwortlich zu machen sei.

Wie immer, wenn der Thronfolger bei ihm vorsprach, empfand der Kaiser Unbehagen; denn Franz Ferdinand war unbequem, ein Mann, der vieles in Frage stellte und der Meinung war, es habe sich überall mit den Jahren eine Lotterwirtschaft eingebürgert, die radikal beendet werden müsse, solle der Monarchie hieraus kein Schaden erwachsen.

„Du hast Badeni entlassen?" war dann auch die erste, vorwurfsvolle Frage.

„Ich hielt es für das beste, eine Konzession zu machen", antwortete der Kaiser.

„Eine Konzession! Immer wieder wird fortgewurstelt. Badeni hatte recht, und die Böhmen und Mähren sind im Recht. Was für die Ungarn recht ist, ist für sie billig! Sie haben ein Anrecht auf ihre Muttersprache bei Ämtern, Gerichten —"

„— und auch beim Militär?"

„Das ist etwas anderes. Die einheitliche Kommandosprache soll erhalten bleiben. Die Armee ist ein einigendes Band zwischen den Völkerschaften. Aber was die zivilen Verhältnisse betrifft —"

„So höre ich aus deiner Meinung nur die Stimme der Komtesse Chotek heraus", unterbrach ihn Franzl stirnrunzelnd. „Und ich darf dich daran erinnern, daß in ihrer eigenen Familie fast nur deutsch und französisch geredet wird. Aber sie ist nun eben von böhmischem Adel und möchte etwas für Böhmen tun. Dann soll sie uns doch einen Vorschlag machen, wie man einem Beamten, der vielleicht zwei, drei Jahre vor seiner Pensionierung steht, beibringen soll, daß er für die restliche Dienstzeit noch eine zweite Sprache dazulernen soll. Die Einsetzung von zweisprachigem Personal ist nur über einen längeren Zeitraum hinweg möglich. Und bis dahin müssen wir eben ‚wursteln‘, mein Herr Neffe — es geht nicht anders.“

„Daß du Sophie ins Gespräch bringen würdest, hätte ich mir denken können“, knurrte Franz Ferdinand feindselig und finster. „Sie ist dir ja ein Dorn im Auge. Aber was du auch immer unternehmen magst, ich werde sie heiraten, und wenn der Montenuovo darüber zerspringt, so daß der alte Doppeladler vom Dach fällt.“

„Das könnte leichter passieren, als du denkst, Franz Ferdinand“, versetzte Franzl mahnend. „Das Reich ist in sechshundert Jahren gebaut, aber ein einziger Moment kann es zerstören. Kaputtmachen geht immer schneller, als man denkt. Ihr alle, die ihr das Althergebrachte so haßt, sägt an dem alten Adler. Hoffentlich hält er's aus.“

„Er wird verrecken, wenn er nicht endlich frische Luft bekommt! Der Adler stirbt, mein Herr Onkel, Majestät. Er verfault langsam von innen. Weil er nichts als Aas zu fressen kriegt. Manche Leute halten ihn schon längst für einen verkappten Geier“, rief Franz Ferdinand zornerfüllt. „Mein Herr Onkel, Majestät, ich bin in Sorge um die Monarchie, genau wie Sie's sind. Aber mein Verstand weist mich in eine andere Richtung. Wenn der Sessel unter meinem Hintern morsch wird, dann genügt es nicht, ihn frisch anzustreichen. Dann muß eben ein anderer her.“

„Die Republik vielleicht?" fragte Franz Joseph kopf-schüttelnd.

„Eine neue, moderne Form der Monarchie", gab Franz Ferdinand knurrend zur Antwort. „In der die einzelnen Völker souverän sind und in friedlichem Wettstreit unter einem gemeinsamen Dach wirtschaften können, ohne sich gegenseitig auf die Füße zu treten. Dieser Plan müßte endlich ausgeführt werden."

„Nun", sagte Franz Joseph, „eines Tages wirst du ja auf meinem Stuhl sitzen. Dann kannst du's ja machen, wie du's für richtig hältst", entließ er seinen ungestümen Thronanwärter.

„Auch dem spukt wohl nichts im Kopf als ‚Freiheit'!" brummte er. „Und wann findet Sissy an meiner Seite endlich Ruhe? Was versteht sie, verstehen diese Menschen unter ‚Freiheit'?!" —

Er erhielt die Meldung, es sei Nachricht aus London gekommen und ließ den zuständigen Beamten des Außenamtes zur Berichterstattung kommen.

„Unsere Botschaft in London", begann der schlanke, junge Baron diensteifrig und, wie es schien, gut informiert, denn er hoffte vor den Augen des Kaisers Wohlgefallen zu finden, obwohl er eine negative Nachricht überbrachte. „Unsere Botschaft in London, Majestät, hat sich weisungsgemäß sofort der Angelegenheit Charlotte Middleton angenommen. Es wurde ein Vertrauensmann zu ihr gesandt, welcher die Briefschaften Ihrer Majestät erwerben sollte, worauf diese hierher nach Wien zu überstellen und zu archivieren gewesen wären."

Franzl runzelte die Stirn.

„Gewesen wären?" fragte er. „War denn die Mission kein Erfolg?"

„Leider nicht! Ich bedaure, Majestät dies mitteilen zu müssen. Mrs. Middleton hat die Briefe nicht mehr."

„Wieso?" fragte Franzl erschrocken.

„Sie hat sie, so gab sie an, alle verbrannt!"

„Wie — sie hat die gesamte Korrespondenz meiner Frau, die an Mister Middleton gerichtet war, vernichtet?"

„So ist es. Unser Gewährsmann schenkte ihr zunächst keinen Glauben; er hat Nachforschungen angestellt, aber von Bediensteten des Baird-Hauses die Bestätigung erhalten. Mrs. Middleton hat nach dem Tod ihres Gatten alle Briefe Ihrer Majestät in einem offenen Kamin im Hause dem Feuer übergeben."

Das mußte Franzl erst verdauen. Er starrte nachdenklich auf seinen Schreibtisch nieder. Nun konnte freilich nichts mehr in unrechte Hände fallen. Aber — verbrannt?!

Sie muß wohl, genau wie ich, gefürchtet haben, daß aus diesen Briefen gewisse Schlüsse gezogen werden könnten, dachte er. Und — vermutlich hat sie Sissy gehaßt.

„Es ist", berichtete der junge Baron eifrig, „von Ihrer Majestät stammend nur noch ein Brieföffner vorhanden, ein Geschenk Ihrer Majestät an Mr. Middleton, und ein Ring, ein Abschiedsgeschenk, wie Mrs. Middleton angibt, sowie eine Krawattennadel. Sie besitzt nicht einmal den Hohenembs-Pokal. Sie wollte ihn nicht in ihrem Hause haben und hat ihn dem Reitklub geschenkt, dem Mr. Middleton angehörte."

„Also ist nichts geblieben als ein Brieföffner, die Nadel und ein Ring! Und die Handschreiben, welche Middleton mit diesem Öffner wohl aufschnitt, sind alle nicht mehr vorhanden?"

„Nicht ein einziges, Majestät. So versicherte Mrs. Middleton glaubhaft. Brieföffner, Nadel und Ring könnten wir

250

erhalten, doch lag kein diesbezüglicher Auftrag vor, und deshalb hat unser Gewährsmann deswegen auch nicht verhandelt."

„Sie mag sie behalten", entschied Franzl nach kurzem Überlegen.

Sissy hat sie ihm geschenkt, und sie würde es wohl nicht gutheißen, wenn ich diese Sachen jetzt von seiner Witwe zurückfordere, dachte er. Nein, das sähe gar nicht gut aus — auch nicht dieser Frau gegenüber.

„Es ist gut, Baron Hammersfeld, ich danke Ihnen."

Er gab das Entlassungzeichen. Der junge Beamte verneigte sich respektvoll und verließ das kaiserliche Arbeitszimmer.

Soll ich es Sissy schreiben? fragte er sich. Soll ich ihr mitteilen, daß Middletons Witwe jede ihrer Zeilen an ihren Gatten verbrannt hat? — Nein, das lass' ich lieber bleiben. Vielleicht erfährt es Sissy einmal durch Zufall. Diese Nachricht könnte sie schmerzlich berühren, eine Wunde aufreißen, Erinnerungen wecken, die, wie ich hoffe, längst entschwunden sind. Vielleicht, ja, vielleicht würde es sie nicht einmal interessieren, das könnte auch sein. Es wär' aber zu schön, um wahr zu sein...

Plötzlich fiel sein Blick auf ein Blatt Papier, auf dem nur Marie Larisch mit einem großen Fragezeichen geschrieben war. Deren Aufzeichnungen muß ich ja auch noch bekommen. Ob es wohl seinem Schwiegersohn, Franz Salvator, gelingen würde, in München den Schlußpunkt unter die leidige Erpressungsgeschichte zu setzen?

10. Die Mayerling-Papiere der Larisch

Erzherzog Franz Salvator stapfte mißmutig die drei Stockwerke eines Miethauses in der Münchener Sonnenstraße empor, bis er vor der nicht übermäßig einladenden Wohnungstür stand, an der ein Türschild das Domizil des Tenors der Königlichen Oper Bruck auswies.

Auf sein Läuten öffnete eine ältliche, schlampig wirkende Haushälterin.

„Mein Name ist Franz Toskana", sagte er, „und ich möchte die Gattin des Herrn Opernsängers sprechen. Ich komme aus Wien, ein Verwandter", fügte er erklärend hinzu, als er die Blicke der Frau mit äußerstem Mißtrauen auf sich gerichtet sah.

Als er erwähnte, zu wem er wolle, hätte sie ihm am liebsten die Tür vor der Nase zugeschlagen, das merkte er ihr an. Doch nun ließ sie sich wenigstens zu einer mürrischen und abweisend vorgebrachten Erklärung herbei.

„Die wohnt nicht mehr bei uns."

„Wie?" staunte der Erzherzog. „Sie meinen: sie ist nicht zu Hause? Wann und wo kann ich sie sprechen? Ich komme extra aus Wien!"

„Tut mir leid, mein Herr. Ich habe keine Ahnung, wann und wo Sie mit ihr reden können. Die Frau Bruck ist weg. Und hat gesagt, daß sie nicht mehr wiederkommt."

Sie hat den Sänger also verlassen, erkannte Franz Salvator betreten. Im Augenblick war er ratlos. Aber vielleicht konnte ihr Mann ihm bessere Auskunft geben.

„Und Herr Bruck? Kann ich ihn vielleicht sprechen?" fragte er deshalb, ohne sich von der Miene der Haushälterin einschüchtern zu lassen.

„Der ist jetzt nicht daheim. Er ist bei seinem Anwalt,

wegen der Scheidung. Außerdem weiß man nie, wann er kommt. Auch wenn er keine Probe hat, ist er selten zu Haus'. Am besten versuchen Sie es abends im Theater. Er hat heute Vorstellung."

„Danke", nickte der Erzherzog, stülpte seinen Hut auf den Kopf und kehrte ärgerlich um.

Mißtönend fiel hinter ihm die Tür ins Schloß. Es blieb ihm nichts anderes übrig, als den Sänger am Abend in dessen Garderobe aufzusuchen. Der Mann mußte ihm sagen, wo er die Larisch antreffen könne.

Er stellte fest, daß „Tannhäuser" um sechs Uhr abends beginnen würde. Es reicht wohl, wenn ich eine Viertelstunde davor in seiner Garderobe bin, meinte Franz Salvator. Ich brauche schließlich nichts weiter von ihm als Maries Adresse. Zeitgerecht stand er am Bühneneingang und fragte den Portier nach des Sängers Garderobe.

„Der Herr Bruck ist noch nicht da", erfuhr er, „der tritt erst im zweiten Akt auf. Kommen Sie in einer Stunde."

Doch auch dann war Bruck noch nicht zur Stelle. Franz Salvator wartete wie auf Nadeln in dem Korridor hinter der Bühne. Die Vorstellung war in vollem Gang; man hörte das Orchester und die Stimmen von der Bühne bis hierher, aber es war ein stetes Kommen und Gehen von Akteuren mit und ohne Kostüm, Bühnenarbeitern und sonstigen Hilfskräften, und schließlich erschien auch der Inspizient und pochte wütend an Brucks Tür.

„Himmel", rief er, „in einer Viertelstunde ist er dran und noch immer nicht hier!"

In diesem Moment kam Bruck angetorkelt. Er roch schon von weitem nach Bier.

„Immer mit der Ruhe", gurgelte er, „der große Bruck ist wie immer pünktlich zur Stelle!"

„Der ‚große Bruck' gehört gefeuert", schrie der Inspizient, „denken Sie, ich hab' meine Nerven gestohlen?!"

Doch Bruck legte bloß den Zeigefinger an die Lippen! „Sssst — hören Sie doch — das ist Musik! Und erst wenn ich singe! — Ist etwa Seine Majestät im Haus?"

„Gottlob, nein", knurrte der Inspizient. „Machen Sie, daß Sie ins Kostüm kommen!"

Da trat Franz Salvator hinzu: „Ich muß Sie dringend sprechen!"

„Autogramme gebe ich nach der Vorstellung", wehrte ihn der Sänger blasiert ab und verschwand in seiner Garderobe, um den Inspizienten nicht noch mehr gegen sich aufzubringen. Der Inspizient schrie inzwischen nach dem Schminkmeister und dem Garderobier, die beide eiligst herbeigestürzt kamen. Gemeinsam mit ihnen schlüpfte der Erzherzog in die Künstlergarderobe.

Bruck stand da in Hemd und Unterhosen.

„Was wollen Sie, Mensch", fauchte er Franz Salvator an.

„Die Adresse Ihrer Frau", antwortete Franz Ferdinand. „Sie sind mich gleich wieder los."

Bruck starrte ihn entgeistert an und ließ sich währenddessen wie geistesabwesend in sein Kostüm stecken. Dann platzte er mit einem zornigen Gelächter heraus, und seine Augen funkelten.

„Noch ein Liebhaber!" stieß er empört hervor. „Das wird ja immer schöner. Nun werde ich von diesen Unverschämten sogar noch in meiner Garderobe überfallen! Hinaus, Mensch, ehe ich mich vergesse!"

„Ich bin ein Verwandter aus Wien", versuchte Franz Ferdinand den Irrtum aufzuklären.

„Ein Verwandter? Auch das noch! Wenn es stimmt, will ich Sie erst recht nicht sehen. Und ich will auch gar nicht wissen, was sie mir zu sagen hat und wo sie ist. Ich habe alles meinem Anwalt übergeben. Mit dem können Sie reden; und jetzt verschwinden Sie, ich muß mich für meinen Auftritt fertig machen."

„Und wo finde ich Ihren Anwalt?"

„Doktor Kernhäusl, in der Sonnenstraße achtundvierzig."

„Danke", sagte Franz Salvator und schnappte nach Luft, als er wieder vor dem Bühnenausgang stand. „Das ist ja das reinste Tollhaus... Und dieser Bruck! — Deshalb also braucht sie das viele Geld; sie lebt in Scheidung. Nun, ich werde morgen zu diesem Kernhäusl gehen; ich muß sie finden. Und dann werde ich — hoffentlich — nach Wien berichten können, daß die Gefahr vorüber ist", führte er ein Selbstgespräch.

Er winkte sich eine Droschke herbei und fuhr ins Hotel zurück. Er wollte dem Kaiser auf jeden Fall vor dessen Abreise nach Petersburg eine beruhigende Auskunft geben können.

Schon zeitig am nächsten Morgen besuchte Franz Salvator den Rechtsanwalt Dr. Kernhäusl. Doch der Anwalt bedauerte lebhaft.

„Ich kann Ihnen die Adresse meiner Mandantin leider nicht geben, Kaiserliche Hoheit", erklärte er und wiegte bedenklich den Kopf. „Ich bitte um Verständnis."

„Dann wende ich mich eben ans Meldeamt", versetzte der Erzherzog ärgerlich.

„Das würde wenig nützen; Frau Bruck wohnt außerhalb von München. Ich kann nur eines tun: Wenn Sie mir ein paar Zeilen hinterlassen, mit der Angabe des Hotels, wo sie Sie, falls sie es möchte, erreichen kann. Ich werde es unverzüglich weiterleiten. Frau Bruck wird sich, hoffe ich, bei

Ihnen melden. Mehr kann ich leider nicht tun; ich bin als Anwalt von Frau Bruck zur Diskretion verpflichtet."

Franz Salvator war reichlich verärgert. Er wollte heim zu Frau und Kind. Andererseits hatte er aber diese Aufgabe übernommen, weil er natürlich dem Kaiser als seinem Schwiegervater verpflichtet war.

„Wie lange kann das dauern?" fragte er vorsichtig.

Der Anwalt hob die Schultern: „Zwei, drei Tage, vielleicht."

„Und wenn sie nicht reagiert?"

„Ich habe darauf keinen Einfluß", meinte der Rechtsanwalt im Ton des Bedauerns. „Aber vielleicht schätzen Sie Frau Bruck falsch ein; meiner Meinung nach wird sie es sicher nicht verabsäumen, sich mit Ihnen in Verbindung zu setzen."

Er reichte Franz Salvator Papier und Feder und lud ihn ein, an einer im Zimmer stehenden Sitzgarnitur Platz zu nehmen. Franz Salvator nickte. Es war wahrscheinlich die einzige Möglichkeit, um zu einer Aussprache mit Marie zu gelangen.

Er setzte sich und schrieb einige flüchtige Zeilen auf das Papier. Im Hotel Adlon wäre er abgestiegen, und er erwarte dringend eine Zusammenkunft; er käme im Auftrag Seiner Majestät, des Kaisers.

Der Anwalt warf einen Blick auf das Schreiben, nickte und steckte es in ein Kuvert.

„Wird umgehend besorgt, Kaiserliche Hoheit", versicherte er höflich.

Franz Salvator kehrte nachdenklich in das Hotel zurück; es galt, sich in Geduld zu fassen.

Zwei Tage später saß sie ihm im Schreibsalon, in welchem die Hotelgäste ihre Korrespondenz erledigen konnten, der aber stets fast unbenutzt und daher ein geeigneter Ort für diese Begegnung war, gegenüber.

Sie war noch schmäler geworden, sah kränklich und gequält aus, und dennoch hatte ihre Haltung etwas Herausforderndes. Sie gleicht einem gehetzten Wild, sagte sich der Jäger Franz Salvator. Eines, das sich stellt, und vielleicht sogar zum Gegenangriff übergehen will.

Franz Salvator wollte die ihm unangenehme Begegnung abkürzen und kam daher unmittelbar zur Sache.

„Der Kaiser möchte", erklärte er, „diesem schändlichen Spiel ein für allemal ein Ende bereiten. Er ist bereit zu zahlen, doch er verlangt die Herausgabe aller vorhandenen Aufzeichnungen."

Frau Bruck, geschiedene Gräfin Larisch, hörte ihm stirnrunzelnd und mit gespannter Aufmerksamkeit zu.

„Das schändliche Spiel ist doch mit mir getrieben worden", verteidigte sie sich gereizt und empört. „Ich bin das Kind einer Mesalliance — meine Tante, die Kaiserin, hat es mich fühlen lassen. Sie hat mich in diese Ehe mit Graf Larisch gezwungen, um mich zu versorgen, wie sie es nannte. Diese Ehe war kein Vergnügen… Der Graf hat nur auf die Gunst des Hofes spekuliert und dafür quasi seinen Titel an einen weiblichen Bastard verkauft! Wollte ich mich bei Hofe halten, wo ich meinem Gefühl nach hingehörte, mußte ich gefällig sein — dem armen Rudi zum Beispiel. Ja, ich habe ihm die Begegnung mit der Baronesse verschafft; es war nicht schwierig, denn sie war verrückt nach ihm. Für ihn war sie nur eine von vielen. Ich habe nicht ahnen können, wie es enden würde!"

Der Erzherzog enthielt sich eines Kommentars.

„Der Kaiser will alle Aufzeichnungen haben und sie vernichten", erklärte er. „Er zahlt sonst keinen Gulden mehr!"

„Mit Bruck, diesem Trinker, kann ich nicht leben. Ich gehe nach Amerika, wo mich niemand kennt. Ich will dort neu anfangen. In Europa wäre das unmöglich; mein Name stand in allen Zeitungen. Ich will fort, nichts als fort!"

„Das ist wohl wirklich der beste Weg", fand er.

„Und dazu brauche ich das Geld!"

„Ich habe bereits gesagt, unter welcher Bedingung es zu haben ist. Und darüber hinaus keinen Heller mehr", warnte Franz Salvator eindringlich. „Der Kaiser wünscht keinen weiteren Skandal. Aber sein Arm reicht weit. Er verlangt die Zusicherung, in Hinkunft nicht mehr belästigt zu werden."

„Er kann die Papiere haben", nickte die Larisch nach minutenlangem Überlegen, während der Erzherzog wie auf Nadeln saß und nervös seine Zigarette im Aschenbecher zerdrückte.

„Wann?" fragte er gespannt.

„Sobald ich das Geld habe", antwortete sie schlagartig, und ihre Augen leuchteten auf. „Damit ich endlich fort kann — mich hält hier nichts auch nur eine Minute länger als nötig!"

„Ich kann es bis morgen beschaffen", antwortete Franz Salvator kalt.

„Dann treffen wir uns morgen hier zur gleichen Stunde", schlug sie mit vor Erregung belegter Stimme vor, und er ging darauf ein.

***

Mit dieser letzten Summe — errechnete Franzl später in ohnmächtigem Grimm — hatten die Forderungen der Larisch etwa die dreifache Höhe jener Kosten erreicht, welche die Erbauung des Riesenrades auf dem Gelände der Wiener Weltausstellung verschlungen hatte...

Und doch war er von Herzen froh, als ihm Franz Salvator einen schäbigen Koffer überreichte, der zahllose bekritzelte Blätter enthielt. Franzl hatte den Betrag über die Botschaft in München anweisen lassen; nun hielt er in Händen, was er dafür gekauft hatte.

„Dafür danke ich dir von Herzen, Schwiegersohn", erklärte er sichtlich erleichtert.

„Wollen wir's nicht lesen?" fragte Franz Salvator neugierig.

Doch Franzl schüttelte den Kopf: „Ins Feuer damit", knurrte er, „das ist das Gescheiteste, was man damit machen kann! Ich werde das Geschreibsel eigenhändig verbrennen — Blatt für Blatt — nur so bin ich sicher, daß keines in unrechte Hände fällt. Und dann schreibe ich gleich an Sissy. Damit sie es so rasch als möglich erfährt."

„Gute Reise, Papa", wünschte ihm noch der Erzherzog, bevor er sich respektvoll verabschiedete.

Denn des Kaisers Aufbruch zum Zaren stand ja bevor.

11. Freiheit

Ein kalter Wind, von schauerartigen Regengüssen begleitet, umtobte das Hotel in Biarritz. Unter tiefhängenden, schweren Wolken stand die See wie eine dunkle, drohende Wand zum Horizont auf. Die Straßen waren menschenleer. Nur wer unbedingt mußte, wagte sich bei einem solchen Wetter hinaus.

„Kommen Sie, Sztaray, begleiten Sie mich", forderte Sissy ihre Hofdame auf.

Die Gräfin war auch nicht mehr die Jüngste. Sie war keineswegs entzückt, in der nächsten halben Stunde bis auf die

Haut durchnäßt zu werden. Aber sie kannte Sissys Angewohnheit. Die Kaiserin zog es gerade bei den ärgsten Unwettern ins Freie; sie liebte es noch immer, das Toben der Naturgewalten hautnah zu fühlen und zu erleben.

„Ich bin gleich soweit, Majestät", nickte die Sztaray daher, und Sissy machte sich schon zum Ausgehen fertig.

„Den Schirm können wir wohl zu Hause lassen", meinte Sissy mit einem prüfenden Blick nach draußen. „Der würde ja wohl gleich umgedreht! Ein Regenumhang genügt und eine Kapuze. Das hält uns trocken und warm."

„Sehr wohl, Majestät", fügte sich die Sztaray in die Aussicht eines solchen „Spazierganges".

Bald darauf verließen die beiden Frauen das Hotel durch den Hintereingang, um nicht von Neugierigen, Journalisten und Fotografen belästigt zu werden — eine Gefahr, welche die Gräfin an diesem Tage jedoch für herzlich gering schätzte.

Der Sturm blies ihnen gleich ins Gesicht. Sissy spürte die eiskalten Regentropfen wie Nadelstiche auf ihren Wangen und atmete auf. Schon von Kindheit an hatte sie solch ein Wetter, das andere fürchteten, geliebt.

„Kommen Sie, haken Sie sich ein, ich bin stärker als Sie", forderte sie ihre Begleiterin auf. „Zu zweit wollen wir gegen das Unwetter ankämpfen. Gehen wir am besten die Strandpromenade entlang."

„Jawohl, Majestät", äußerte die Gräfin. „Aber ausgerechnet die Strandpromenade? Der Sturm bläst uns ins Meer, Majestät!"

„Unsinn, Sztaray. Er bläst ja vom offenen Meer zur Küste. Es passiert uns schon nichts, keine Sorge!"

„Wie Majestät meinen", seufzte die Gräfin erbarmungswürdig.

Seite an Seite kämpften sich die beiden durch das schlechte Wetter. Die Gräfin fror trotz der Pelerine, aber sie biß die Zähne zusammen. Für Sissy hätte sie selbst einen Spaziergang am Nordpol gewagt.

„Wie ist es nun — wollen Majestät die Villa kaufen?" fragte sie.

Sissy schüttelte den Kopf.

„Nein, ich habe es mir überlegt. Sie haben recht. Es hätte keinen Sinn; ich bin nicht einmal noch das Achilleion los, es hängt mir wie eine schwere Kette am Bein. Es ist einfach nicht ohne Verlust loszuschlagen! Wenn ich nun auch noch meinem Mann mit einem Villenkauf in San Remo komme, hält er mich womöglich tatsächlich für verrückt. Da verzichte ich lieber!"

„Das ist gut", lobte die Gräfin, „mir fällt ein Stein vom Herzen! Der Preis für die Villa ist viel zu hoch — da hat man gleich saftig draufgeschlagen, als man erfuhr, wer die Interessentin ist."

„So geht es überall, wo ich etwas kaufen möchte. Und abgesehen davon; ich bin nun einmal ein Zugvogel, immer noch. Wie heißt es doch? ‚Selig sind die Armen im Geiste.' Das ist weise, Sztaray, sehr weise, die Menschen verstehen es nur nicht. Und auch mir ist der Sinn erst spät genug aufgegangen. Sehen Sie, Sztaray, heute bin ich selbst in dieser Hinsicht in Geiste arm… das heißt, ich hänge mein Herz nicht mehr an Dinge, die vergänglich sind."

„Oh", Majestät —"

„Ja, ja, Sztaray. Ich weiß schon, was Sie sagen wollen. Aber Gold und Juwelen, Schlösser, Besitz kann man nicht mitnehmen, wenn eines Tages die Stunde schlägt, die für jeden kommt."

„Majestät, ich bitte!" rief die Sztaray entsetzt.

„Aber", wehrte Sissy ab, „weshalb soll man denn nicht darüber reden? Es ist die natürlichste und selbstverständlichste Sache der Welt. Sie kennen doch die Geschichten von Nasreddin, dem Eulenspiegel des Sultans? Wissen Sie, was er über das Sterben sagte? — ‚Es ist ganz leicht, ein jeder lernt es beim erstenmal.'"

Die Sztaray biß sich auf die Lippen. Ihr wurde bange, wie immer, wenn Sissy von Depressionen befallen wurde. Doch diesmal klang es gar nicht nach einer Depression. Im Gegenteil. Bei einem forschenden Blick, den die Gräfin auf Sissy warf, erkannte sie: deren Antlitz war abgeklärt und heiter.

Ja, heiter bot Sissy es dem Sturmwind dar. Und sie fuhr fort: „Sztaray, ‚arm im Geist' sein heißt sein Herz nicht an Dinge hängen, von denen wir glauben, daß wir sie besitzen, ‚arm im Geist' sein bedeutet die Erkenntnis, daß uns dies alles nur verliehen ist. Besitz macht unfrei! Mit unsichtbaren Fesseln bindet er uns an dieses Sein. Besitz schafft auch Sorge! Wie habe ich mich um meine Pferde gesorgt, wie unnötig waren die Gedanken, die ich an das Achilleion auf Korfu verschwendete. Ohne Sinn dies alles… Nein, nichts soll mich mehr binden. Frei sein will ich! Ganz, ganz arm in meinen Gedanken! Wem dies gelingt, der ist erst wirklich reich."

Die Gräfin schüttelte nur stumm den Kopf. Sie hatte schon immer merkwürdige Ansichten von ihrer Herrin gehört. Ansichten, die viele Leute für unvereinbar mit der Stellung einer Monarchin hielten.

„Nun, Majestät brauchen sich trotzdem keine Sorgen zu machen", stellte sie fest.

Sissy schüttelte den Kopf: „Wie einfältig Sie doch reden können. Sie haben nichts begriffen, wie?"

„Nein, Majestät", bekannte die Gräfin gar nicht beleidigt, in voller Aufrichtigkeit. „Und ich will es auch gar nicht. Solche Reden sind nichts für mich. Meine Familie ist nicht arm. Es heißt zwar, eher ginge ein Kamel durch das Nadelöhr, als daß ein Reicher in den Himmel käme. Ich für meinen Teil bilde mir aber ein, darauf kommt es gar nicht an. Ich bin mein Leben lang ein ehrlicher und anständiger Mensch gewesen. Mein bißchen Besitz wird mir der Herrgott schon verzeihen."

„Sicher", erklärte Sissy. Ich rede, erkannte sie, im wahrsten Sinne des Wortes gegen den Wind.

„Aber", fuhr sie trotzdem fort, in dem vergeblichen Versuch, ihre Begleiterin zu überzeugen, „was bleibt Ihnen denn davon, Sztaray?"

„Es gibt mir ein Gefühl der Sicherheit, Majestät", erklärte die Gräfin. „Und was nachher wird, Majestät — du lieber Himmel, darüber zerbreche ich mir nicht den Kopf."

Sie hat wieder ihren religiös-philosophischen Tag, dachte sich Irma Sztaray, und heute ist es noch dazu besonders arg. Kein Wunder, bei dem Wetter!

„Ist Ihnen kalt, Sztaray?"

„Ich danke, es geht, Majestät."

„Nun, dann ist es ja gut. Ich möchte noch ein kleines Weilchen gehen. Die Luft in dem Hotel ist stickig; die Leute hier machen offenbar nicht die Fenster auf. Ich aber kann gar nicht genug frische Luft kriegen."

„Aber Seine Majestät hat recht. Um diese Jahreszeit, Majestät, wäre es sicher in Gödöllö viel schöner. Seine Majestät sind sicher schon dorthin unterwegs und werden wieder traurig sein und sich sehnen."

„Nach mir? Nun ja, ich denke natürlich auch an ihn. Sehen Sie, das ist es, was ich meine. Von allem hat nur eines wirklichen Wert: die Liebe. Die Liebe von Mensch zu Mensch, von Seele zu Seele. Die bleibt."

„Wenn wir sterben, stirbt doch auch sie, oder?"

„Für mich ist es sicher, daß mit unserem Tod unser Leben nicht zu Ende ist", versicherte Sissy überzeugt.

„Sie meinen also: die Liebe ist ewig?"

„Ja, das meine ich, Sztaray", nickte Sissy ernst. „Ewig wie Gott — denn er selbst ist ja die Liebe."

Ein letztes Mal setzte der Möwenschwarm zum Anflug an, umflatterte die beiden einsamen Frauen am Strand mit lautem Kreischen und flog, ihren Blicken entschwindend, ins graue Gewölk davon.

„Als wären es keine Vögel, sondern Seelen", sann ihnen Sissy nach. „Frei müßte man sein. Wie sie..."

„Kehren wir um, Majestät", schlug die Sztaray vor. „Majestät werden sich sonst ganz arg verkühlen. Und Seine Majestät wird meinen, daran sei die Gräfin Sztaray schuld!"

„Ja", lächelte Sissy. „Gehen wir!"

Sie hakten sich wieder ein. Seite an Seite schritten sie dahin, in das früh hereinbrechende abendliche Dämmern.

Leseprobe zu Band IX

„Sissy — Csardas und Zigeunergeigen"

Aus dem Dunkel der Vergangenheit taucht eine weitere, auch politisch bedeutungsvolle Beziehung Sissys auf, die Beziehung zu einem der interessantesten Männer der österreichisch-ungarischen Geschichte: Graf Julius Andrassy. Als Aufrührer zum Tode verurteilt und „in Abwesenheit" — symbolisch — gehenkt, kehrt der nunmehrige Pariser Salonlöwe begnadigt in seine Heimat zurück und begegnet der schönsten Frau seines Lebens — seiner Königin.

Schwerhalmig wogte das Korn reifend von Horizont zu Horizont. Ein wolkenloser Himmel strahlte nieder auf das Land, so weit, so frei, daß Sissy das Herz aufging; sie hätte die Arme ausbreiten und dies alles umarmen, an ihr Herz drücken können, wäre dies nur möglich gewesen; so aber dankte sie nur dem Schöpfer, daß es so Schönes, so Herrliches gab.

Der Landauer holperte über einen tiefgefurchten Feldweg. Die Pferde trabten munter dahin, und ihr frohgemutes Wiehern und der jubelnde Sang der Lerchen im hohen Himmelsblau, das Rauschen der Kornfelder — dies alles mengte sich mit dem berauschenden Duft satter Erde und legte sich schwer auf die Sinne von Sissy.

An einem fast vertrockneten Tümpel stoben schnatternd fette, weiße Gänse auf, protestierten gegen das störende Gefährt und sorgten sich um den winzigen Nachwuchs, der mutig die Hälse gegen Pferd und Kutscher reckte.

„Wir sind gleich da", sagte Istvan behäbig. „Dort drüben liegt schon das Schloß des Herrn Grafen, gleich hinter der Allee. Sie führt direkt drauf zu."

Sie hatte die Tracht ungarischer Mädchen angelegt, und diese stand ihr entzückend. Und sie wollte auch nichts anderes sein — keine Königin, keine Majestät. Sie wollte einfach sehen, wie Andrassy lebte und arbeitete, wie es diesem Menschen hier so ging.

Aber von dieser heimlichen Exkursion durfte in Wien niemand etwas erfahren. Bei Hof hätte es kein Mensch verstanden, am allerwenigsten Tante Sophie.

Wie Harun al Raschid im Märchen kam sie sich vor. Wie eine kleine Diebin auch, die unter den Augen der Mächtigen für sich ein bißchen Glück und Freiheit stiehlt. War das Sünde? Das konnte nicht sein, das konnte Sissy nicht glauben.

Die Sonne fing nun schon richtig zu brennen an. Der dunkle Schatten einer Allee verhieß Kühlung — und dann tauchte ein Kirchturm auf, und der Klang seiner Glocken verkündete die achte Morgenstunde. Volltönig, behäbig sang das Erz unter den Klöppelschlägen; Sissy sah im Geist den hemdsärmeligen Mesner an den Seilen hängen, gradso wie daheim in der Kirche von Possenhofen, wo sie es selbst einmal versucht hatte, unter der Anleitung des Mesners und von Papa.

Sissys Erwartung, Andrassy wiederzusehen, wuchs. Sie hatte den „beau pendu", wie er in den Pariser Salons von den Damen genannt wurde, nur so in Erinnerung, wie sie ihn in der Hofburg zu Wien und in der Burg in Buda gesehen hatte: als einen schlanken, hochgewachsenen Mann mit einem rassigen, von kühnem Vollbart umrahmten Gesicht; stolz aufgereckt in seiner prächtigen pelzverbrämten, malerisch wirkenden Uniform der ungarischen Magnaten. Die Augen aller Frauen im Saale hingen an ihm, und Sissy machte da keine Ausnahme.

Als man in den Gutshof einfuhr, erwartete sie der Graf — in Hemdsärmeln. Leuchtenden Blickes bot er ihr seinen Arm und half ihr beim Aussteigen.

„Andrassy", begrüßte sie ihn mit zauberhaftem Lächeln und legte sofort die Finger an den Mund, als er mit dem Wort „Majestät" erwidern wollte. Da sagte er nur noch: „Wie schön..."

INHALT

Erster Teil

Zweiter Teil

Dritter Teil

270

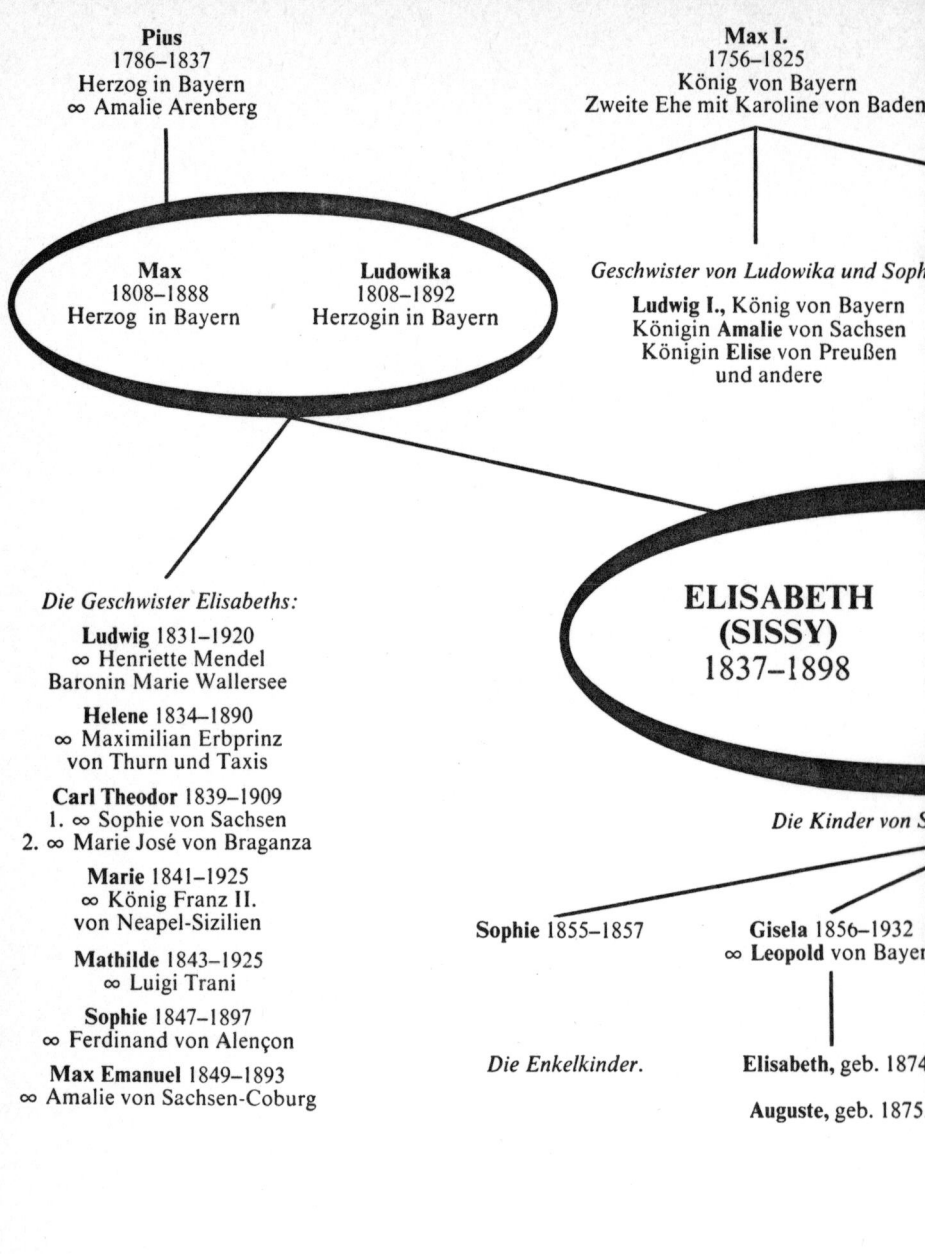

Pius
1786–1837
Herzog in Bayern
∞ Amalie Arenberg

Max I.
1756–1825
König von Bayern
Zweite Ehe mit Karoline von Baden

Max
1808–1888
Herzog in Bayern

Ludowika
1808–1892
Herzogin in Bayern

Geschwister von Ludowika und Soph

Ludwig I., König von Bayern
Königin **Amalie** von Sachsen
Königin **Elise** von Preußen
und andere

Die Geschwister Elisabeths:

Ludwig 1831–1920
∞ Henriette Mendel
Baronin Marie Wallersee

Helene 1834–1890
∞ Maximilian Erbprinz
von Thurn und Taxis

Carl Theodor 1839–1909
1. ∞ Sophie von Sachsen
2. ∞ Marie José von Braganza

Marie 1841–1925
∞ König Franz II.
von Neapel-Sizilien

Mathilde 1843–1925
∞ Luigi Trani

Sophie 1847–1897
∞ Ferdinand von Alençon

Max Emanuel 1849–1893
∞ Amalie von Sachsen-Coburg

ELISABETH (SISSY)
1837–1898

Die Kinder von S

Sophie 1855–1857

Gisela 1856–1932
∞ **Leopold** von Bayern

Die Enkelkinder.

Elisabeth, geb. 1874

Auguste, geb. 1875

Franz II. (I.)
1768–1835
Kaiser von Österreich
Zweite Ehe: M. Therese von Bourbon-Neapel

Sophie
1805–1872
Erzherzogin

Franz Karl
1802–1878
Erzherzog von Österreich

Ferdinand I.
1793–1875
Kaiser von Österreich

Marie Luise
1791–1847
∞ Napoleon I.

FRANZ JOSEPH I.
1830–1916
Kaiser von Österreich

Maximilian
1832–1867
Kaiser von Mexiko

Karl Ludwig
1833–1886
Erzherzog von Österreich
Zweite Ehe: Maria Annunziata
von Bourbon-Neapel

Franz Ferdinand
1863–1914
Thronfolger
∞ Sophie Gräfin Chotek

Franz Joseph:

Rudolf 1858–1889
Stephanie von Belgien

Marie Valerie 1868–1924
∞ Erzherzog Franz Salvator

sabeth (Erzsi), geb. 1883

Elisabeth (Ella), geb. 1892

Franz Carl, geb. 1893

Hubert, geb. 1894

Hedwig, geb. 1896

Theodor, geb. 1899

Gertrud, geb. 1900

Marie, geb. 1901

Klemens, geb. 1904

Mathilde, geb. 1906

MARIELUISE VON INGENHEIM

Sissy

Ein Mädchen wird Kaiserin

»Ein Roman aus der vergangenen österreichischen Monarchie. Die historische Kulisse und die Personen sind der geschichtlichen Wirklichkeit entnommen und spiegeln eine wundersame Tatsachenwelt wider: den Aufstieg eines Mädchens zur Kaiserin! – Unter dem gleichen Titel wurde auch ein Film gedreht, der diesem Buch vollinhaltlich entspricht. Ein schöner Geschichtsroman, gefühlvoll und seltsam subtil-aufregend. Zwischen den Zeilen liegt das Fluidum einer früheren Welt, voll satter Farben und dem verblaßten Prunk des gewesenen Reiches. Liebe und Glück gaben dem Ganzen einen ergreifenden Inhalt. Sehnsüchte, in Träume verpackt, wurden Wirklichkeit. Das ist der rote Faden des Buches!«

In dem Buch »Sissy – Ein Mädchen wird Kaiserin«
ist nur ein kleiner Teil des bewegten Lebens der
jungen Kaiserin geschildert worden. Aufgrund der
zahlreichen Leserbriefe stellen wir nun der begeisterten Leserschaft den neuen Sissy-Band vor:
»SISSY – Ein Herz und eine Krone«, ein Buch voller Dramatik und Spannung, voll Humor und Herz.

Noch immer ist Sissy jugendlich-schön und begehrenswert, und Franz Joseph liebt sie über alles.
Doch da brechen schwere Schicksalsschläge über
sie herein. In Bayern kommt ihr Cousin, König
Ludwig II., auf ungeklärte Weise ums Leben, und
der geheimnisvolle Tod ihres Sohnes, des Kronprinzen Rufolf, erschüttert die Monarchie in ihren
Grundfesten. Nur ihre Liebe und ihr Glauben aneinander läßt Sissy und Franz Joseph diese schwere
Prüfung überstehen.

MARIELUISE
VON INGENHEIM

Sissy

Im Schloß der Träume

Man schreibt das Frühjahr 1889. Noch immer steht
Österreich, steht das Kaiserhaus im Bann der Tragödie von Mayerling. Aufgewühlt und voller Zweifel an der offiziellen Version versucht Sissy, die
Wahrheit über den Tod ihres Sohnes, des Kronprinzen Rudolf, herauszufinden. Doch sie stößt gegen eine Mauer der Ablehnung und des Schwei-
gens. Was sie dennoch in Erfahrung bringen kann,
ist schockierend genug. Heimlich bringt sie es zu
Papier und vertraut es einer Kassette an, die erst
lange nach ihrem Tod geöffnet werden soll.
Währenddessen entsteht fern, auf der Insel Korfu,
das Achilleion, ihre Zufluchtsstätte, wo sie inmitten
einer paradiesischen Natur Ruhe und inneren Frieden wiederzugewinnen hofft. Franz Joseph, der sie
liebt, fürchtet, sie für lange Zeit zu verlieren.

MARIELUISE
VON INGENHEIM

Sissy

Ein Walzer in Schönbrunn

Wieder erlebt der Leser einen weiteren Lebensab-
schnitt im ereignisreichen Dasein der Kaiserin Elisabeth von Österreich am prunkvollen Wiener Hof,
den sie so gar nicht liebt. Immer wieder versucht
sie zu fliehen, reist in Begleitung ihrer Hofdamen
und des alten, getreuen Barons Nopsca in fremde
Länder. Doch wieder heimgekehrt, erfährt sie, daß
sich der junge, neue Thronfolger Erzherzog Franz
Ferdinand weit unter seinem Stand in eine einfache
Komtesse aus böhmischem Adel verliebt hat. Die
Hausgesetze der Habsburger und der auf die Tradition seines Erzhauses bedachte Kaiser Franz Joseph
scheinen eine Verbindung unmöglich zu machen.
In seiner Not wendet sich Franz Ferdinand an die
einzige, der er vertraut – an seine Tante Sissy. Sie
versteht ihn und will ihm helfen. Doch sie liebt
auch ihren Mann, mit dem sie ein ganzes Leben
hindurch Glück und Unglück geteilt hat.

MARIELUISE VON INGENHEIM

Sissy
Schwarzer Diamant der Krone

Man schreibt das Jahr 1895. Das große Fest der
Heiligen Stephanskrone wirft seine Schatten voraus. Die Tausend-Jahr-Feiern in Budapest bringen
Verpflichtungen mit sich, denen sich Sissy nicht
entziehen kann. Doch sie flieht noch immer den
Hof und die sie bewundernde Menge.
Und Rudolfs Nachfolger als Kronprinz, der junge
Erzherzog Franz Ferdinand, der dessen Pläne ver-
wirklichen will, ringt um seine Liebe. Seiner Heirat
mit der nicht ebenbürtigen Komtesse Chotek stellen
sich noch immer Hindernisse entgegen. Doch Sissy,
seine heimliche Verbündete, hilft ihm und kämpft
wie er gegen das alte Hausgesetz und starre Vorur-
teile . . .

Im Jahre 1896 feiert man das große Ereignis der österreichisch-ungarischen Monarchie, das prunkvolle Millenniumsfest, das Fest der Tausendjahrfeier der Heiligen Stephanskrone. Unzählige sind nach Budapest gekommen, um die Feierlichkeiten mitzuerleben, doch niemand ahnt, daß der Kaiser und die Kaiserin, Sissy und Franz Joseph, sich in den Händen einer Erpresserin befinden, die droht, das Geheimnis von Mayerling zu veröffentlichen. Angewidert verläßt die ruhelose Sissy die Monarchie, um an der Riviera und in der Schweiz Erholung zu suchen, und unterstützt weiterhin die Heiratspläne Erzherzog Franz Ferdinands, der sich in die Komtesse Chotek verliebt hat und die „nicht Ebenbürtige" entgegen dem Hausgesetz heiraten will. Selbst um den Preis des Verzichts auf den Thronanspruch für seine Nachkommen!
Nur das stille Glück von Sissys Lieblingstochter Marie-Valerie in ihrer Ehe mit Erzherzog Franz Salvator bringt ein wenig Ruhe in ihr unstetes Leben. Doch als die Gräfin Mikes die Nachricht von einem hinterhältigen Gerücht, das in Wien die Runde macht, überbringt, muß Franzl wieder einmal die Hoffnung aufgeben, daß seine Sissy endlich in Wien an seiner Seite Ruhe suchen und finden wird.